U0745074

2018年
厦门文化改革发展蓝皮书

XIAMEN WENHUA GAIGE FAZHAN LANPISHU

厦门大学出版社 XIAMEN UNIVERSITY PRESS | 国家一级出版社 全国百佳图书出版单位

2018年厦门文化改革发展蓝皮书

XIAMEN WENHUA GAIGE FAZHAN LANPISHU

主　编　戴志望

副主编　林宗宁

厦门大学出版社 XIAMEN UNIVERSITY PRESS

国家一级出版社

全国百佳图书出版单位

图书在版编目(CIP)数据

2018年厦门文化改革发展蓝皮书/戴志望,林宗宁主编.—厦门:厦门大学出版社,2018.12

ISBN 978-7-5615-7232-0

Ⅰ.①2… Ⅱ.①戴… ②林… Ⅲ.①文化事业－体制改革－研究报告－厦门－2018②文化发展－研究报告－厦门－2018 Ⅳ.①G127.573

中国版本图书馆CIP数据核字(2018)第263779号

出 版 人 郑文礼
责任编辑 文慧云
封面设计 夏 林
电脑制作 张 秋
封面摄影 郑晓东
技术编辑 朱 楷

出版发行 厦门大学出版社
社 址 厦门市软件园二期望海路39号
邮政编码 361008
总 编 办 0592-2182177 0592-2181406(传真)
营销中心 0592-2184458 0592-2181365
网 址 http://www.xmupress.com
邮 箱 xmup@xmupress.com
印 刷 厦门集大印刷厂

开本 720 mm×1 000 mm 1/16
印张 20
字数 355千字
插页 4
版次 2018年12月第1版
印次 2018年12月第1次印刷
定价 68.00元

厦门大学出版社
微信二维码

厦门大学出版社
微博二维码

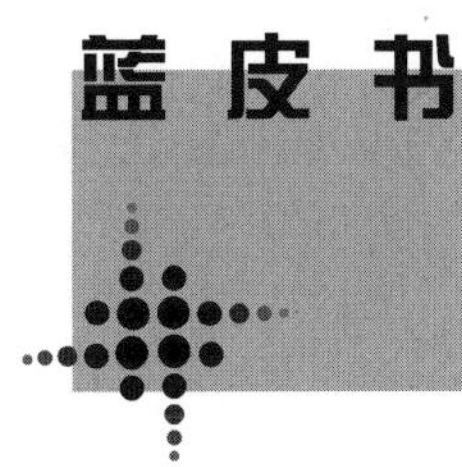

目　录

专题论述

调研报告

蓝皮书

发展报告

公共文化

文化交流

文化会展

政策措施

大事记

统计资料与分析

Zhuanti Lunshu

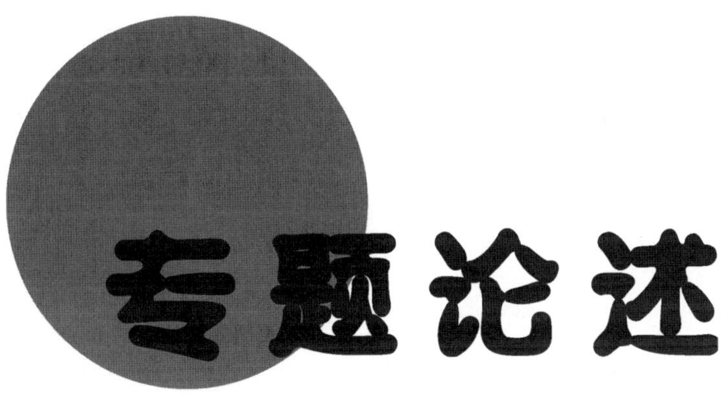

专题论述

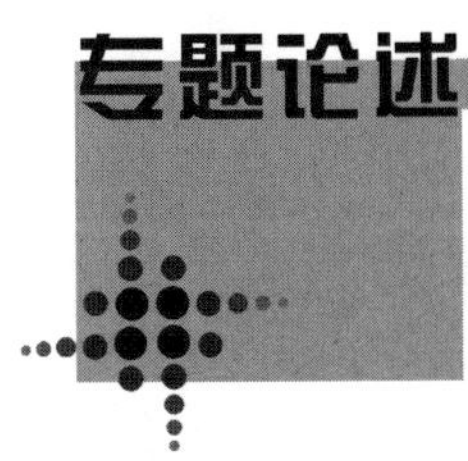

在全市文化产业统计工作座谈会上的讲话

◎ 叶重耕

刚才，市统计局通报了 2016 年全市文化产业统计工作情况，并就如何提升文化产业统计工作讲了很好的意见，市文发办就规下文化产业统计工作方案做了说明，各单位领导也提出了很好的建议，我都赞同。

近年来，厦门市的文化产业统计工作开展得还比较扎实，市统计局发挥牵头主抓的作用，市相关部门和各区积极配合，克服人手不足、工作量大等不利因素，付出了艰苦努力，为厦门市文化产业发展做出了贡献，应该给予充分的肯定。2016 年，由于《福建省文化产业统计报表制度》于 2016 年 12 月到期，厦门市文化产业统计工作面临着一些新的情况和问题，需要及时作出制度安排。下面，我就加强我市文化产业统计工作讲几点意见。

一、提升认识

一是提升对文化产业重要性的认识。文化产业作为绿色朝阳产业，具有高附加值、低能耗等特性，在扩内需、保增长、调结构等方面具有独特的优势，也特别符合厦门的城市特质，这些大家已形成共识。近年来特别是十八大以来，在市委市政府的高度重视下，厦门市紧紧围绕打造全国重要文化产业中心城市和全国文化产业发展示范城市目标，深入实施文化强市战略和"531"发展部署，着力建设厦门市文化创意千亿产业链，文化产业保持年均 15%以上的快速发展，文化产业内部结构不断优化升级，产业增加值占全市 GDP 的比重稳步提升，文化产业成为我市新的国民经济支柱产业，已经成为厦门经济社会产业转型发展的重要支撑。2016 年，厦门市"十三五"发展规划继续把文化产业列为全市六大战略性新兴产业之一，市第十二次党代会也提出要把厦门市打造成全国重要的文化创意中心和文化产业发展先进城市的目标。总体上，市委市政府对发展文化产业是更加重视，对文化产业发展也提出了更高目标和要求，大家务必要高度重视文化产业发展，全力支持文化产业发展。

二是提升对文化产业统计重要性的认识。文化产业统计工作会议，这几年我出面开过多次，这次应该是第五次。为什么要不厌其烦、一而再再而三地开呢？因为这项工作十分重要。我们说文化产业很重要，是厦门市经济发展的新的支撑点，或者说，已经成为厦门市的支柱性产业。做这样的判断有什么依据呢？我们要抓文化产业发展工作，要编制规划、要突出重点、要有政策措施，做好这些工作的基础又在哪里呢？统计工作是关键。抓经济工作、抓文化产业发展，都必须依靠科学有效的统计工作，依靠及时准确的统计数据。文化产业统计工作作为促进文化产业发展的基础性工作，无论是反映贯彻落实中央和省委、市委市政府有关文化产业战略部署的成效，还是制定扶持文化产业发展政策的需要，都需要扎实的文化产业统计工作来支撑，用科学的数据来体现。因此，文化产业统计工作只能加强，不能削弱，必须进一步加强和完善我市文化产业统计，全面、准确、及时地反映文化产业发展情况，为市委市政府进行文化改革发展决策提供科学依据。特别是要在数据时效性方面下功夫，使文化产业统计能满足文化产业季度分析及重点行业发展状况监测的需要，注重分析文化产业发展的运行态势、发展趋势和问题对策，及时提供有价值、有深度的分析报告。

二、直面问题

应该说，厦门市的文化产业统计起步还比较早，自 2004 年就开展文化产业统计工作，率先在全省建立了文化产业统计制度。2012 年，根据国家新的文化产业统计分类和省里制定的文化产业统计制度，厦门市对文化产业统计口径和目录进行了重新梳理，建立了较为完善的文化产业统计制度。但也还存在一些困难和问题，比如小微企业入库率不高、申报率低、催报难、上报数据质量不高等等。这既有客观也有主观的原因。客观原因主要有：一是文化产业涉及广播电视、新闻出版、动漫游戏、创意设计、演艺娱乐、文化会展、数字内容、新媒体、古玩与艺术品产业、文化制造等众多门类，各产业门类之间性质大相径庭，涵盖二产三产，甚至相互融合发展；二是这几年文化产业发展比较快，企业变动频繁，且无固定统计人员，企业统计意识不强；三是文化产业分属不同的行政管理部门，总体上各部门存在人手不够、经费不足、体制不健全的问题。主观原因主要有：一是个别部门和单位对文化产业统计的重要意义认识不足、思想上重视不够，甚至忽视、轻视文化产业统计，不愿意投入力量，不配备专职工作人员，工作应付了事；二是有些部门和单位的经办人员责任心不强、业务能力不高，缺乏积极性和主动性，未能较好完成本部门职责；比如，有些部门对自身管理领域的文化企业数量不了解、不知情。

同时，2016年底省里制定的文化产业统计制度到期，省里不再对规下文化及相关产业企业法人单位、文化及相关产业个体经营户开展调查，也就是说对规下文化产业不再开展统计，这给我们带来了新的困难和问题。厦门市规下文化企业占总数的96%以上，如果按照省里的做法，不开展规下文化产业统计，文化产业发展情况怎么能得到全面反映？怎样科学分析文化产业的发展趋势和存在的问题？怎样推动文化产业的创新发展？出台的文化产业政策怎么可能有针对性呢？

针对这些存在的困难和问题，我们不仅需要正视问题，更要解决问题，需要强化和完善文化产业统计工作，包括规下文化产业统计，要用好和进一步完善原先建立起来的文化产业统计制度。各部门务必要认真履行职责，加强分工合作，与此同时也考虑到各单位任务重、人手少、经费不好统筹等实际困难，为减轻各部门的负担，借鉴市旅游、会展、海洋渔业委托中介开展统计调查的经验，并与市统计局沟通，2017年尝试采用购买服务的方式，委托较有统计工作经验的专业公司配合做规下文化产业统计工作，请各相关部门和单位给予支持，从而提升厦门市文化产业统计的科学性、准确性和时效性。

三、落实责任

一是宣传部门要加强指导、协调和服务。各区委宣传部门作为党委主管意识形态的职能部门，要把文化产业统计工作当作宣传文化工作的重大事项来抓，切实负起指导、协调、服务这三方面的责任。在宏观指导方面，要围绕文化产业及统计工作的重大问题，及时组织开展调查研究，宏观把握好文化产业统计工作的方向。在搞好协调方面，要加强与各相关部门的沟通、联系，推动工作顺畅完成。在做好服务方面，要定期听取文化产业统计工作进展情况，帮助推动解决实际困难，为文化产业统计工作提供保障。

二是统计部门要发挥牵头主抓的职能作用。要克服工作任务繁重的困难，发挥职能优势，创新工作方式，多想些办法，千方百计扩大文化产业统计工作覆盖面，增加入库文化产业单位数，提高数据质量，做到应报尽报、应统尽统，务求做到客观、全面、真实地反映文化产业的发展状况，用数据“发声”，把文化产业工作成果充分反映到统计数据上来。特别是要在数据时效性方面下功夫，使文化产业统计能满足文化产业季度分析及重点行业发展状况监测的需要，注重分析文化产业发展的运行态势、发展趋势和问题对策，及时提供有价值、有深度的分析报告，为市委、市政府科学决策提供依据。同时，统计部门要加强对专业公司的业务指导，确保专业公司承担的统计调查工作顺利开展，作出客观有效的统计分析，及时提交准确的统计分析报告。

三是各行业主管部门要切实负起部门统计的责任。根据国家统计局发布的2012版文化及相关产业分类，文化产业统计工作横跨多个产业门类，涉及多个管理部门，需要各相关部门密切配合。首先，要把文化企业名录库入库工作摆在重中之重的位置。根据国家统计要求，文化产业单位必须先进入国家统计局基本单位名录库后才给予认定，并遵循“要有数，先入库，不入库，不出数”的原则进行统计核算。各部门要更加积极主动掌握本部门负责管理或审批的部门文化企业名单及变动情况，及时提供给统计部门，确保更多的企业入库。其次，要做好数据催报和审核汇总工作。2015年厦门文化产业单位11500多家，涉及市经信局、市场监督管理局、文广新局、建设局、商务局、农业局、旅游局、会展局等。各相关行业主管部门要从实际出发，确定一名单位领导具体分管这项工作，同时把工作责任落实到具体的业务处室，配齐配强专职或兼职统计人员。尤其是市场监督管理局、文广新局、经信局、建设局、会展局等调查单位多的部门，一定要配强人手，采取切实措施提高数据上报率。最后，各部门要发挥行政管理的优势，按照文化产业统计的要求，积极配合统计部门和支持专业公司，认真做好本部门本系统任务下发、数据催报、审核汇总等工作。

四是专业公司措施要到位。规下文化产业统计工作涉及面广、单位多、情况复杂，专业公司一定要高度重视，安排优秀团队专门负责。要按照《厦门市文化产业统计调查及监测工作方案》制订详细计划，依法认真开展统计调查工作，按时提供统计调查报告。同时，还要加强保密工作，严格遵守保密规定，不得发生任何泄密事件。

最后，希望在座的市和区各单位的领导要高度重视，切实加强文化产业统计工作，推动厦门市文化产业取得更大成绩。

（本文系厦门市委常委、宣传部长叶重耕 2017 年 4 月 27 日在全市文化产业统计工作座谈会上的讲话）

专题论述

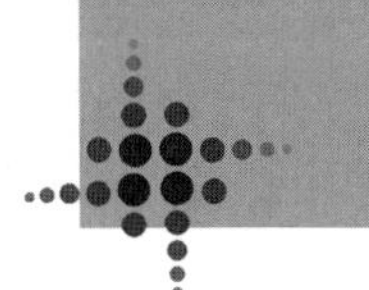

努力推动文广新事业再上新台阶 以优异成绩迎接十九大胜利召开

——在2017年全市文化广电新闻出版工作会议上的讲话

◎ 国桂荣

今天我们在这里召开全市文化广电新闻出版工作会议，主要任务是传达贯彻落实全国、全省会议精神，研究部署今年各项工作。

刚刚过去的2016年，全市文化广电新闻出版系统围绕全市中心工作和发展大局，不断推进文化强市建设，文化事业与文化产业齐头并进，为厦门市经济社会发展、率先全面建成小康社会、争当“五大发展”示范市提供了重要文化支持与有力保障。总结起来，有五个方面：

一是公共文化服务体系继续保持领先地位。较好地完成了文化部“国家公共文化服务标准化试点”和“国家基层综合性文化服务中心试点”两项全国试点暨福建省、厦门市深化文化改革创新重点项目工作，推动公共文化服务供给机制创新，公共文化建设和服务水平继续保持全国领先，群众满意度不断提升。二是文化市场和文化产业繁荣发展。文化市场监管得力、运行平稳。商演市场发展良好，2016年度有365个境内外演出团体和个人来厦商演，闽南大戏院和嘉庚剧院举办演出253场，平均上座率均在7成以上。电影市场持续繁荣，全年商业电影票房达到3.995亿元。成

蓝皮书

功举办第九届海峡两岸文博会、第十二届“海图会”，闽台（厦门）文化产业园核心二期建设稳步推进，灵玲马戏城正式开业，厦门老院子文化旅游项目市场行销良好，华强二期、神游华夏二期、海丝艺术品中心等重点项目建设进展顺利。三是文艺精品创作有新突破。成功举办“2016‘百花迎春’——慰问厦门建设者”大型综艺晚会，高甲戏《大稻埕》入选文化部《2016年度全国舞台艺术重点创作剧目名录》，群舞《厝里艺人》连获省级以上数个大奖并在“十艺节”展演，复排纪念长征的音乐话剧《雁叫长空》。四是文化传承保护有新进展。鼓浪屿申遗工作顺利通过联合国教科文组织专家现场考察评估；推动不可移动文物保护工作纳入全市“多规合一”一张图。五是对台对外交流持续深化。成功举办了海峡两岸民间艺术节、“乡音之旅”赴台巡演等民间文化交流活动；两岸合作原创音乐剧《微·信》在台北商演12场；公布了第三批25处涉台文物古迹。

这些成绩的取得，是全市文化广电新闻出版系统广大干部职工共同努力、辛勤工作的结果。在此，我代表厦门市政府向大家表示衷心的感谢！也希望你们戒骄戒躁，继续前进，争取在2017年和今后的工作中再创佳绩。借此机会，我就做好2017年工作讲三点意见：

一、牢固树立和培育文化自信，自觉承担建设文化强市的重责与使命

文化是一个国家和地区软实力的重要体现。加强文化强市建设是我市贯彻落实“五位一体”总体布局和协调推进“四个全面”战略部署的应有之义，也是贯彻习近平总书记治国理政新思想新理念、推动新常态下新发展的重要抓手。市委市政府始终高度重视文化建设，并把“文化繁荣提升”作为厦门市建设五大发展示范市

的重要行动加以推动。近几年,厦门市文化事业和文化产业发展取得了显著的成效,但是我们也应该清醒地认识到,我们在文化基础、文化资源等方面与先进地区还存在较大差距。如何进一步提升文化竞争力,抢占发展制高点,让厦门因为文化更加和谐、更富魅力,是我们始终面临的任务与挑战。全市各相关部门要牢固树立文化自信,自觉承担推进文化大发展大繁荣的责任与使命,特别是要发挥好特区优势,在文化治理方面先行先试,抓好各项政策法规的贯彻落实,推进文化领域各项改革,深入推进公共文化服务体系建设、闽南文化生态保护、文化自贸试验、对台文化交流等工作,为文化改革发展提供更多可复制、可推广的"厦门经验"。

二、紧抓重点、突出亮点,努力开创厦门文广新事业繁荣发展新局面

2017 年,是巩固发展"十三五"良好开局的关键一年,也是党的十九大胜利召开的重要一年。我们要不断坚定文化自信,努力推动全市文广新工作取得新成效、开创新局面。这里,我重点强调四个方面。

(一)不断提升公共文化服务水平,进一步增强群众文化获得感

公共文化服务是重要的民生产品,也是最基本的民生产品,必须由政府来主导。近几年,厦门市在构建现代公共文化服务体系上取得了显著成效,但是离便捷化、优质化的目标还有一定差距,公共文化服务的质效还需进一步提升。下一步,各区、各有关部门要认真对照国家公共文化服务体系的范畴和标准,抓好厦门市《关于加快构建现代公共文化服务体系的实施意见》的贯彻落实,让公共文化成果真正为全市人民所共享。一是要做好法律和规划的有效结合。2017 年,《公共文化服务保障法》已经出台,这是推进公

共文化服务体系建设的基本法律依据。各级文化部门要以此为依据，积极推动制定出台配套性的法规和政策。同时，厦门市“十三五”文化改革发展专项规划也即将出台，文化部门要将法律和规划的实施有效结合起来，推进厦门市公共文化服务体系建设迈上新台阶。二是要继续稳步推进改革。中央深改组确定的2017年公共文化方面的重点改革任务是“分类推进公共文化机构法人治理结构建设”。这项工作厦门市开展得相对滞后，2017年我们要针对这项工作做好调研，广泛听取各方意见，制定切实可行的实施方案，争取尽早启动。同时，要继续推进基层综合性文化服务中心、公共图书馆文化馆总分馆制、文化精准扶贫等相关改革任务的落实。要在把准文化需求和消费升级趋势的基础上，大力推进文化产品的供给侧改革，为人民群众提供更丰富、更对路的文化产品和服务。三是要不断提升公共文化服务质效。效能不足是当前公共文化服务体系建设面临的重要瓶颈。这个问题解决不好，不仅会影响现代公共文化服务体系的构建，而且会影响到党和政府在人民群众中的形象。2017年，厦门市要以提高基层综合性文化服务中心服务效能为切入点，大力推进镇街文化站、村居综合性文化服务中心、社区书院、农家书屋等基层文化设施建设，加强对各区公共文化服务体系建设工作的指导考核。同时，要建立多部门合作共建的工作机制，引导社会力量参与公共文化服务体系建设，健全公共文化服务群众评价和反馈机制，实现文化惠民项目与群众文化需求有效对接。要加强本土艺术团体、文艺作品的市场推广和包装营销，推出更多群众喜闻乐见的文艺作品、文艺活动。四是要巩固提升示范区创建城市的成效。厦门市是全国首批示范区创建城市，得了许多荣誉。得到奖牌和荣誉并不意味着我们的工作都做好了，我们的创建任务依然繁重，许多工作还有待推进。要继续加大创建力度，巩固创建成果，不断推进后续建设，进一步发挥好厦门的示范作用。

(二)促进文化经济健康发展,不断提升城市文化竞争力

文化产业市场需求巨大,发展空间广阔,是厦门市推进经济结构战略性调整的重要方向。特别是近年来,厦门市文化消费市场繁荣发展,文化产业作为厦门市十大千亿产业链之一,已成为厦门市经济社会发展的重要支柱产业,涌现出一大批知名文化企业。下一步,我们的工作重心将集中在如何更好地提升文化产业发展质效、抢占发展制高点、全面提升厦门市文化产业竞争力等方面。全市文广新系统的干部职工要不断解放思想,提高业务素养和谋划能力,注重谋政策、谋项目、谋产品,不断优化管理和服务,营造文化产业发展的良好环境。一是要不断提高文化市场管理水平。近几年,文化市场的监管方式、市场形态都发生了很大改变,这就要求我们的工作思路和理念同步进行调整,主动适应新形势、新变化带来的新挑战。做好文化市场管理,既要建立健全适应新形势、富有活力和效率的文化市场监管制度,又要加强对文化产品内容和经营行为管理,确保文化市场规范健康有序发展。2017 年,恰逢“厦门会晤”举办,我们各相关部门要高度重视公共文化场所的安全管理,严格落实安全生产责任制,做好各类场所的安全检查,确保做到万无一失。同时,要密切关注文化市场的新业态、新群体,如网络表演、网络直播、电子竞技、游艺竞赛等,将他们纳入管理和服务视线,摸清规模和底数,深入分析研判,有针对性地制定相应管理措施。要建立健全行政检查与执法、信用监管、行业引导与企业自律、信息网络、政策法规体系等文化市场监管的体制机制,不断提高文化市场监管法治化水平。二是要进一步提升文化产业发展质效。2016 年来,文化部为推进文化产业发展出台一系列举措,如在全国扩大文化消费试点,推动全国试点单位积极开发文创产品,数字创意产业被列为“十三五”时期国家战略性新兴产业等。应该说,目前文化产业发展的政策环境非常宽松,我们要善

于把握机遇，明确发展重点，统筹抓好文化市场培育，力争把文化产业打造成为我市经济发展的重要增长点。要依托闽台(厦门)文创产业园区建设，引进一批具有一定影响力和带动作用的龙头文化企业和品牌；要做强做大文博会、图交会等产业平台，提升厦门市文化展会的市场化、专业化水平；要充分利用特区优势，适时推动开展文化产业地方立法工作；要大力推动文化与旅游、科技、金融等其他产业的融合发展，抓好传统领域向数字电视、网络出版等新兴领域的拓展。

(三)强化品牌建设，全面提升厦门文化影响力

近年来，厦门的文化品牌建设获得长足进步，形成了“文博会”“图交会”“海峡两岸民间艺术节”“乡音之旅”等一批在全省乃至全国有一定影响的文化活动，创作生产了一批精品剧目，涌现了很多优秀的文艺人才。但是我市的文化品牌主要集中在文化活动、文艺创作等方面，文化精品以及图书出版、影视制作等领域的品牌屈指可数。打造文化品牌，提升厦门文化影响力，一是要做好顶层设计。要发挥好政府部门在打造城市文化品牌方面的主导作用，把品牌创建纳入区域发展战略和文化建设规划之中，有计划、分步骤地组织实施，逐步打造几个在全省乃至全国叫得响的文化品牌。二是要强化创新意识。通过创新思维建立“城市文化菜单”，形成丰富多彩的文化生活新局面；通过创新发展打造名团、名馆、名作、名人，形成多样化的厦门文化品牌体系。三是要建立联动机制。城市文化品牌建设，需要社会各界协同推进。既要建立起政府、企业、社会的联动机制，也要建立起市区的联动机制，要充分调动和发挥各相关主体的积极性，在各项创造、生产和活动中融入文化因子和品牌意识，共同推动文化品牌建设。

（四）强化科学保护和合理利用，推进文物工作再上新台阶

一是要突出项目推动，推动文物的科学有效保护。要重点推进“鼓浪屿·历史国际社区”项目代表我国申报2017年世界文化遗产，全力推进重点文物保护修缮工作，不断强化文物工作抓手，夯实文物工作基础。二是要突出服务民生，推进文物的合理适度利用。要深入挖掘文物的利用深度，将文物保护维修与古村落古民居保护、红色文物保护、城市改造等有机结合起来；要推进文物保护与旅游等产业的融合发展，努力建设一批具有历史记忆、地域特色和文化特点的特色旅游村镇，实现文物保护与旅游产业的互利共赢；要不断拓展文物的利用广度，推出一批涵盖历史文物、地方文化、民俗风情的原创展览，推动数字博物馆建设，切实让文物“活起来”；要全面提升文物的利用高度，鼓励扶持与文物相关联的新兴文化业态发展，积极探索开发原创性的文化创意产品，扩大和引导文化消费。三是要突出条件保障，提升文物保护工作水平。首先，要落实责任。国家首次提出了建立文物保护责任终身追究制和地方人民政府负责人约谈制，对负有责任的领导干部，不论是否已调离、提拔或者退休，都必须严肃追责。与会各相关单位要高度重视文物安全管理，加强经常性督促检查，在工作中形成合力，强化落实文物安全主体责任；其次，要加大经费投入。要充分发挥政府投入的主导作用，把文物保护经费纳入市、区两级财政预算，加强经费绩效管理和监督审计，提高资金使用效益。同时，大力推广政府和社会资本合作模式，拓宽社会资金进入文物保护利用渠道的方式方法；最后，要加强队伍建设。要切实加强市、区两级文物保护机构队伍建设，健全机构，充实人员，适当提高市、区文物保护单位高级专业技术人员比例，加强高等院校文物保护相关学科建设，加大文物保护人才培养力度。

蓝皮书

三、狠抓落实，确保文化建设各项任务落到实处

(一)抓好工作落实，强化责任担当

2017 年全市文化工作的思路和要点已经明确，关键是抓好落实。市文广新局要发挥好骨干和带动作用，积极作为、勇挑重担，特别是对于重点工作要做到定任务、定时间、定要求，明确责任领导和具体责任人，确保我市文化发展的各项目标任务落到实处。各相关部门要各负其责、加强沟通和合作，形成强大合力。各区要切实把文化建设纳入日常工作的重要议事日程，在政策、财力、物力等方面提供有力的支持和保障。

(二)完善工作机制，强化政策保障

文广新工作综合性强，涉及社会的方方面面，很多工作的开展需要得到发改、规划、人社、财政等相关部门的支持，需要相关的工作机制进行保障。一是要进一步完善经费保障机制，不断加大政府文化事业和文化产业资金投入，确保市、区财政每年文化投入增长幅度不低于同级财政经常性收入的增长幅度。同时，要逐步建立投资主体多元化、投资方式多样化、投资机制市场化的文化投融资体制，要引导和鼓励各类社会资本通过捐赠、赞助等方式支持文化事业发展。二是要进一步完善政策保障机制，对已有的政策要落细落地落实，形成具有针对性和可操作性的文化发展扶持政策体系。

(三)抓好引进培养，强化人才支撑

建设一支高水平的文化人才队伍，是实现厦门市文化繁荣发

展的重要保证。要建立一套完善的文化人才发现、培育、引进和奖励机制，为人才的发展提供空间和平台；要立足本地人才资源，注重本土人才的扶持培养；要努力营造良好的人才发展环境，形成以品牌、能力和业绩为导向的人才评价机制。

（四）加强廉洁自律，强化廉政建设

文化系统各级领导干部要不断增强“四个意识”，时刻把党的政治纪律和政治规矩摆在前面，切实做到不碰底线、不越红线。要切实履行好“一岗双责”主体责任，对于本单位、本系统的党员干部既要管好思想，也要管好工作，更要管好生活。要建立完善的决策机制，强化内部监督和制衡，特别是要加强对腐败高发环节的检查和监督，切实做到有腐必惩、有贪必肃，努力营造清正、清廉、清明的工作环境。

同志们，做好 2017 年的文化工作，意义重大、责任重大。让我们紧密团结在以习近平同志为核心的党中央周围，在市委市政府的正确领导下，坚定信心，奋发有为，真抓实干，开拓进取，不断加快推进“文化强市”建设步伐，努力推动全市文化广电新闻出版事业再上新台阶，为厦门市率先全面建成小康社会、争当“五大发展”示范市做出新的贡献，以优异的成绩迎接党的十九大胜利召开！

（本文系厦门市副市长国桂荣 2017 年 3 月在全市文化广电新闻出版工作会议上的讲话）

Diaoyan Baogao

调研报告

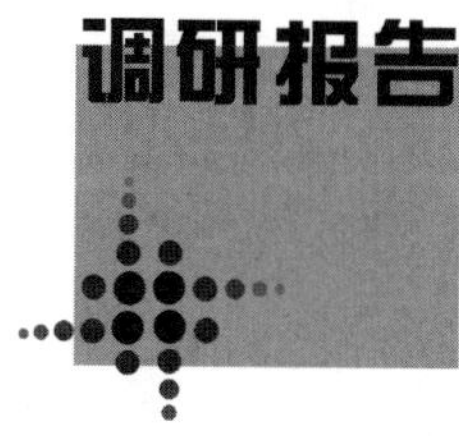

建设厦门市文化创意千亿产业链 促进经济转型和产业结构升级

——海西城市群规划之厦门市文化创意产业转型发展思路

◎ 厦门市文发办

当前,厦门市紧紧围绕打造海西重要文化产业中心城市和海西文化产业发展示范城市目标,深入实施"531"发展战略,全力建设厦门市文化创意千亿产业链,着力促进经济转型和产业结构升级。根据市发改委的部署要求,在《厦门市"十三五"时期战略新兴产业之文化创意产业发展战略规划》的基础上,研究提出产业转型升级的思路,引导文化创意产业向特色化、差异化、集群化发展,推动全市文化创意发展氛围提升、经济转型升级、城市功能优化和经济社会的全面可持续发展。

一、发展基础

随着文化产业的平稳较快发展和文化产业内部结构的不断优化升级,文化创意产业作为厦门文化产业的核心组成部分,有了良好的发展基础,正进入发展的快车道。"十二五"期间,厦门市文化产业逐渐形成自身的特色,呈现良好的发展态势,保持较快的增长速度，年均增长超过15%，产业增加值占全市GDP的比重稳步提升，已经成为厦门经济社会发展的重要支撑，成为厦门市经济发展的支柱性产业。有五个方面的特点：

1.文化与科技融合的新兴文化业态聚集发展。目前，动漫网游、数字内容与新媒体等文化和科技融合型新兴业态的文化企业呈现聚集发展的态势，形成一批具有全国影响力的文化和科技融合发展的平台型企业，包括全国最大的小游戏平台4399、网页游戏平台趣游、手机动漫平台中国移动手机动漫基地、用户量(近10亿)居行业第一的美图公司等。同时，厦门市已建成一批服务文化科技产业发展的公共技术服务平台，如国际一流的动作捕捉摄影棚、动漫作品体验室、集成电路及IC设计中心、厦门云计算中心、国家LED检测中心等。

2.艺术产业发展迅速。随着厦门获批建设自贸区和保税政策的逐步完善，已经吸引一批国际顶级艺术品拍卖行和展览业意向落地厦门，将带来国际化、多元化的艺术品交易模式。目前，厦门市正在大力推动"厦门国际艺术品(金融)交易中心""海峡收藏品交易中心"等重点项目建设，促成中国工艺集团公司南方总部及其中国工艺艺术品(厦门)交易所等项目落地，建设专业化综合性的"文化艺术品保税区"，为中高端艺术品提供保税、投融资、展示、拍卖、交易、担保、典当、仓储、鉴定、修复等覆盖全产业链的专业服务，努力使厦门发展成在海峡两岸暨港澳有广泛影响力的艺术收藏品展示交易中心。

3.重点文化产业园区建设初见成效，探索出符合厦门实际的发展模式。获颁"中国创意产业最佳园区奖"的龙山文化创意产业园实施"政府引导、多元投入"的发展模式，通过核心园区的示范带动和政策引导，促进周边存量房产改造建设专业化定位的文化创意产业园。湖里文创园区坚持"不搞大拆大建、规范改造审批，加强示范引导，形成聚集发展"的原则，推进旧厂房改造。沙坡尾是古代“海上丝绸之路”的重要港口之一，是厦门市宝贵的城市文化资源，坚持“土地产权基本不动、空间肌理基本不改、本地居民基本不迁、人文生态基本不变”的改造原则，对符合条件的城市文化资源进行保护性开发。目前，沙坡尾艺术西区逐渐成为文艺青年新的聚集区，创意人才创业的新基地，文化活动的新地标，文化产品创作生产的新园区。

4.龙头骨干文化企业形成规模。近几年先后开展了5批市重点文化企业评选、3次文化创意产业风云企业评选。与2014年评选的50家企业相比，2016年评定的50家市重点文化企业营收总规模110.41亿元，同比增长74.37%；税前利润为14.78亿元，同比增长57.74%；纳税总额为4.91亿元，同比增长58.89%。

5.重点文化创意产业项目建设扎实推进。据不完全统计，目前10亿元以上的在建、在谈项目8个，投资总额近200亿元。

然而，厦门文化创意产业在快速发展和内部结构逐步优化的同时，也存在一些突出问题。一是产业规模偏小，总体实力不强，缺少在全国有重大影响力、能起行业引领作用的大型骨干企业。二是产业发展公共服务平台还不够优化，扶持政策不具竞争力，投融资体系建设不能适应产业快速发展需要，尚未形成良好的社会投资机制。三是人才总量偏少，尤其缺乏复合型和领军型人才。

二、发展定位目标

（一）发展定位

建设好国家级文化和科技融合示范基地、国家级闽台文化产业试验园区、中国网络游戏产业核心集聚区，中国高端艺术品展示交易中心，到2025年，努力使厦门成为海西重要的自然和文化旅游中心、集中展示闽南文化魅力的窗口、海峡两岸文化交流的重要基地和文化产业合作中心，成为海西重要的文化产品及服务出口基地和海西文化产业发展示范城市。

(二)发展目标

1.产业规模目标。到2018年，文化创意产业产值达1000亿元，力争到2020年产值达到1250亿元。

2.创新能力目标。到2020年，将厦门国家级文化和科技融合示范基地建设成为带动闽台交流合作的全国文化和科技融合示范高地，建成一批文化科技企业孵化器，形成若干在海西有较强竞争力的文化创意产业创新集群，培育一批具有规模效应和富有核心竞争力的龙头文创企业，文化创意产业科技创新能力显著增强，文化科技型企业对文化产业增长的贡献率达到65%。

3.产业集聚目标。到2025年，形成各具特色的产业集聚平台：

(1)影视产业园区：园博苑影视博览中心和影视文化旅游目的地、集美集影视产业园、马銮湾新阳大桥西侧片区综合性影视制作基地、杏林湾路与集美大道南侧用地影视总部基地。

(2)动漫网游产业园区：软件园二期、软件园三期、翔安火炬开发区、华强文化科技产业园。

(3)创意设计产业园区：龙山文化创意产业园、华美空间文创园、海峡建筑设计园、枋湖文化旅游产业园。

(4)主题公园与休闲娱乐产业园区：中洲岛厦门华强方特欢乐世界与梦幻王国主题公园、集美老院子闽南风情园、“梦想世界”高科技主题乐园、灌口双龙潭汽车竞技主题公园、洪山山地汽车主题体育公园、忠仑公园石文化园；闽南古镇、观音山休闲娱乐产业区、厦金湾文化休闲旅游区。

(5)艺术产业园区：文化保税园区、鼓浪屿艺术岛、五缘湾艺术展示区、海沧油画及工艺品产业区、东孚玛瑙产业园、厦门古玩城、唐颂古玩城、裕鑫古玩城、东镀古玩城等。

(6)数字出版产业园区:以厦门软件园为依托,建设成涵盖数字报刊、网络游戏动漫、数字音乐、电子图书、手机出版、数字印刷等业务板块,实现传统出版产业的数字化升级转型,新媒体、新出版的内容数字化、生产数字化的国家级数字出版基地。

(7)两岸文化产业示范园区:建成两岸文化机构共同发起、规划、投资和运作的产业园。

(8)非物质文化遗产产业化园区:建设非物质文化遗产展示中心。

三、主要任务

(一)发展方向

根据文化创意产业发展基础和国际文化产业发展趋势,厦门市文化创意产业重点发展数字内容与新媒体、创意设计、演艺娱乐、高端艺术品和文化旅游等五大产业门类。

1.数字内容与新媒体产业。包括数字内容创意生产、数字内容集成传输和新媒体等产业方向。涵盖动画创意和制作、网页游戏研发、手机游戏研发、数字人才培训、动漫游戏内容集成、全媒体传播、大型网站开发运营等产业范围。

2.创意设计产业。包括工业设计、时尚设计、其他专业设计等产业方向。涵盖广告设计、服装设计、品牌设计、工艺美术品设计、包装设计、模型设计、建筑装饰设计、社会经济咨询等产业范围。

3.演艺娱乐产业。包括演艺娱乐节目研发、表演和综合服务等产业方向。涵盖两岸高端演艺人才培养和引进、原创节目研发设计、影视拍摄和制作、音乐会、演出季、明星演唱会、马戏表演、明星秀场、电视海选,以及演艺经纪、演艺网站、演艺旅游、演艺休闲度假中心等产业范围。

4.高端艺术品产业。包括艺术品创作、艺术品交易和艺术品综合服务等产业方向。涵盖艺术家创研基地、大师工作室、艺术人才培训、生产基地、艺术品拍卖、艺术品基金、艺术品银行、艺术品交易所、艺术品商城、艺术品展览馆,以及艺术品保税、高端艺术品仓储、艺术品鉴定评估、艺术品修复、艺术品复制、艺术品版权服务、艺术品收藏、艺术品物流、艺术品酒店等产业范围。

5.文化旅游产业。包括演艺娱乐、会展节庆活动和文化体验等产业方向。涵盖历史遗迹景观、园林建筑、主题公园、民俗文化、钢琴文化、海洋文化、茶文化、音乐节、艺术品和古玩拍卖会、时尚周、设计周、博览会、会展节庆、影视旅游、演艺娱乐、休闲文化、婚庆蜜月服务、旅游产品等产业范围。

(二)空间布局

文化区域布局合理完善,促进城市公共文化空间"人性化"合理布局,推动各区在文化创意产业发展上实施差异化发展战略,明确各区发展重点。

1.思明区:重点打造鼓浪屿艺术岛、环筼筜湖综合性文化产业聚集区、前埔文化会展旅游产业聚集区、龙山文化创意产业聚集区、软件园二期数字内容产业聚集区、香山一观音山休闲娱乐产业聚集区。

2.湖里区:重点打造五缘湾文化艺术旅游产业聚集区、厦金湾文化休闲旅游聚集区、乌石浦-枋湖文化产业聚集区。

3.集美区:重点打造以园博苑为核心的影视产业聚集区和以神游华夏园为核心的文化旅游目的地、集美科技基地的数字内容与新媒体产业聚集区、集美学村艺术创意产业聚集区、灌口汽车城和双龙潭生态运动主题公园。

4.海沧区：重点打造环蔡尖尾山闽南佛教宗教文化旅游区、天竺山休闲养生文化度假区、海沧文化艺术品产业聚集区。

5.同安区：重点发展以文化科技主题公园为依托的文化旅游产业；以厦门华强文化科技产业基地为依托的数字内容产业。

6.翔安区：重点发展文化旅游业和文化用品制造业、农家乐文化生态旅游，重点打造闽台戏曲大观园、洪山山地汽车主题体育公园、吕塘戏乡农家乐文化旅游区、大嶝对台文化交流产业区。

（三）发展重点

1.优化产业链。围绕五大重点发展领域和四大产业集群，开展有针对性的招商工作，延伸优化产业链，推进文化创意产业千亿产业链发展。

（1）数字内容与新媒体方面：继续做强做大4399、美图科技、趣游科技、中国移动手机动漫基地等全国性平台，积极引进中国国际IP大会和中国移动游戏产业高峰会在厦门长期落户，引领游戏领域的优秀企业和创意人才向厦门市聚集，推动厦门游戏产业向“全领域、全球化、大数据、大平台”的方向发展，对接台湾数位内容产业，把厦门打造成为中国游戏产业之都。

（2）创意设计方面：重点引进时尚设计、工业设计知名企业和人才落户厦门，对接台湾创意设计人才和商业模式。在成功引进德国红点设计机构的基础上办好厦门国际设计周活动。

（3）演艺娱乐方面：在成功引进华强方特梦幻王国、神游华夏园、国际灵玲马戏城等国内一流演艺娱乐项目的基础上，重点引进“梦想世界”项目。同时，争取引进拉斯维加斯O秀、中国演艺集团等国际国内知名演艺机构来厦发展。

（4）高端艺术品方面：在建设好海峡收藏品交易中心项目的基础上，重点引进苏富比、嘉士得、邦瀚斯等著名拍卖行和美斯集团等高端艺术品物流公司，健全艺术品交易服务平台，着眼于台湾工艺产业上游的工艺设计、创作和下游的展示、交易等环节，引进台湾工艺产品的艺术经纪人才、国际市场拓展经验及其展示交易模式。

2.完善创新链。依托厦门特殊区位条件和人文地理优势，以体制机制创新为动力，以构建“一保税区（厦门文化保税区）、一试验区（国家级闽台文化产业试验区）、一基地（国家文化与科技融合示范基地）”为载体，以建立文化创意产业运营交易平台和公共服务平台为依托，促进文化创意千亿产业链建设。

（1）构建厦门文化保税区。利用厦门独特的自然、人文魅力，以及海陆空交通枢纽优势，挖掘厦门区位优势及艺术品市场的巨大潜力，着力推进“海峡收藏品交易中心”等重点项目建设，促成中国工艺集团公司南方总部及其中国工艺艺术品（厦门）交易所等项目落地，建成专业化综合性的“文化艺术品保税区”，为艺术品提供保税、投融资、展示、拍卖、交易、担保、典当、仓储、鉴定、修复等覆盖全产业链的专业服务，并逐步扩展到其他文化产品，吸引周边城市、外省市、海峡两岸暨港澳，甚至东南亚收藏商家，使之成为国内最大的两岸艺术收藏品交流交易中心。

（2）推进国家级闽台文化产业试验区建设。发挥厦门作为两岸交流合作的前沿平台的独特优势，采用“一区多园”的建设模式，整合龙山文创园、沙坡尾海洋文化创意港等厦门市多个已建及在建文创园区，打造成一个有规模有影响的厦门闽台文化产业园。全面启动闽台文化产业园核心二期（以下简称“核心二期”）建设工作，利用位于厦门市湖里区的老工业厂房进行改造，重点鼓励创意设计、数字内容与新媒体、影视、动漫游戏、文化休闲旅游等行业进驻发展，促进湖里老工业区产业转型和价值升级。

（3）加快国家级文化和科技融合示范基地建设。依托厦门国家级“文化和科技融合示范基地”，以厦门火炬高新区为主体，实施

“一基地多园区”发展战略，利用软件园、创业园、厦门科技创新园等园区为载体规划建设，引进一批重点文化和科技融合企业。推动火炬高新区岛内园区通过“腾笼换凤”，利用园区现有工业厂房，加快推进文化与科技孵化器、加速器建设，同时鼓励民营资本建设专业孵化器，形成国有与民营“两轮驱动”的发展格局。具体发展策略上，就是以骨干文化企业或企业集团为主体，实施重大项目带动战略，重点发展数字内容、移动互联网与新媒体、创意设计三大产业集群。

(4)大力扶持文化创意产业运营交易平台建设。重视打造全国性、国际性的市场交易和商业运营平台。一是搭建好两岸文化产业交流交易平台，做大做强海峡两岸(厦门)文博会、海峡两岸图书交易会、厦门国际动漫节等文化展会，推动两岸文化产业对接，共同发展。二是着重支持建设发展中国移动手机动漫基地、中国电信手机动漫中心、中国联通手机动漫基地(筹)、4399 网络游戏运营中心、趣游网页游戏运营中心(国际)、国际艺术品交易中心、海峡收藏品交易中心、新华电视新媒体基地、中国工艺集团工艺品交易所(及黄金、钻石交易中心)等重大项目，提升厦门文化创意产业在国际国内的影响力。三是引进并长期举办中国国际 IP 交易大会和中国移动游戏产业高峰会等有影响力的展会，打造国内游戏产业发展的高端平台。

执笔：林宗宁　刘宏宇

2017 年 2 月

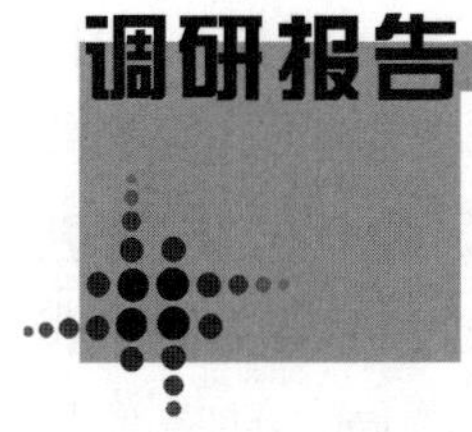

关于“新一代文化产业园区建设和产业集群化发展”专题培训班的总结报告

◎ 厦门市文发办

为适应文化产业集群化发展的新形势、新要求，学习借鉴成都市在遗址保护、文创引领、文旅结合方面的园区开发经验，进一步提升厦门现有文创园区的功能和层次，着力建设新一代文创园区，2017 年 9 月 25 日至 29 日，市委宣传部联合市委组织部在四川大学全国干部教育培训基地举办“新一代文化产业园区建设和产业集群化发展”专题培训班，市文化改革发展工作领导小组相关成员单位和各区、管委会、文创园区的领导(37 人)，以及新疆昌吉州宣传文化系统的干部及部分文化企业负责人(10 人)，共 47 人参加培训。现将培训情况及成效报告如下：

一、培训概况

本次培训班采取专家讲座、现场教学、案例研讨等相结合的方式，邀请文化部南京大学国家文化产业研究中心常务副主任，南京大学商学院教授、博导顾江，四川大学商学院教授、博导杨永忠，四川大学艺术学院院长、教授黄宗贤，四川省文化厅党组书记、厅长周思源，四川省社会科学院研究所所长艾莲，成都来也旅游发展股份有限公司副总裁王晓辉等专家授课，现场考察了天艺·浓园艺术博览园，东郊记忆文创园，红星路文化创意聚集区，锦里、宽窄巷子历史文化街区。

市委常委、宣传部长叶重耕高度重视本次专题培训班，专程出席开班仪式，对参训学员提出具体要求。本次培训班得到了四川大学全国干部教育培训基地的大力支持，邀请的专家层次高、业务精，既有深厚的理论功底，又有参与产业发展的实践经验；安排的课程内容丰富，包括文化产业与城市发展、创意经济与文化产业、文化与艺术、文化与旅游融合发展、成都市文化产业发展经验等，涉及文化产业领域的各个方面，既有面上的理论研讨，又有专题讲座，还有精彩的案例分析，点面结合、重点突出；现场教学针对性强、特色鲜明，天艺·浓园艺术博览园聚集文旅产业，是集艺术培育、艺术孵化、艺术体验、文化传播、展览展示、艺术交流、文物鉴赏、休闲度假、科普教育于一体的文化旅游综合体，东郊记忆是旧工业厂址改建文创园的典型范例，全国知名，现为国家级音乐产业基地，锦里、宽窄巷子是成都市老式街区保护改造的样板，已成为“老成都底片，新都市客厅”，是厦门推动老城区旧街区保护改造可资借鉴的成功案例。本次培训班，特别吸纳了 10 位来自新疆昌吉州宣传文化系统的干部及部分文化企业负责人参训，是厦门创新对口援疆和开展智力支持的一个具体举措。总体上，此次专题培训达到了预期目标，取得了讲座有深度、现场有感悟、互动有启发、实践有收获的良好成效。

二、成都文化产业园区发展经验

近年来，成都市定位于深度挖掘中国古都和历史文化名城的独特魅力，大力弘扬古蜀文化、三国文化等特色文化，在老工业厂房改造、历史街区改造、民营企业投资文创园区等方面积累了丰富经验，并创造了很多成功范例，东郊记忆、宽窄巷子、建川博物馆、洛带古镇博物馆街、浓园艺术村、蓝顶艺术区等都是其中的典型代表。主要经验有：

1.科学制定园区发展规划。成都市政府和相关区（县）两级政府从各自区域整体发展角度，提出了相关规划框架。“产官学研”共同参与、相互配合，一经发布就认真执行、强力推进，国有民营共同发力，科学的规划引领产业发展，成为文创发展的动力源之一。

2.多层次政策激励。一是财政支持。财政主要对园区基础设施建设和产业发展给予支持，包括老工业区改造和公共设施建设项目，及对民营企业投资建设文创园区、博物馆采用建设、展陈、融资和运营补贴等形式予以支持。二是土地、场馆支持。比如《成都市委、市政府关于促进民营博物馆加快发展的意见》，从用地、资金、旧厂房租赁、税收等扶持民营博物馆发展。三是金融支持。成都市的商业银行对老厂区改造、旅游、污水处理、园区等基础设施建设提供融资支持。四是人才支持。成都众多的高校和科研机构为文化产业发展提供了智力支撑。

3.注重园区市场运营主体培育。每个园区都由自负盈亏的运营公司进行管理，比如东郊记忆委托报业集团管理，宽窄巷子由文旅集团运营管理。为扶强做大，各级政府通过资源整合或土地置换等形式，把许多可经营性资产盘活并整体注入这些园区的运营主体。

4.注重对工业文化和遗产的保护利用。成都在转型中，始终重视对工业文化遗产的传承和保护利用。对于废旧厂房并非简单一拆了之，而是在认真甄别的基础上，选择有代表性的加以保留，建设遗址公园、创意产业园区和商业设施，开展工业旅游等。比如，“东郊记忆”由原成都红光电子管厂改建，以“数字音乐产业园区”和“音乐互动体验园区”而闻名国内业界，被誉为“国内唯一的音乐体验主题公园”和“比肩世界的音乐产业聚集园区”。园区处处充满着现代性元素，自己也成了著名的旅游景点，吸引了许许多多游客前来寻找现代与古典相融合的记忆，也吸引了国内外许多知名音乐艺术家前来举办音乐会。园区集合音乐、美术、戏剧、摄影等多元文化形态，是成都对接现代化、国际化文化创意产业的高地。

5.坚持融合发展。成都文化产业实施行业集聚、空间集中的发展策略，建成了一批文化产业重点项目。成都市在发展文化产业的过程中善于利用城市产业基础优势，充分发挥成都中国西部高科技城市、旅游城市的特色优势，深度挖掘、整合、联动相关产业资源，形成了“文化＋科技”“文化＋旅游”等产业发展新模式；着力以高新技术联合创新文化生产方式的“文化＋科技”模式，为文化产业创新升级，实现跨越发展提供了强大的技术保障；强化了以文化创意产业园区（基地）、古镇、特色街区为依托的“文化＋旅游”模式，有效延伸和完善了文化产业链。

6.坚持产业聚集与文化惠民。近年来，成都市在发展文化产业园区时，一方面注重产业聚集发展，另一方面注重文化惠民。以蓝顶艺术区为例，园区在为入园艺术家和文化艺术创意工作提供良好服务的同时，也有计划地组织园区内的300多位艺术家和几十家的文创企业常年举办各类艺术展览、艺术培训等公益性文化艺术交流活动，参与人员绝大多数为成都的普通市民。东郊记忆、宽窄巷子等文化园区和文化街区已成为成都市民休闲娱乐和文化消费的好去处。

三、启示建议

1.发展文化产业园区要服务于城市产业转型。目前厦门正处于工业转型发展的关键阶段，厦门的旧工业厂房等存量房产也面临着转型利用的问题，我们可以学习借鉴成都市利用旧工业遗址发展提升文创园区的成功经验，特别是“东郊记忆”的遗址保护、文创引领、土地开发、社区融入、公共服务、文旅结合等创新模式。我们在利用旧工业厂房发展文创产业园区时，应根据各个园区的发展目标、方向，准确定位，努力打造跨界融合、协同创新、主题突出、全产业链的3.0版文创产业园区。比如，要提升改造龙山文创园区，完善周边配套，依托工业设计中心，突出工业设计主题；再比如，要重新评估联发公司“大拆大改大建”的建园思路和“当房东收租”的经营管理模式，做好湖里旧工业厂房发展文创产业的整体规划，明确发展主题和方向，建设集生产、展示、体验、交易、消费、孵化、中介服务、知识产权保护等全产业链于一体的主题文创园区，打造厦门的新名片。

2.历史文化片区改造要注重保护与开发利用相结合。宽窄巷子保护性开发后，成为成都文化内涵的载体和集中展示区，承载了老成都的城市风貌和生活记忆，孕育了现代成都的生活美学，体现了成都人“快城市”“慢生活”的生活方式。随着厦门岛内外一体化发展战略的实施，地铁和新机场等基础设施的修建，厦门现有的历史文化片区也面临着保护性开发，如钟宅村、大嶝金门县政府旧址、集美学村大社、翔安区澳头村等闽南文化历史村街，应坚持整体规划和特色定位，挖掘独特文化内涵，完善配套设施和服务等。我们可以学习借鉴宽窄巷子的保护性开发模式，从城市总体定位和发展需要出发，按照科学规划、整合资源、市场运作、集聚产业的原则，坚持历史文化保护和商业开发相结合，组建新的或利用现有国有文化企业作为市场主体进行统一开发建设。这样一方面能够保护历史文化的活态，另一方面便于对业态进行调整优化，努力把厦门历史文化村街打造成浸入式和体验式居民原生态生活方式的展示区，既可保护历史村街原住民生活，延续老厦门特色村街的历史风貌，又可让外地游客深入体验闽南风情风味和厦门居民的生活习惯。

3.文化园区建设要注重集群化、特色化和差异化发展。成都市根据各区域产业发展基础与资源优势，突出重点，错位发展，形成各具特色的功能园区。比如，东郊记忆突出音乐产业，红星路、西村以创意设计为主，天府新区定位于发展数字内容产业，浓园、蓝顶则是艺术产业的聚集区等等。近年来，厦门建设了一批文化产业园区，为文化产业发展提供了载体，形成了比较明显的聚集效应，促进了文化产业的集群化发展，但个别园区发展水平不高，定位不清晰，产业特色不明显，还存在园区之间不当竞争等现象。接下来，厦门在打造新一代文创产业园区时，要注重跨界融合、协同创新、主题突出、全产业链的发展思路。一是要通过打造各类服务平台，铺桥搭路，在吸纳同类型企业集聚的基础上，进行资本、土地、资源的整合，帮助企业打通上下游产业链。二是要通过提供人才、研发、咨询、培训、技术、金融等综合性专业化配套服务，提升园区产业价值链。三是要通过移动互联网，提升园区虚拟空间配套，即线上连接、线下经营的企业社群，打造跨越物理空间、地理空间的全域文化产业园区。

4.要大力扶持培育市民文化消费的能力与习惯。成都市不仅重视文化产业园区发展和文化场馆建设，同时也加大培育市民的文化消费能力。成都市策划实施了“金沙太阳节”“诗圣文化节”“设计艺术周”等品牌活动，还专门出台了《成都市促进文化消费的实施意见》,对文博旅游业、演艺娱乐业、艺术品原创业、动漫游戏业四大重点文化产业实施一系列扶持政策,对民营机构举办文化节、展会等活动和市民文化消费给予补贴。近年来,厦门在文化场馆建设方面取得一定的成绩,但场馆的消费不足,且市民文化消费水平还有待提升。为此,建议把近年来新建的诚毅科技探索中心、嘉庚剧场、老院子、灵玲马戏城、方特梦幻王国等文化旅游场所纳入市民和学校师生文化消费扶持范围,按市民和师生的实际消费金额给予一定的补贴。同时,加大对民营文化机构的扶持力度,在场馆建设、陈列展览和日常运行方面给予一定补贴。这样,一方面可以促进文化企业发展,另一方面为市民和师生提供更多形式多样的文化服务内容,降低了文化消费门槛,培育了文化消费群体,从而不断开拓文化市场,促进文化产业良性发展。

执笔:林宗宁

2017年10月

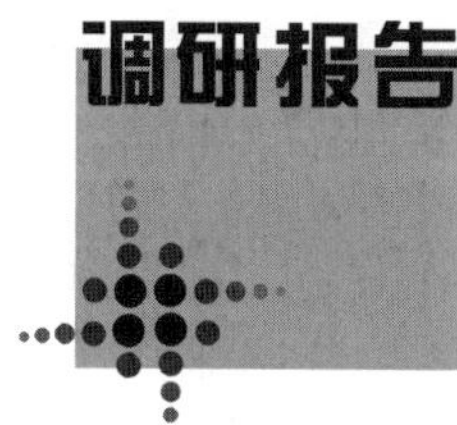

先行先试　补足短板

——厦门自贸片区加快推进文化产业发展的工作报告

◎ 厦门市自贸区管委会

福建自贸试验区厦门片区自 2015 年 4 月 21 日挂牌以来，深入贯彻《中国(福建)自由贸易试验区厦门片区实施方案》，先行先试、找准短板，全面推进文化服务业在厦门片区的集聚发展。自贸区管委会在市委、市政府领导下，紧密结合国家、省市关于文化产业发展的大政方针，高度重视制约产业发展的制度瓶颈、产业短板和现实情况，全面统筹、紧抓落实，努力通过自贸试验区这一创新平台，推动厦门市文化产业的大发展、大繁荣。

但是，由于片区处于临港临空的地理位置，其发展重点一直以航运物流、工业制造等重型业态为主，文化产业发展相对起步较晚、基础薄弱，产业定位模糊，集聚效应尚未凸显。自贸试验区的挂牌，为这一区域发展文化产业提供了难得的契机。

一、发展现状

自挂牌以来，厦门片区大力推进制度创新，出台了 115 个政策措施，推出 194 项创新举措。商事登记更加便利、政府服务更加透明，这些自贸片区改革红利，极大激发了包括文化企业在内的市场主体的创业投资热情。在制度创新红利引领下，厦门片区经济保持快速增长。截至 2017 年 5 月，注册在厦门自贸片区的文化、娱乐、体育类企业共计 1045 家，累计缴纳税收 400.87 万元，比增 74.7%。

同时，艺术品拍卖作为厦门片区新兴业态，已经取得长足发展。2013 年 4 月 21 日，华辰文化率先在厦门象屿保税区举办中国首届西洋艺术品保税拍卖会，入选“2013 厦门文化产业发展十大影响力事件”。该拍卖涉及 300 余件拍品，会上成交 85 件，价值 900 万元。保利厦门拍卖依托厦门作为经济特区、海峡两岸交流中心和南方收藏中心的特殊优势，在 2014 年秋季首拍，以 2.4 亿元的成交额圆满落槌，以骄人的成绩证明厦门是继北京、上海之后的第三座艺术品蓄水池。成立至今，举办拍卖会共计 9 场(其中大型拍卖会 5 场，小型拍卖会 4 场)，累计成交额 9.84 亿元。2016 年 4 月 24 日，自贸片区企业博乐德公司举办无底价保税拍卖专场。2017 年 2 月 26 日，博乐德举办了 2017 春季艺术品拍卖会，其中，备受瞩目的保税拍卖“安徒生的奇妙世界”专场，以 750 万落槌。这批珍贵文物以专业物流、文化保税的形式引入中国，再以艺术品保税进境方式拍卖，有力推进了厦门自贸区文化保税产业发展。5 月 9 日，世界著名拍卖行苏富比正式对乾隆御制火枪进行拍卖，最终以 198.5 万英镑(约合 1670 万元人民币)的价格被拍出。依托厦门片区艺术品保税制度创新平台，该古董已由收藏家委托博乐德公司办理相关手续，通过厦门自贸片区入境收藏。

二、工作思路

为进一步推动自贸试验区制度创新，凸显厦门片区先行先试优势，厦门片区充分利海关特殊监管区保税功能，结合厦门市重点专业平台建设，加快艺术品交易等文化服务业平台建设，形成较有区域竞争力的文化服务业产业链。同时，结合片区发展情况，拟出台《福建自贸试验区厦门片区关于促进文化领域服务业集聚发展的实施意见》，推动文化产业发展的综合性提升。

随着厦门自贸片区各项工作的深入，对文化产业的协调创新发展提出了更高要求。自贸区管委会围绕福建自贸区新增试验任务中的第13项"扩大对外文化贸易和版权交易"和有关文化领域省级审批权限下放的26项行政权力清单，在对区内各文化企业深入调研的基础上，形成如下发展思路。

（一）抓发展理念提升

厦门市有着文化产业发展的深厚人文优势、优质环境优势和独特区位优势，自贸试验区的设立，可以为促进文化产业的集聚融合提供又一有力抓手。但同时也要看到，文化产业有着不同于其他产业的行业特色和发展路径，需要环境、政策和时间等合力促成。片区管委会通过产业布局的细化，在区内文化产业发展相对薄弱的基础上，争取做到"弯道超车"、飞跃发展。

片区管委会在充分调研的基础上，首先，从发展观念上，确立了文化产业在片区产业发展中的重要地位，协调各方资源，投入到文化产业的提升和创新中来。其次，根据片区不同园区的发展现状和优势，结合厦门产业基础和特色，细化了片区内文化产业项目下不同的产业门类的发展措施。最后，突出业态创新、紧抓平台建设、锁定重点项目，将各项工作落到实处。

（二）抓产业业态创新

厦门自贸片区的文化产业发展，总体还处于起步阶段，在这一阶段，更需要统筹考量、谋划全局，抓亮点项目，抓业态创新。建议文化产业的创新发展，围绕三个领域做足做实。

1. 文化保税

当前,文化保税交易和高端艺术品拍卖,代表着文化产业发展的新兴方向。厦门片区有着艺术品保税拍卖的创新先例,有文化保税交易的硬件基础,在现有良好条件的基础上,希望在市文发办指导下,由自贸委牵头,文广新局、海关、国税等相关单位配合,建发集团、翔业集团等相关企业参与,结合海丝艺术品中心和文化保税仓的建设,推动文化保税交易平台建设的全面展开。

2. 文化创意

厦门自贸片区内有着众多文化创意空间,为片区开展文化创意业态创新提供了多种可能。云创智谷、华美文创园等文创空间结合文化创意创业的产业需求,形成时尚设计、文化科技等产业的集聚融合。海沧园区打造"海峡两岸青年创业基地",重点开展对台文化创意空间建设。海丝盛业国际文化创意公司建设海丝艺术品中心项目,为高端艺术创意提供了优质的物理载体。这些定位各异的产业园区,为文创产业业态创新提供了充分机遇。

3. 对外文化贸易

厦门承担着自贸试验先行先试和海上丝路战略支点的双重使命。厦门片区建设,依托21世纪海上丝绸之路国家战略,立足于深化两岸经济合作和文化融合,具有大力拓展对外文化贸易区位优势、人文优势、制度优势和产业优势。

在省、市文化主管部门指导下,依托厦门自贸片区开展对外文化贸易的制度创新和业态创新,让更多国内外优秀文化企业立足自贸试验区,借助厦门优质自然人文环境和公共服务功能,寻求扩大文化领域的产业合作、项目投资和产品推广,为文化企业走出去搭建更为前沿的合作平台。

创新两岸交流合作机制,是自贸试验区厦门片区的核心目标之一,也是发展对外文化贸易的又一创新模式。众多台资文化企业注册厦门片区,开展相关业务创新。建议结合厦门产业发展实际，创新对台文化交流模式；创新文化产业政策，开展国家对外文化贸易战略的推进工作，为厦门片区文化产业整体集聚发展搭建综合性平台。

（三）抓综合平台建设

以国家海峡版权交易中心落户厦门自贸片区为契机，着力打造集版权确权、登记、维权、展示交易等为一体的全产业链贸易服务平台。以联发华美空间和文创口岸为载体，引入国际先进孵化理念、产业创意和创新业态，打造“东南第一个海外人员文创园”，建立厦门市对外文化交流新平台。依托文化艺术品保税仓建设，积极推进海丝艺术品中心项目建设，努力打造厦门及东南文化保税中心和高端艺术品交易平台。在海沧园区两岸文创中心，重点开展对台文化创意平台建设。

（四）抓人才梯队支撑

文化产业发展的关键在人才。加强中高端文化产业人才引进和培育，加强海外高层次文化领域人才引进，是厦门自贸片区文化产业发展的关键所在。

首先，在区内重点文化企业建设一批大学生就业实践基地，加强与国内外知名高校、研究机构的交流与合作；鼓励本地高校建立文化产业研究中心或开设文化产业相关专业；吸引一批跨国知名文化咨询机构来厦建立分支机构，给予适当政策扶持。

其次，规划建设文化人才集聚区。围绕产业发展重点，谋划引进一批大师工作室，促进文化创意与资本对接，形成大师佳作、名人名企、潜力品牌集聚发展的优势。

最后，谋划建设文化产业研究“智库”。柔性引进一批海内外文化产业规划创新团队，组建厦门自贸片区文化产业发展咨询委员会，打造海内外专家、知名企业和研究机构的合作交流平台。

（五）抓亮点项目建设

厦门自贸片区的临港临空位置，既是其文化产业发展的短板，但也可转化为搭建亮点项目的宽广舞台。目前，包括联发华美空间等文创园区，已成为厦门市文创产业发展的亮点项目，但总体而言，作为一个重要的旅游目的地城市，仍然缺乏亮点文化项目成为城市的综合性地标。

建议组建专业策划团队，在厦门自贸片区引进或创意标志性文化建设亮点项目，通过现代传媒手段，塑造形象、扩大影响，打造自贸区文化产业感召力和集聚力。在片区老旧厂区或港区选择适合场所，大胆创意策划、科学调研规划，打造标志性文化旅游项目，将厦门片区文化产业提升到一个新的高度。

执笔：陈　博

2017年12月

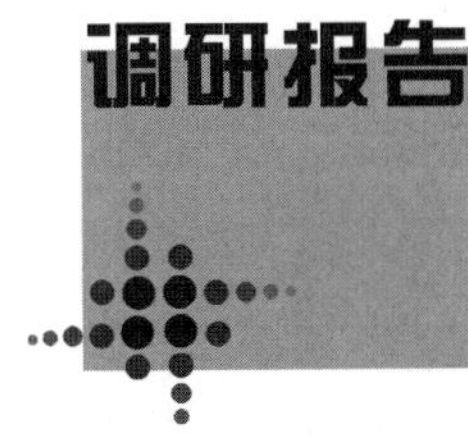

在融合中自觉增强政治优势

——厦门日报从纸端到指端的采编流程再造调研报告

◎ 厦门日报社课题组

网络和数字技术裂变式发展，带来媒体格局的深刻调整和舆论生态的重大变化。人手一机，互通互联；舆论场上，众声喧哗。面对新常态，党报怎样坚守舆论阵地、发出主流权威声音？怎样在自媒体的密集丛林中脱颖而出？怎样在关键时刻成为民众信赖和依靠的“定海神针”？厦门日报以自己的创新实践作了生动的回答。那就是：以习近平新时代中国特色社会主义思想为指引，坚定按照党中央的战略部署，蹄急步稳、扎扎实实地推进媒体融合发展。在此进程中，始终坚持正确的政治方向、价值取向和舆论导向，心中有党性，眼中有百姓，做到党媒姓党，绝对忠诚。着力增强党报的政治优势，自觉当好党的声音的传播者、城市发展的瞭望者、中国故事的讲述者、传媒转型的创新者。通过从纸端到指端的采编流程再造，实现传播力、引导力、影响力、公信力的跨越式提升。

一、什么是党报的政治优势？

顾名思义，党报，是党的媒体，是党的喉舌，是党联系人民的桥梁和纽带。党通过党报，把路线、方针、政策传达给全体人民，同时，通过党报了解人民的愿望和要求。正是因为党报这份独特的职责和使命，决定了党报具有无可比拟的政治优势。

一是政治宣传优势。党报历来是传播党和人民声音的主要渠道。早在 1942 年中央宣传部发出的《为改造党报的通知》就指出："报纸的主要任务就是宣传党的政策，贯彻党的政策，反映党的工作，反映群众生活，要这样做才是名副其实的党报。"党的重大路线方针，党的重要决策主张，主要是通过党报的宣传让人民了解、理解和接受。因此可以说，宣传，是党报的首要职责，也是最大的政治优势。

二是社会动员优势。无论是在革命战争年代，还是在和平建设时期，党要领导人民取得伟大斗争的胜利，都必须广泛发动群众。现在，党领导人民为全面建成小康社会、实现中华民族伟大复兴的中国梦而奋斗，开展许多具有新的历史特点的伟大斗争，就必须更加深入地发动群众，调动人民最广泛地参与。而宣传发动群众，是党报义不容辞的责任，也是党报突出的政治优势。

三是舆论引导优势。任何一个社会都不是铁板一块，不可能舆论一律，但是，主流舆论是否成为舆论场的主导力量，关系到社会安定稳定，也关系到政权安全。因此，坚持正面宣传为主，牢牢把握正确的舆论导向，始终是包括党报在内的主流媒体必须坚守的政治原则。关键时刻，党报主动设置议题，引导舆论，发出权威主流声音，往往能在舆情纷乱时起到定海神针的作用。这也是党报独特的政治优势。

四是辟谣正听优势。社会生活中，总会时不时有谣言产生。特别是在一些重要的历史关头，在重大灾难和突发事件发生的时候，谣言总会不失时机地跳出来兴风作浪。这个时候，人们往往愿意看看党报怎么说。党报第一时间发出准确权威报道，让真相跑在谣言的前面，就能迅速扑灭谣言的邪火，不致酿成大的负面舆情。党报长期形成的权威性、公信力、影响力，使党报具有这种一锤定音的政治优势。

二、互联网时代如何突出政治优势？

党报的政治优势，是在长期的宣传工作实践中形成的，是经受过严峻考验的，也是与时俱进的。现在，我们已经生活在互联网时代，在新形势下，党报如何突出自己的政治优势？这是摆在所有党报人面前的严肃课题。

当前，网络和数字技术裂变式发展，带来媒体格局的深刻调整和舆论生态的重大变化。主要体现在：媒体发展格局发生变化，传统媒体的受众规模不断缩小，市场份额逐步下降，越来越多的人通过新兴媒体获取信息，青年一代更是将互联网作为获取信息的主要途径；舆论生态发生变化，新兴媒体话题设置、影响舆论的能力日渐增强，大量社会热点在网上迅速生成、发酵、扩散，传统媒体的舆论引导能力面临挑战；舆论主战场发生转移，互联网已经成为舆论斗争的主战场，直接关系我国意识形态安全和政权安全。

面对这种严峻形势，党报怎样保持并突出政治优势？答案只能是：推动传统媒体和新兴媒体融合发展。传统媒体特别是党报，必须跟上时代发展步伐，加快融合发展进程，这是党报应当肩负起的时代使命和历史责任。

党中央高度重视媒体融合。习近平总书记针对媒体融合发表过一系列重要讲话，特别强调要遵循新闻传播规律和新兴媒体发展规律，强化互联网思维，坚持传统媒体和新兴媒体优势互补、一体发展，坚持先进技术为支撑、内容建设为根本，推动传统媒体和新兴媒体在内容、渠道、平台、经营、管理等方面的深度融合，着力打造一批形态多样、手段先进、具有竞争力的新型主流媒体。因此可以说，媒体融合的根本目的，就是增强政治优势。只有这样，才能实现两个巩固，即：巩固马克思主义在意识形态领域的指导地位，巩固全党全国人民团结奋斗的共同思想基础。

正是因为站在这样的高度来认识媒体融合，厦门日报社才会主动应对新形势新要求，把媒体融合列为报业改革发展的头号工程，加大推进媒体融合的力度。报社党委提出要整合现有资源，大胆开拓创新，走出一条切合实际、具有特色的媒体融合发展之路，力争为媒体融合的国家战略提供一个有价值的样本。

三、从纸端到指端：再造采编流程，推进深度融合

互联网，特别是移动互联网的迅猛发展，正在深刻地改变着人们的生活，也改变着媒体格局和舆论生态。所有的媒体人都意识到，形势变了，我们的战场，已经不仅仅是在纸端，而是越来越多地转移到指端。必须因应这种变化，再造采编流程，推进深度融合，方能始终保持党报的政治优势。

2014 年以来，厦门日报社大力推进转型升级，探索推动媒体融合发展，率先建设融媒体中央控制平台一期，为媒体融合搭建“快车道”。2015 年底，“中央厨房”二期建成，开始在信息源、指挥系统、发布终端等方面的融合做尝试，在历次重大突发事件中发挥重大作用，这一平台获得上级及社会各界的肯定。2016 年以来，厦门日报社不断完善融媒体中央控制平台二期，网络电台、视频台相继上线，厦门新新媒体有限公司成立。媒体融合发展取得了初步成效。

纵观厦门日报社的媒体融合实践，可以明显看出以下特点：

一是机制创新力度大。厦门日报社把推动媒体融合作为报业创新驱动转型发展、做大做强党报事业的重大举措。从大处着眼，

认真做好媒体融合发展的顶层设计和战略规划，逐步推进报业内部新媒体的整合工作。报社党委成立了领导小组，统筹协调媒体融合发展。有效整合各种媒介资源、生产要素，大力拓展新渠道，推动一体化发展。加强采与编的融合力度，防止出现采编指挥调度“两张皮”的现象。加强新媒体中心与日报旗下子报子刊的融合力度，进一步优化资源配置，增强发展活力。通过资源整合，由新媒体中心负责运作整个报社层面的官方微信、微博和新闻客户端等，制定一系列规章制度，引进采编、技术等方面人才，成立厦门日报社新新媒体公司，负责新媒体经营业务的拓展，真正按互联网思维主导媒体融合发展。

二是平台建设速度快。自 2014 年以来，厦门日报社先后建成了融媒体中央控制平台一、二期工程，形成了门类比较齐全的新媒体矩阵，包括厦门日报、厦门晚报、海西晨报官方微博和微信、厦门日报新闻客户端，以及厦门招考、两岸频道等一系列在教育、对台等领域有影响力的垂直类微信公号，厦门遇见婚恋网等民生服务项目，以及晨报超市等电商项目。还为党政机关和企事业单位代建代管了一批微信公众号。建成了“百家村之声”网络电台、视频台。实现了信息发布的立体化、互动式、全天候。

三是采编流程再造深度推进。厦门日报社融媒体“中央厨房”已经具有信息收集、舆情研判、指挥调度、统筹发布等全方位功能。每逢重要活动、重大突发事件，厦门日报社融媒体即启动全天候直播。重大报道战役，报社成立指挥部统一调度，报社所属媒体记者全部作为“厦门日报社融媒体记者”参与战斗，所有稿件由融媒体平台分发，各媒体再根据自身特点和需要编发，真正实现了一次采集、多种生成、多元发布、多渠道传播。

四是影响力实现跨越式提升。目前，厦门日报社融媒体矩阵粉丝达 600 万以上。报社组织的几场重大宣传报道战役，如抗击“莫兰蒂”台风、厦门会晤、党的十九大召开等，融媒体的总阅读量均达千万以上，其中，抗击“莫兰蒂”和厦门会晤报道总阅读量更是分别超过3000万。厦门日报社融媒体在抗击“莫兰蒂”台风期间多次澄清不实传言，被央视东方时空栏目作为成功辟谣的典型案例予以报道。

根据人民网研究院发布的《2016中国媒体移动传播指数报告》，在中国报纸移动传播百强榜上，厦门日报位列福建第一，在全国城市党报里排名第二。同时跻身全国报纸50强。厦门日报微信公众号长期位列全国纸媒公号前20名左右。近年来，厦门日报新媒体先后荣获2016最具影响力城市新媒奖、获腾讯优秀区域媒体号20强、福建创新企鹅号、新浪微博区域先锋媒体。厦门日报社的融合发展也得到上级领导肯定，2016年11月，时任福建省委常委、宣传部长高翔到厦门日报社调研后指出，厦门日报“导向正、影响大、质量好、发展快，尤其媒体融合路子对、成效高”。

四、在融合中自觉增强政治优势

在扎实推进媒体融合的进程中，厦门日报社始终清醒地认识到，媒体融合的根本目的，不是融合本身，而是增强政治优势。作为党的喉舌，党的宣传舆论工具，必须时刻牢记职责使命，主动作为担当。群众在哪里，宣传舆论就要跟进到哪里。一方面要“从众”，用群众的语言，群众喜闻乐见的方式去做宣传，做到入脑入心；一方面要“导众”，始终坚持正确的舆论导向，用主流价值观教育人、感化人。在众声喧哗的舆论场上，党报必须立场坚定，旗帜鲜明，决不能人云亦云，随波逐流。

一是当好党的声音的传播者。无论舆论生态怎么变，无论传播方式怎么变，党报的性质和责任不能变。任何时候党报都姓党，必须听党的话，跟党走。在这一点上，厦门日报社始终头脑清醒，意志坚如磐石。自觉增强政治优势，当好党的声音的传播者。全力以赴宣传好党的路线方针政策、重大决策部署，让党的声音深入人心。2017 年 10 月，党的十九大在北京胜利召开。厦门日报社以高度的政治责任感和强烈的使命感，自觉地把做好党的十九大宣传报道工作作为头等重要的政治任务，紧紧围绕十九大报告，以习近平新时代中国特色社会主义思想为指引，充分运用媒体深度融合优势，创新传播手段和方法，使十九大宣传报道主题突出，基调鲜明，浓墨重彩，守正出新。在此期间，厦门日报社微博、微信、客户端等新媒体总发稿量近千篇，总阅读量突破千万。

二是当好城市发展的瞭望者。作为市委机关报，《厦门日报》始终与厦门这座城市同呼吸、共命运。我们深知，增强政治优势是城市党报健身强体的最佳选择，始终坚持党管媒体原则，一切行动听从市委、市委宣传部的指挥，自觉地围绕市委中心工作开展新闻宣传和舆论引导工作。像航船上的瞭望者一样，不忘初心，牢记使命，为城市的发展营造良好舆论环境。特别是在城市发展的一些重要节点，厦门日报社总是以声势浩大、浓墨重彩的宣传报道，形成助推城市发展的强大动力。例如，金砖国家领导人第九次会晤在厦门举行，这是厦门有史以来举办的规模最大、规格最高、影响最广的国际盛会。厦门日报社调动全媒体资源，充分运用媒体深度融合的优势，展开长时间、全方位、多角度、大规模的宣传报道。特别是会晤期间，习近平总书记几次深情点赞厦门，厦门日报社融媒体第一时间推出声情并茂的报道，刷屏网络。厦门日报官方微信发布的《习近平主旨演讲为厦门代言！深情大赞：高素质！高颜值！视频来了》等报道，单条阅读量达 130 多万。总书记的讲话，将对厦门未来的发展产生深远的影响；而《厦门日报》的报道，也将在厦门的发展史上留下深刻的印迹。

三是当好中国故事的讲述者。习近平总书记多次强调，要讲好中国故事，传播好中国声音。对作为区域性媒体的厦门日报社来说，讲好厦门故事，就是讲好中国故事。长期以来，《厦门日报》扎根厦门经济特区这片沃土，积极投身火热的现实生活，敏锐发现这块土地上发生的感人故事，大力弘扬社会主义核心价值观，推出了许多正能量报道，产生良好影响。例如，在2016年抗击“莫兰蒂”台风期间，发生过一个感人至深的故事。救灾武警战士把他们的衣物整齐地摆放在街边，一位母亲带着自己的孩子，在每个武警战士的衣服上放下装着鸡蛋的福袋，然后悄悄地离开。这个故事生动展现了厦门人民与子弟兵的鱼水深情。《厦门日报》记者通过深入采访，把这个故事挖掘出来，通过报纸、“两微一端”、网站等平台，原汁原味地呈现给读者，感动了无数人。文章发布仅几个小时，厦门日报官方微博的阅读量就突破600万人次；许多网友留言说，被这个故事“暖哭了”；人民日报、央视新闻、共青团中央、中国之声等众多央媒、大V纷纷转发，仅人民日报官方微博的阅读量就超过140万。

四是当好传媒转型的创新者。厦门日报社在媒体融合方面的实践和成效，受到省内和国内同行的关注。总结起来，根本的秘诀在于创新。看远一步，先行一着，勇于创新，满盘皆活。当前，移动互联网技术仍在快速发展，传媒转型仍在探索进程之中。创新无止境。厦门日报社要坚决贯彻党中央关于媒体融合发展的战略部署，紧跟网络和数字技术发展趋势，稳步推进融媒体中央厨房建设，适时引进人工智能等前沿技术，不断顺应形势发展，推动采编架构重组和流程再造，推进深度融合，不断增强政治优势，始终保持在舆论场上的强势引领地位，保证有能力、有本事履行党报的职责使命，做到召之即来，来之能战，战之能胜，胜之低调。要以铁心向党、铁肩担责、铁纪带兵的精神，出色地完成上级交给的新闻宣传和舆论引导任务，为实现“两个一百年”奋斗目标，实现中华民族伟大复兴的中国梦，为厦门走前列、作示范，勇当新时代中国特色社会主义排头兵营造良好舆论环境。

厦门日报社课题组
课题组负责人:江曙曜
课题组成员:杨家慧、赵琳、蔡萍萍、田家鹏
2017 年 12 月

调研报告

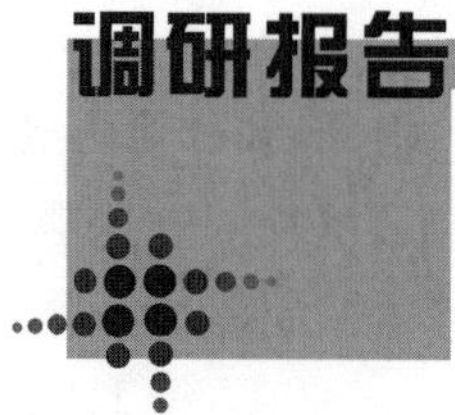

海沧："五个联动"驱动媒体融合发展

◎ 海沧区委宣传部

蓝皮书

为了适应新时代新闻舆论宣传工作的需求，促进媒体融合发展，全面提升基层新闻舆论宣传工作的水平，海沧区在全市成立首个由区委宣传部主管、国企担纲的新媒体公司——厦门沧江新媒文化有限公司，引进专业人才，专注于"两微一端"新媒体原创内容的生产，抢占制高点、打造新平台、掌握话语权，经过半年来的精心运营，取得了阶段性成效。

一、背　　景

以习近平同志为核心的党中央高度重视媒体融合发展，推动媒体融合发展，是巩固宣传思想文化阵地、壮大主流思想舆论的战略举措。习近平总书记多次就推动媒体融合发展作出深刻阐述，强调融合发展关键在融为一体、合而为一，要尽快从相"加"阶段迈向相"融"阶段，着力打造一批新型主流媒体。这些重要论述，为推进媒体深度融合指明了方向、提供了遵循。

与此同时，各类新媒体正朝着多元化、全覆盖的方向发展，移动互联时代人人都有麦克风、个个都是通讯社，传播形态的持续演变,要求我们通过深度融合占据制高点。因此,对于地处对台交流前沿、对外贸易为主体、外来移民占大多数的海沧而言,实现新闻舆论宣传工作转型,整合央媒与地方媒体、官方媒体与自媒体、打通传统媒体与新媒体“任督二脉”,实现媒体深度融合发展,已是迫在眉睫。

二、成　　效

一篇微信公号文章,在今日头条转发后,阅读量突破 26 万;一个县区级官微,上线试运营第六天,阅读量突破 1 万;同样这一官微,运营 4 个月,每天头条阅读量超过 8000;运营 5 个月,便跻身全省政务新媒前四强;一条停水的消息,更是以 38000 的阅读量超过了当地已运营数年的新媒巨头——《厦门日报》微信公号。这些成绩的背后,是海沧区委宣传部为适应新时代需要,探索创新媒体融合发展的不懈努力。这个全省政务新媒的“黑马”,就是海沧区委宣传部的官微——“今日海沧”,负责代为运营这一公号的团队,是区委宣传部主管的海沧区本土国有企业——厦门沧江新媒文化有限公司。

2017 年是海沧区深化文化体制改革的重要一年,为了更好地提升全区新闻舆论宣传工作水平,以及公共文化服务供给水平,由区委宣传部牵头,经过前期精心筹备,厦门沧江新媒文化有限公司(以下简称“沧江新媒”)于 2017 年 6 月 1 日成立,其负责的微信公众平台“今日海沧”正式上线。“今日海沧”坚持对内对下,秉持“说人话、接地气、重民生”的理念,“讲海沧人的事,说给海沧人听”,经过半年来的努力,已经成为海沧发布权威信息、加强政民互动、引导网络舆论、提升社会治理能力的一个重要平台,成为广大海民生活的必需品。2017 年 9 月中旬,“今日海沧”进入福建省内政务新媒体的第一方阵，成为海沧区域最具影响力的媒体平台。

三、举　　措

“今日海沧”在短时间内实现弯道超车，跻身省内政务新媒体的第一方阵，主要得力于其摆脱了传统媒体观念的束缚，驱动媒体融合，通过实现“五个联动”，在基层舆论宣传工作方面走出了一条特色之路。

1. 新媒体与传统媒体联动

当前，随着移动客户端及自媒体的出现，颠覆了原有的媒体概念，舆论场去中心化，传统媒体日趋式微。但是，传统媒体的权威性和内容优势仍然存在。因此，在新闻资讯的发布过程中，“今日海沧”与《福建日报》《厦门日报》《厦门晚报》以及东南网、厦门网等传统媒体建立了良好的内容共享模式。

近年来，海沧的跨岛发展势头很猛，媒体报道更加聚焦海沧。在对海沧内容的挖掘上，传统媒体依托自身的各种专业优势，对海沧的城区、产业、人文持续进行深度解析报道，“今日海沧”开通之后，充分利用已有的内容资源，通过学习消化、形式创新，采用新媒体的表现手法将此整合成老百姓喜闻乐见的内容。同时，在海峡论坛、厦门会晤、国际海洋周、文博会、乐活节以及其他重大新闻事件方面，沧江新媒和《厦门日报》、区委报道组，通过分工协作、内容共享的方式，在报道上达到了全盘统筹效果，做到一条内容多形式开花。

2. 区内媒体与区外媒体联动

厦门会晤期间，海沧主办的“大美海沧”摄影大赛，成为厦门市宣传工作领域的一大亮点。为期一个半月的活动，共收到照片2000张，诗歌200首，每天在网络持续升温发酵，通过海沧这一岛外新城的巨变,让厦门的“国际范”进一步深入人心。

在执行过程中,由“今日海沧”担纲,《厦门晚报》做纸媒主阵地。每天,5位专业评委评审出一张“最美代颜”和一首“看图写诗”,刊登在《厦门晚报》的“我要拍”栏目。一是多层面展现作者的价值和获得感;二是扩大了大赛在海沧区域外的影响力;三是强化了大赛和参与者、粉丝的互动效果。

在“大美海沧”摄影大赛中,“今日海沧”担纲策划三场活动,即海沧海关钟楼鸣钟、欧洲第一张中国全图《古今形胜之图》荣归故里、通富微电子项目奠基,并与中央省市媒体提前对接沟通。海关钟楼鸣钟,通过《厦门日报》《海峡导报》等本土媒体发酵,这一热门话题在全市持续达半个月;通富微电子项目奠基,“今日海沧”首发后,新华社跟进报道,这一条消息被全国32家报纸网站竞相转载,极大地扩大了传播效果。

3. 地方媒体和中央级媒体联动

传递海沧好声音,离不开中央级媒体的大力支持。“今日海沧”开通以来,不断加强与中央媒体的良好互动,为它们不断提供新鲜素材,扩大海沧的影响力。

围绕“耕读传家远、诗书继世长”的要义,“今日海沧”积极宣传海沧耕读文化。其中,“四点钟学校”专题报道被东南网转载后,被中国文明网刊发,为海沧的文明创建工作再添重彩一笔。十九大期间,沧江新媒团队策划拍摄的《芦塘书院旧貌换新颜》,在CCTV-4《我的中国骄傲》专题播出,诸多新媒体纷纷对此转播,引来众多市民及海外华人华侨点赞。在向中央级媒体输送好内容的同时,对中央媒体涉及有关海沧的报道,沧江新媒团队第一时间进行策划,执行二次落地。苏颂家族的优秀家风家训,被中纪委点名表扬。在央媒上看到这一消息后,“今日海沧”组织编辑深入采访位于东孚街道凤山、贞岱等村庄的苏颂后人,报道被今日头条转载后,阅读量超过26万。

在报道的落地转化方面，每一篇都深入现场采写，不断增强广大海民的获得感、幸福感，也让“今日海沧”越来越接地气，更富生机与活力。

4. 线上和线下联动

沧江新媒负责“今日海沧”原创内容以来，极其关注线上和线下联动，强化用户对平台的黏性，效果非常明显。

“大美海沧”摄影大赛期间，为增强对大赛的关注和互动，沧江新媒策划执行了“看图写诗”的环节，向广大海民征集诗歌，前后收到200首。在海峡两岸乐活节开幕式上，入围的十首诗歌被专业人员编成一个诗歌朗诵节目上演，成为现场一大亮点。海沧区纪委组织的“一封家书”活动，内容此前已被报道。为了避免同质化，沧江新媒拿到“家书”的获奖作品后，编辑人员分工，采访“家书”的原创作者、家庭或其朋友，从音频朗读、后台留言互动分享(精选20条获奖留言)等方式丰富报道。第一篇就引起巨大反响，留言超过100条，怀旧、自责和赞美声一片，可以说是用户们一次有效的情感释放。

近期，沧江新媒承办串岛游活动，邀请海沧区网络媒体联盟各成员单位，考察海沧湾无人岛，为随后召开的2017年厦门国际海洋周“热身”，网络大咖纷纷在各自网站进行刊播，东南网更是将该活动在“直通屏山”栏目重磅刊发，成为线下活动、线上推广的又一成功案例。

5.“今日海沧”与区内公号矩阵联动

经过半年的发展，“今日海沧”已成为海沧政务新媒体的“领头雁”。为了发挥“1+1>2”的协同效应，“今日海沧”在自身公众号平台上设置“矩阵”菜单，将海沧区政务公众号集中起来，形成良好的内容分享模式。

与此同时，建立“海沧基层信息报送群”，与街道村居的微信公众号进行及时良性互动，拎出村居优质内容，在“今日海沧”进行推送,讲百姓身边事,提高村居信息的曝光率,增强了广大村民的参与感与获得感。经过一段时间的积累和沉淀,“今日海沧”不仅圈粉数千,还进一步扩大了内容渠道,以及平台的影响力和社会价值。

四、存在不足

经过半年的实践探索,海沧区在促进媒体融合发展、全面提升基层新闻舆论宣传工作的水平上,取得了明显成效,积累了宝贵经验,但也还存在一些不足和短板。

一是沧江新媒组建时间不长,人员彼此之间的配合,还需要一段时间,对重大事件的反应速度,有待进一步提升,还未做到同步发布;二是作为区级媒体资讯平台,“今日海沧”与区内新媒矩阵之间的差异化发展还不够,存在一定程度的同质化;三是与村居的互动还不够全面深入,未做到完全“接地气”;四是作为实业立区的海沧,产业工人占了海沧人口近一半,在服务企业员工方面,“今日海沧”还有较大的发展空间。

接下来,针对这些短板与不足,我们将通过优化内部管理、错位发展、活动带动、深入企业等举措,进一步促进媒体融合发展,全面提升新闻舆论传播力引导力、影响力、公信力,为海沧区深入学习宣传贯彻党的十九大精神,加快推进国际一流海湾城区建设营造更加良好的舆论氛围。

执笔:林世期

2017 年 12 月

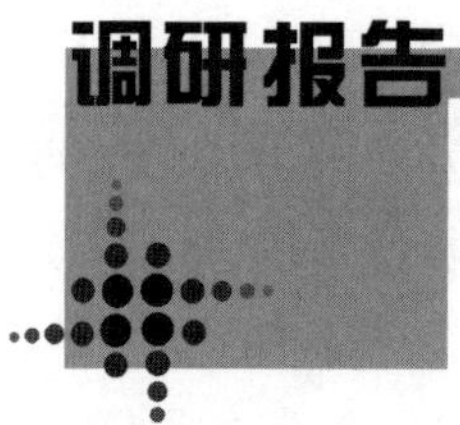

调研报告

鼓浪屿文化遗产保护的做法经验和启示建议

◎ 厦门市文广新局课题组

蓝皮书

鼓浪屿位于九龙江入海口，面积1.88平方公里，自然景观优美，历史人文荟萃，素有“万国建筑博览”、海上花园、琴岛等美誉。全岛2000多栋建筑中，近现代历史风貌建筑就有930余栋。这其中，最直接展现鼓浪屿遗产价值的代表性要素就有53个，这些核心要素共同构成了鼓浪屿自然有机的空间结构和内涵丰富的城市历史景观要素。作为具有突出文化多样性、多元文化交流融合的独特范例，几十年来，厦门市历届党委政府在加强鼓浪屿文化遗产保护上作了持续不断的努力探索，打造出景城相依、文旅兼容、开放共享的文化遗产地和风景名胜区，2017年7月8日在第41届联合国世界遗产大会上，鼓浪屿・历史国际社区成功入选世界文化遗产名录，成为我国第52个、福建省第4个世界文化遗产。习近平总书记专门对鼓浪屿成功申遗作出重要指示，充分肯定长期以来厦门市在鼓浪屿保护管理上的积极探索和取得的显著成绩，要求总结成功经验，借鉴国际经验，健全长效机制，把老祖宗留下来的文化遗产精心守护好，让历史文脉更好传承下去。

一、鼓浪屿文化遗产保护的工作做法

文化是城市的灵魂，文化遗产是城市传统文化的活化石和发展的金名片。在鼓浪屿30多年科学保护、9年申遗历程中，厦门市曾走过一些艰难的探索之路。曾因定位不准引发保护管理之殇，特别是20世纪90年代，在处理旅游与文物保护的关系问题上，由于片面强调旅游导致自然景观遭受破坏，人文景观日渐衰败，社区景区矛盾凸显，低端商业过度开发，管理体制复杂多头。文化要素不断遭到挤占、蚕食、侵吞和分割，不协调新建筑对历史建筑造成了伤害，破门开店如雨后春笋，烧烤店摆摊设点成为常态，小小的岛屿，最高上岛日游客量达12.8万人，公共设施不堪重负，居民不堪其扰，游客怨声载道。这些不仅严重影响了鼓浪屿的人文形象，而且还给历史建筑等人文景观保护管理带来空前压力。

厦门市委市政府深刻认识到，遗产保护与旅游开发之间，游客与居民、景区和社区，表面看是一组组不可调和的矛盾，但如果措施科学，还是可以和谐相处，互为促动。因为旅游与文物保护目标殊途同归——一方面，景区和社区可以互相反哺，独特的社区氛围是景区风光不可分割的一部分，而景区的提升又能为社区的建设提供滋养，最终让游客和居民共同受益；另一方面，当遗产遭到破坏时，旅游的质量势必无法得到保障。反之，遗产的科学保护和合理利用，则势必会提高旅游的品质和体验，促进旅游业的永续发展。在这其中，历史建筑虽然承载着巨大的压力，但也是最有条件协调双边关系，使之更加和谐相处，相得益彰。基于这一认识，市委市政府认真学习了习近平同志1985年任厦门市委常委、副市长时提出的“在城市的风景名胜区中，能够把自然景观和人文景观十分和谐地结合在一起的，为数不多。因此，我们有必要把鼓浪屿看成是国家的瑰宝,在一定高度上把鼓浪屿的建设保护统一规划起来”,以及2002年任福建省委副书记、省长时强调的“鼓浪屿是‘女王皇冠上的宝石’,要摆到更加突出的位置,发挥更重要的作用”等论述,于2008年作出了申报世界文化遗产的决定,确立了鼓浪屿“文化社区+文化景区”的发展定位,用世界文化遗产保护的标准和做法统一思想、凝聚力量,使鼓浪屿走上了一条去芜存菁的遗产保护之路。

(一)坚持保护为先,构建多层面治理框架

厦门市历届党委、政府高度重视鼓浪屿保护工作,将保护作为鼓浪屿发展的总原则,作为旅游开发、文化遗产利用的前提,通过科学规划、完善立法、综合治理等有效措施,构建了鼓浪屿全方位治理保护框架。

一是注重科学规划。从1985年到2017年,30多年的保护历程,鼓浪屿坚持规划先行,以国家瑰宝的高定位来规划鼓浪屿的保护发展,为文化遗产保护管理制定高标准。《1985—2000厦门经济社会发展战略》明确指出要有整体和全局的统一规划,在此精神指导下,厦门市先后制定了鼓浪屿一万石山风景名胜区总体规划、历史风貌建筑保护规划、文化遗产地保护管理规划、旅游发展总体规划、商业网点规划等,从宏观控制到行业规范都细化要求,为鼓浪屿推进全方位的保护管理奠定基础。其中,《厦门市鼓浪屿一万石山风景名胜区总体规划》于1993年完成编制,1995年经国务院批复实施。在风景名胜资源(包括文化遗产资源)保护任务中,特别强调对鼓浪屿改造要与原有的建筑风格、建筑风貌相协调,对于较完整的和有价值的建筑尽可能保留其原貌。科学划定永久居民居住区,严控人口规模,同时也要求北部20多个工厂搬迁与转厂。这些规划,对鼓浪屿自然和人文景观的保护,以及后来申遗工作提供了重要的基础。目前,鼓浪屿已制定包括总体规划、控制性详细

规划、修建性详细规划和各专项规划在内的完整规划体系。

二是注重完善立法。从 2000 年起，厦门市先后颁布了《鼓浪屿文化遗产保护条例》《鼓浪屿历史风貌建筑保护条例》，针对文化遗产核心要素、家庭旅馆、建设活动等具体领域和重点问题进行立法，出台了 20 多部规范性文件。这些较为完善的法律法规的制定，规范了岛上各类建设、改造和行业发展，为保护管理和整治提升提供坚实的法律保障，使鼓浪屿文化遗产受到了国际公约、国家法律、地方性法规、部门规章、规范性文件等多层级的保护。

三是突出精细保护。对全岛 183 处各级不可移动文物和 931 处历史风貌建筑实行依法保护；有效控制全岛建筑总量，保持天际线、沿海岸线景观，保护建筑形态、街区格局和庭院园林。坚持"不改变文物原状"和"最小干预"原则，开展建筑专项研究，加强文物修缮管理，挑选专业施工队伍，组建质量和安全监督队伍，科学组织施工，严格监督管理，高质量完成 53 个核心要素修缮保养和环境整治工程。设立了遗产监测管理中心、遗产档案中心和历史建筑修缮技艺研习基地，形成了较为完善的文化遗产保护体系。坚持走"专家路线"，聘请了清华大学专业技术团队，成立了申遗顾问小组，在核心价值提炼、文本编制、规划保护、修缮保养、环境整治、迎检准备等环节，先后多次邀请国际国内专家实地指导。

四是狠抓综合治理。鼓浪屿遗产地要素类型多样，包括历史道路、空间布局和街区环境等，推动环境治理、城市管理、文物保护和旅游发展存在问题的解决，是鼓浪屿申遗进程中需要直面的课题。为此，厦门市坚持以破解问题为核心，建立和完善了一系列治理体系。在机制上，建立由市委市政府主要领导任组长、2 名市委常委任副组长、众多政府部门参加的鼓浪屿整治提升及申遗工作领导小组，成立办公室，加强鼓浪屿文化遗产地管理机构与属地思明区政府的融合，强化了工作力量、提高了决策效率，实现了统一领导、统筹管理机制的长效化和制度化。在平台上，鼓浪屿设立了综合管理中心，推动驻岛部门之间的管理信息交换和资源共享，实行城区管理统一指挥、调度、反馈，发挥了联动管理督查督办的优势。在队伍上，通过完善鼓浪屿行政执法队伍、综合巡查队伍、监测巡查队伍等多支力量的整合联动，探索建立政府主导、社会多元主体协同共治的创新性城区综合管理体制，形成有效的问题发现、处置和反馈机制。

（二）坚持文化为魂，推进多层面的保护传承

多元的历史文化遗存，是鼓浪屿在申遗过程中绽放的独特光芒。鼓浪屿文化遗产保护过程中，厦门市始终坚持开放、共享、包容的理念，传承“历史国际社区”独特的文化灵魂。

一是精心守护文化灵魂。借助专家学者力量，系统、深入研究鼓浪屿“历史国际社区”的价值，成立了“鼓浪屿国际研究中心”，系统分析比对鼓浪屿特色文化，出版了一系列专业书籍；全面实施“全岛博物馆”计划，建成了鼓浪屿历史文化陈列馆、故宫鼓浪屿外国文物馆和一大批体现历史国际社区文化价值的专题展示馆；持续举办钢琴节、诗歌节等国际性文化活动，打造了以名人、音乐、美术、体育、诗歌等多张主题文化名片。

二是努力构建文化生态。推出了“以奖代补”措施，大力扶持民间文化社团，塑造了家庭音乐会等融入居民生活方式的群众文化活动，活化传承了鼓浪屿文化。开展“音乐让鼓浪屿人回家”等活动，鼓励居民游客参与鼓浪屿特色文化活动，让文化回归社区，再现鼓浪屿的人文氛围。开辟文化旅游线路，让文化丰富景区内涵，提升旅游文化品位。借助文化融合社区和景区的发展，树立“文化社区＋文化景区”的新品牌。

三是着力彰显文化包容。传承开放包容的国际社区特性，深入挖掘鼓浪屿“历史国际社区”的政治、金融、司法等多方面的文化遗存，复原领事馆、中南银行、会审公堂、工部局等历史遗存场景，

专设了鼓浪屿共享遗产馆等展示点。搭建华侨交流联络纽带，定期组织面向东南亚地区的文化宣传活动，鼓励居民加强与华侨华人的情感联系，吸引鼓浪屿籍华人华侨回乡回岛。积极保护多元交融的社区生活方式，专设钢琴、美术、体育等特色教育学校，鼓励民间社团邀请外国友人参与橄榄球、足球等小型体育赛事、体验鼓浪屿生活方式。

（三）坚持以人为本，推进以人民为中心的共管共享

在鼓浪屿申遗进程中，厦门市始终坚持申遗为民、申遗惠民的工作思路，充分尊重社会关切、满足社区需求、提升游客体验，努力实现文化遗产的科学保护和永续利用。

一是突出成果共享。着眼全面提升民生保障水平，推出鼓浪屿户籍居民优惠政策，拓展公共活动空间，逐项解决群众反映强烈的用水、用电等问题，着力改善群众生活环境和居住条件。建成了市民服务中心、家庭综合服务中心、社区医疗服务中心等平台，深化“网格医生”服务，改善社区环境。通过实施游客航线分离，实行最大承载量控制，为居民提供了便捷的交通条件，提升了游客舒适的旅游体验。一系列惠民举措优化了居住环境，提升了旅游品质，留住了历史乡愁，活化了文化传承。

二是坚持多元共治。在治理主体多元化上，通过发布爱岛宣言，组建居民义务巡查队、文化宣传队等，调动“老鼓浪屿人”的爱岛情怀；培育家庭旅馆协会、龙头路商家自律联盟等，设置商家不文明行为曝光台，引导商家自我约束、自我管理，激发“新鼓浪屿人”参与治理的积极性。开展“垃圾不落地”等活动，引导游客参与环境卫生保护。在治理平台固化上，成立鼓浪屿公共议事理事会，在政府引导下，建立社区、商家协会、居民自治组织等共谋共建共管的平台，将鼓浪屿景区、社区建设的重要问题提交理事会研究，引导多方共同协商制定爱岛公约、自律公约等，共同维护鼓浪屿的

居住旅游环境，实现从行业自治到社会共治的提升。在治理机制活化上，建立“工作坊”制度，在核心商业街区建筑外立面整治提升、历史风貌建筑保护利用等专项工作中，邀请法学、社会学、城市规划等领域的专家团队驻岛，由“专业第三方”为政府与群众搭建沟通桥梁，形成专业、有效的方案。

三是广泛凝聚共识。注重加大申遗工作宣传力度，通过在市属主流媒体持续不断宣传鼓浪屿历史，发动原住民“讲好鼓浪屿往事”，逐个介绍申遗核心要素历史由来和价值所在，编辑出版《鼓浪屿文化遗产核心要素》等，不断增强市民申遗工作的自豪感和荣誉感，努力把市民对鼓浪屿历史、厦门历史的文化自信转化为文化自觉。广大居民组建了商家自律协会、文化志愿者队伍，捐赠了珍贵的文物史料和历史风貌建筑，充分展示了鼓浪屿居民的“爱岛之情”。一系列扎扎实实的举措，一步步攻坚克难的努力，告别了粗放式旅游的鼓浪屿，正在由内而外地散发着更加迷人的气息；百年鼓浪屿的文化内涵，通过一条条精品旅游路线，更加清晰地展现在海内外游客的面前。鼓浪屿的遗产保护和旅游开发，初步实现质量和效益的统一；游客与居民、景区和社区之间的矛盾，正在日渐消弭。

2008年以来的10年，是厦门人民逐步引入、学习、消化、运用世界文化遗产保护体系保护提升鼓浪屿的过程，是鼓浪屿历史、文化价值的重新发现与发掘的过程，是福建文化、鼓浪屿历史文化的历史地位获得国际社会认可的过程，在鼓浪屿向世界展现其自身独特的历史价值和文化价值的同时，也充分彰显了福建文化、厦门文化在中国历史上的地位和贡献。现在，“保护为先、文化为魂、以人为本”的鼓浪屿文化遗产保护之路，已经成为全市各级的共识，国家文物局刘玉珠局长在调研鼓浪屿文化遗产保护时认为，鼓浪屿在文化遗产保护利用方面的成功经验，是一个可复制、可推广的范例，为我国文化遗产保护利用创造了经验、树立了标杆。

二、鼓浪屿文化遗产保护的经验启示

鼓浪屿申遗成功，是习近平总书记在厦门任职时全局性、前瞻性指导的结果，是厦门市各级认真学习贯彻习近平总书记关于文化遗产保护一系列重要指示的结果，是全市人民精诚团结、艰苦奋斗、不懈努力的结果。回顾鼓浪屿申遗之路的实践，厦门市深切地感到：

(一)自信是动力来源、自觉是行动基础

一直以来，厦门一直以全国第一批经济特区和对台前沿交流阵地的形象示人，但在厦门人民心中，厦门历史文化丰富灿烂，给他们带来的是另一种自信和认可。

厦门作为闽南文化的发源地，承载着深厚的历史积淀和丰富的文化内涵。据考古资料显示，早在旧石器时代晚期，就有人类在厦门繁衍生息。新石器时代和商周时期，人类活动的足迹已出现在厦门岛内外。西晋时期，中央政府对厦门设置管辖。唐代中晚期，中原汉族南迁厦门岛，拓荒垦殖、繁衍生息。宋元时期，中央政府始于厦驻军设防。明朝初年在厦设中左所，洪武年间又兴建城堡，命名为厦门城。从此，“厦门”的名字正式出现在祖国的版图上。明末清初，厦门逐步成为闽南二府一州十余县的政治、经济中心、海防重镇以及华侨出入的重要门户，呈现出一片“商贾辐辏，帆樯云集”的繁荣景象。鸦片战争后，厦门因清政府被迫签订《中英南京条约》而成为“五口通商”口岸之一。在长达百年的半殖民地半封建社会里，厦门人民的抗争、流血和牺牲，又为这座城市注入了更绚烂的精神和价值。厦门千百年的历史，为后人留下了大量具有历史、艺术和科学价值的珍贵文物，是厦门这座城市珍贵的历

史记忆。鼓浪屿上多元文化接触、碰撞和融合留下的众多近现代文物，更是昭示了厦门在近代以来中国历史中不可或缺的历史地位。“看近代厦门而知近代中国”，正是源于文化自信，激发了厦门市各级保护好文化遗产的行动自觉。

（二）定位是保护前提、价值是申遗关键

30多年来，厦门市对鼓浪屿文化遗产的保护，一直在探索中实践，虽然有过困惑和曲折，但始终在探索中不断前行。从习近平总书记曾担任厦门市委常委、副市长期间牵头编制的《1985—2000年厦门经济社会发展战略》，专章论述了鼓浪屿的社会文化价值及其开发利用，到《鼓浪屿整治提升总体方案》，科学地做出了鼓浪屿建设“文化社区＋文化景区”的发展定位，再到2008年正式启动鼓浪屿申报世界文化遗产。厦门市对鼓浪屿文化遗产的保护始终在高起点、高标准的路上追求。引入世界文化遗产理念后，厦门市紧密对接国家文物局及其申遗团队，紧扣《世界遗产名录》的标准Ⅱ（多元文化交流）和标准Ⅳ（杰出建筑范例），委托清华大学团队编制申遗文本，先后邀请数百位国内外专家学者、业内人士反复研究论证，历时6年终于最终形成超过15万字的申遗正式文本，提炼出了鼓浪屿文化遗产突出普遍价值，在世界遗产大会上受到了高度评价。厦门市还从鼓浪屿近千栋历史风貌建筑中精心筛选出53个核心要素，从多方面例证了鼓浪屿历史国际社区管理体制的独特性、金融地位的突出性、市政配套的先进性、文化特色的多元性，为鼓浪屿申遗成功迈出了坚实的一步。

（三）使命是职责所在、努力是成功之本

“申遗不是为了提高厦门的知名度，不是为了经济利益，而是为了更好地保护传承”，30多年来，尽管外部环境发生了很大变化，厦门市领导换了一茬又一茬，申遗的难度也一年比一年加大，

但厦门市始终牢记习近平总书记在厦门任职时指出“很有必要视鼓浪屿为国家的瑰宝，应该在这个高度上统一规划其建设和保护”，“鼓浪屿是‘女王皇冠上的宝石’，要摆到更加突出的位置，发挥更重要的作用”的嘱托，坚持不忘初心，申遗目标不变、申遗激情不改、申遗工作不断，一茬接着一茬干，团结带领全市人民经受了一次又一次的考验，攻克了一个又一个的难关。正是这种全市上下多年来拧成一股绳，广大干部群众心往一处想、劲往一处使的精神，才使申遗工作顺利推进并最终取得成功。

三、鼓浪屿文化遗产保护探讨

鼓浪屿成功申报世界文化遗产是厦门市在城市历史文化遗产保护中迈出的一大步。但也必须清醒地认识到，在鼓浪屿申遗过程中依然存在着遗憾，鼓浪屿历史文化遗产保护的道路依然漫长而充满挑战。

（一）关于对不可移动文物类文化遗产修缮保护的品质把握。申遗期间厦门市对鼓浪屿53处申遗核心要素、近200处风貌建筑进行了修缮、保养，对漳州路、中华路、永春路、安海路、鼓新路等一大批路段进行了风貌整治。但必须清醒地看到，这些成绩的背后依然存在着高级别文保单位数量少资金来源单一、工程集中上马专技人员短缺、工程时限短质量难以保证、会战式成果显著长期保持困难等一系列问题。因此，如何通过申遗促进机制体制进一步健全，全面有效提升对鼓浪屿不可移动文物类文化遗产修缮保护的品质是未来需要重点攻克的难题。

（二）关于旅游与保护的平衡。鼓浪屿既是世界遗产地，也是厦门最闪亮的旅游名片。来厦旅游人员第一目的绝大多数选择鼓浪屿。为了更好地保护世界文化遗产，厦门在世界文化遗产大会上庄严承诺，将用最严格的制度措施保护鼓浪屿，将实施最严格的上岛人数控制管理。因此，自 2017 年 6 月 30 日起就将上岛人数严格控制在 3.5 万人以内，这一举措虽然解决了鼓浪屿上人头攒动的现象，但也使众多希望上岛旅游的游客难以满足需要。如何加强游客疏导宣传，科学规划鼓浪屿游客线路，畅通钢琴码头、三丘田码头、内厝澳码头的居民、旅客组织，是需认真对待的又一课题。

（三）关于实用性与原真性的平衡。鼓浪屿建筑类文化遗产是其文化遗产价值的重要体现部分，对于不同类别、不同级别的建筑类文化遗产，厦门市通过修缮、保养有效地保持了文化遗产的原真性，同时也对这些建筑类文化遗产的实用性做了有效探索。例如，海天堂构开发为鼓浪屿历史风貌建筑展览馆、闽南文化的南音馆和木偶戏表演馆，协和堂开发为宗教文化展示场地、市级文保单位春草堂被业主改造为家庭历史陈列馆、黄荣远堂被利用为唱片博物馆等等。但是从总体上看，鼓浪屿历史建筑的保护还是存在修缮保护度依级别递减，利用管理模式依级别粗放的现象。因此，如何加强对鼓浪屿建筑类文化遗产的保护，有效平衡实用性与原真性是需要解决的问题。

（四）关于对鼓浪屿传统文化的保护与扶持。随着鼓浪屿生活、生产设施的不断弱化，鼓浪屿居民迁移较多，原有的鼓浪屿生活文化形态趋于消失。如何将“全岛博物馆计划”有规划、有项目地有序实施，如何鼓励鼓浪屿居民和游客参与鼓浪屿特色文化活动，让文化回归社区，再现鼓浪屿的人文氛围，进而丰富景区文化内涵，提升旅游文化品位，促进文化融合社区和景区的发展，打响“文化社区＋文化景区”品牌，是未来需要努力的方向。

四、鼓浪屿文化遗产保护的建议

鼓浪屿申遗成功不是终点，而是一个崭新的起点。对推进鼓浪屿文化遗产保护管理和全市文化遗产保护利用传承工作，厦门市委市政府已专门下发文件，作出部署。保护好鼓浪屿乃至厦门的文物遗产，任重而道远。

一要认真学习贯彻习近平总书记重要指示，进一步增强文化遗产保护的坚定性和自觉性。党的十八大以来，习近平总书记先后多次对文物保护工作作出重要指示，强调“保护文物功在当代、利在千秋”，“保护文物也是政绩”。鼓浪屿申遗成功后，习近平总书记更是作出重要指示，中央领导和省、市主要领导也分别作出批示。在党的十九大报告上，习近平总书记在“坚定文化自信，推动社会主义文化繁荣兴盛”篇章中更是强调要“加强文物保护利用和文化遗产保护传承”。厦门市各级要进一步加强习近平总书记关于保护历史文化遗产的系列重要讲话精神的学习贯彻，动员各级各部门以更强的自信、更高的标准、更实的举措，全力做好新时期文化遗产保护工作。

二要对照世界文化遗产保护标准加强遗产地监管。要细化学习《保护世界文化和自然遗产公约》《世界文化遗产保护管理办法》等国际、国内关于世界文化遗产保护的法规性文件，修订《鼓浪屿文化遗产保护规划》；要认真落实国际遗产保护组织专家提出的意见，扩大文化遗产保护范畴，加强对遗产缓冲区的管理，加强对自然景观、园林景观、街巷肌理特征、历史公共空间和建筑物内部的保护，实施砖石结构历史建筑加固计划，实施到岛人数控制管理，健全文化遗产核心要素监测管理体系，确保文化遗产安全。

三要继续加强规划和立法保护。要修订鼓浪屿文化遗产保护条例及保护规划，出台非户籍人员管理、城区管理等专项法规，修订《厦门经济特区鼓浪屿文化遗产保护条例》，以巩固“文化社区+文化景区”的定位，落实文化遗产保护管理要求。要坚持问题导向，出台有关鼓浪屿非户籍人员管理、城区管理、环境治理等相关专项法规，依法常态化开展市容秩序、家庭旅馆、公共安全等专项治理，对全岛雨篷、广告、店招和庭院等实施精细化管理，提升全岛依法管理水平。

四要推进遗产地保护能力建设和提升。要进一步加大鼓浪屿文化遗产保护投入，通过推动申遗核心要素申报国家级文物保护单位，引导更多的国家级资金投入鼓浪屿文物保护；通过每年加大市级财政资金投入和从景区门票收入提取列支等方式不断加大本级资金投入；通过落实各级文物、核心要素、历史风貌建筑修缮、保养、代管等相关奖励扶持，引导更多的民间资金向鼓浪屿文化遗产保护集中。要进一步加强人才队伍建设，加大力度引进文化遗产保护、规划、建筑、文博等领域人才，充实专业人才队伍。要创新遗产地管理人才培养机制，依托国有企业、高校和专业机构，建立鼓浪屿历史风貌建筑修缮技艺研习基地及专业修缮队伍，对进入鼓浪屿开展文保工程的队伍要建立考评机制，依据工程质量奖优罚劣。

五要坚持以人为本，推进共管共享。要继续深入理解鼓浪屿世界文化遗产定位，深入挖掘和丰富国际历史社区文化内涵，推进“智慧鼓浪屿”建设，深化“全岛博物馆”计划，扶持发展文创产业和群众性文化体育活动，扩大鼓浪屿文化品牌效应，再塑鼓浪屿“灵魂”工程。继续推动社区基础设施改造，发展美术、音乐、体育特色教育，建立智慧医疗、居家养老特色服务模式，研究系列惠民措施，提升居民的获得感。发动更多志愿者参与文化宣传，形成人人自觉遵守的“鼓浪屿爱岛公约”，让国内外共享鼓浪屿文化遗产保护成果。

鼓浪屿历史文化遗产保护历史有渊源，现实有基础，未来有展望，鼓浪屿申遗成功，不仅对鼓浪屿保护提出了更高标准，也对厦门全市文物保护工作提出了更高要求。未来厦门的文化遗产保护之路必将以鼓浪屿申遗成功为新的起点，在落实与推进中不忘初心、继续前进。

执笔：李云丽　宋智峰

2017 年 12 月

Fazhan Baogao

发展报告

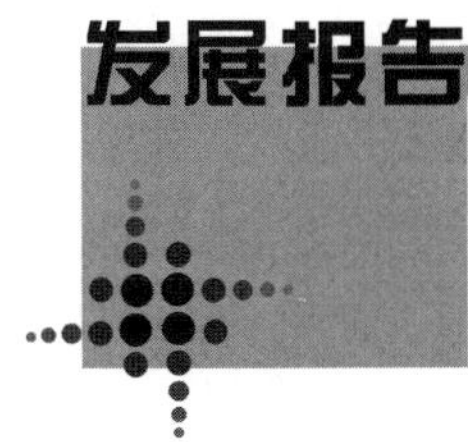

厦门市2017年文化改革发展工作报告

◎ 厦门市文发办

一、2017年工作开展情况

2017年以来，厦门市认真贯彻落实中央和省委、省政府关于全面深化改革的总体部署，深入推进文化改革发展工作。在省委宣传部、省文改办的关心和指导下，厦门市文化体制改革稳步推进、文化产业发展全面提速，呈现良好的发展态势。主要推进以下八方面工作。

（一）健全完善意识形态工作责任制的考核机制，完善文化产业发展绩效考核办法，推进文化企业建立健全社会效益和经济效益相统一的体制机制。一是深入学习领会中央、省委关于意识形态工作责任制相关文件和会议精神，从"重视程度、导向管理、阵地管理、保障措施"四个层面修改制定《厦门市党委（党组）意识形态工作责任制考核指标体系2017年版》，优化考核内容和考核程序，推动了全市各级党委（党组）牢牢把握意识形态工作主动权，从政策制度建设上巩固厦门市意识形态工作，并纳入市委对市直各部门、市对区的绩效考评工作，以意识形态责任制为抓手构建齐抓共管的大宣传格局。二是修订完善市对区文化产业发展绩效考核办法，以考核推动产业发展。通过完善考核机制，充分发挥绩效考核“风向标”和“指挥棒”的作用，引领文化发展的能力进一步提升。考核指标体系运行三年来，取得了积极成效，实现了各区文化产业指导协调机构从无到有、文化产业政策从无到有、资源配置倾斜从无到有、产业发展无处发力到有的放矢的突破，初步形成了市区之间的思想统一、力量集聚、资源互补、工作互动、协调发展的良好局面。三是推动市委宣传部所属的三家国有文化企业健全完善内部运行机制。推动党委领导与法人治理结构相结合、内部激励和约束相结合，形成体现文化企业特点、符合现代企业制度要求的资产组织形式和经营管理形式。市属三家国有文化企业集团均按照双向进入、交叉任职、统分结合的方式进行治理结构的配备，规范设立了董事会、监事会。

（二）建立国有文化企业薪酬分配制度和绩效考核管理制度，构建新型国有文化资产监管体制。一是按照中央、省、市文化体制改革精神，根据深化国有企业负责人薪酬制度改革工作意见，研究制定《厦门市市属文化企业负责人业绩考核暂行办法》和《厦门市市属文化企业负责人薪酬管理暂行办法》，已报请市深化国有企业负责人薪酬制度改革工作联席会议审定。二是在实践中探索国有文化资产监管体制改革创新，推动落实市委宣传部主导的“管人管事管资产管导向”相统一的制度。

（三）优化国有文化资源配置，推进国有影院资源整合、改制和重组，推动文广传媒集团与公交集团合作。一是按照有利于保障员工（含离退休员工）合法权益、有利于促进我市影业发展、有利于资源优化配置为原则，稳步推进思明电影院、中华电影院和电影发行放映公司等3家国有影院资源整合、改制和重组。2017年6月办理了划转移交手续,并完成了资产清查,目前正在进行改制和重组工作,预计 2018 年完成改制重组工作。二是推动文广传媒集团与公交集团达成合作,吸收引进拥有战略资源的公交集团入股厦门广播数字传媒公司,对广播数字传媒公司进行增资扩股。

(四)进一步深化文化市场综合执法改革。一是在岛内探索整合市区两级文化市场综合执法队伍。根据省两办《关于进一步深化全省文化市场综合执法改革的实施意见》的通知(闽委办发〔2017〕29 号)精神,开展了岛内市区文化市场综合执法改革的专题调研,征求了市区行业主管部门、文化市场综合执法队伍的意见。由于区执法权如何分离或委托,以及执法队伍如何与区文化新闻出版(体育旅游)建立协调工作机制、人员编制划转等情况较为复杂,整合难度较大,该项工作还在协调推进中。二是推动翔安区文化市场综合执法大队纳入参照公务员管理单位问题。由于全省事业单位分类改革工作还未完成,全省政府系统事业单位参照公务员法管理审批工作已暂停,翔安区文化市场综合执法大队事业参公事宜还需等省里重新启动审批时再办理。但翔安文化执法队伍的薪酬待遇已按照闽人发〔2013〕77 号文的精神按参公事业单位标准发放。

(五)加快公共文化服务体系建设。一是积极开展"国家公共文化服务标准化试点"和"国家基层综合性文化服务中心试点"等两项国家级试点工作。二是持续提升基层综合性文化服务中心的建设水平,将镇(街)综合文化站达标和镇(街)图书馆建设达标列入 2017 年市委市政府为民办实事工作任务加以推进,投资约 2100 万元。三是加快推进《加强厦门市闽南文化生态保护实验区建设工作实施方案》实施,文物和文化遗产保护工作有序推进,闽南文化创造性保护和创新性发展取得显著进展,鼓浪屿在 2017 年第四十一届世界遗产大会上被正式列入《世界遗产名录》,成为我国第 52 处世界遗产。

（六）加强舆论宣传与引导。一是深入学习贯彻习近平总书记在新闻舆论工作座谈会上的讲话精神，认真践行党管宣传、党管媒体的根本原则，牢牢把握正确舆论导向。二是严格落实新闻媒体“三审”制度，认真落实国务院办公厅《关于在政务公开工作中进一步做好政务舆情回应的通知》（国办发〔2016〕61号），完善突发事件新闻报道快速反应机制，出台《关于进一步完善突发事件新闻应急处置机制的通知》等规范性文件，研究制定《厦门市关于规范重特大事故信息发布工作的实施意见》。三是按照中央网信办提出的“重双基、强双责”的总体要求，积极开展属地网站落实主体责任专项检查和网站信息内容安全管理专项检查，督促各属地网站切实履行主体责任，不断完善信息内容安全管理制度和技术防范措施，全面加强导向管理、内容管理，有效提升互联网基础管理水平，提高网络舆论能力。四是以厦门日报社、厦门广电集团为龙头，深入推进媒体深度融合发展，搭建融媒体指挥平台，初步构建了新闻信息内容一次性采集、多媒体呈现、多渠道发布的全媒体传播格局。

（七）弘扬传统文化，培育城市精神。一是传承优秀传统文化，厚重城市文化底蕴。深入挖掘耕读文化的历史价值和时代内涵，使耕读文化成为联结历史与现代、本土居民与新移民的纽带和桥梁。持续推动中国、马来西亚送王船联合申报人类非物质文化遗产，推进莲花褒歌申报国家级非遗项目工作，扶持宋江阵、莲花褒歌、珠光青瓷、锡雕、农民画等一批非物质文化遗产生产性保护示范基地，推动非遗项目珠光青瓷、宋江阵、农民画等传统文化走进校园课程等，使广大群众受到优秀传统文化的浇灌。二是弘扬嘉庚精神，丰富城市文化内涵。组织开展“一座城·一个人——嘉庚精神”系列主题活动，引导全市广大干部群众把嘉庚精神融入生产生活和精神世界。三是发挥好人效应，夯实城市文化土壤。重新修订《厦门市先进典型宣传管理办法》，把重大典型与身边好人的宣传有机结合，推动典型评选过程与宣传教育过程有机结合。把核心价值观建设融入群众性精神文明创建中，融入“青春志愿助力金砖”、学雷锋志愿服务等主题实践活动中，着力培育志愿服务文化。四是挖掘红色文化，打造新的城市文化符号。建立健全厦门红色文化保护、传承和弘扬工程联席会议制度，深入实施《厦门红色文化工程的实施方案》，扎实推进厦门红色文化保护传承、研究整理、弘扬传播、文艺精品和旅游开发等“五大工程”，着力把红色文化融入城市精神培育中，成为新的城市文化符号。

（八）加快文化产业发展。2017年，预计全市文化企业实现营收约907亿元，比增约17.5%，文化艺术、创意设计、演艺娱乐、新媒体等产业门类发展迅猛，文化与科技、文化与金融、文化与旅游等快速融合发展。一是深入贯彻习近平总书记文艺工作座谈会重要讲话精神，坚持以人民为中心的创作导向，出台了《厦门市传承发展地方戏曲实施意见》、《中共厦门市委宣传部文艺人才重点项目资助办法》（试行）、《厦门市文艺发展专项资金扶持奖励办法》（试行），鼓励厦门市原创文艺作品及文艺人才的创作生产。二是提升文化园区载体平台。推动龙山、集美集、华美空间、海峡建筑设计、沙坡尾等文化产业园区提升综合配套和服务能力，其中龙山文创园和集美集影视产业园获评2017年度“福建省文化产业重点园区”称号。推动厦华1＃、7＃厂房文创园项目、两岸客家青年文创中心、五洲汇跨境电商文创园等旧厂房改造文化产业园，加快华强文化科技产业园、翔安艺术产业园等新园区建设，初步形成各区差异化发展的格局。三是打造文化会展品牌。成功举办了第十届海峡两岸文博会、第十三届海峡两岸图书交易会、2017艺术厦门博览会、第二届海峡书画博览会、第四届中国数字娱乐产业峰会等展会，产业平台作用凸显，影响力逐年增强。四是扶持龙头文化企业发展。加大对市重点文化企业和国家、省重点文化出口企业的扶持力度，扶持一批成长性好的文化企业发展壮大，从政策、产业资金等予以倾斜。4399、美图等六家文化企业入选中国互联网百强企业,占全省数量的75%;吉比特、神游华夏大剧院获得省重点文化企业称号,文广影音、趣游科技获得省重点文化企业提名奖。五是推动文化新业态新模式快速发展。加快网络视听、移动多媒体、数字出版、动漫游戏、文化电商等新兴文化产业发展,广泛运用大数据、虚拟现实等新技术,不断推广优秀传统文化资源数字化典藏和研究,加快特色书店发展。咪咕动漫已引入合作伙伴1300余家,上线正版的动漫作品超37万集,累计引入IP超2000个,涵盖影游音书画全品类。六是加快重点文化产业项目建设。稳步推进海丝艺术品中心、海峡出版物流中心、云创智谷等重点项目建设,华强方特东方神画项目于2017年4月正式对外开业,厦门老院子景区成功晋升为国家AAAA级旅游景区。

二、2018年工作计划

2018年是贯彻落实十九大精神的开局之年,是改革开放40周年,是厦门市提前全面建成小康社会的决胜之年。我们将按照中央、省、市深化改革领导小组的部署要求,稳步推进文化改革发展各项任务,改革创新、以文化人,不断满足人民群众对美好文化生活的向往,重点抓好六方面工作。

(一)建立健全新型国有文化资产管理体制。推动建立管人管事管资产管导向相统一、党委和政府监管有机结合、宣传部门有效主导的国有文化资产管理体制。加强与市委编办、市财政局等有关部门沟通,理顺市国有文化资产管理职能;加强国有文化企业资产日常监管工作,制定出台《厦门市市级文化企业国有资产监督管理办法》;加强国有文化企业负责人业绩考核和薪酬管理工作,按照《厦门市市属文化企业负责人业绩考核暂行办法》《厦门市市属文化企业负责人薪酬管理暂行办法》组织考评工作；完成国有影院改制、重组工作，组建市国有影院集团。

（二）推动国有文化企业建立健全有文化特色的现代企业制度。推动国有文化企业建立健全现代企业制度，充分体现文化例外要求，形成体现文化企业特点、符合现代企业制度的资产组织形式和经营管理模式。推动厦门报业传媒集团完善公司法人治理结构，厦门文广传媒集团进一步健全现代企业制度，厦门外图集团加快股份制改造；建立健全国有文化企业党委领导与法人治理结构相结合的管理体制，实现“双向进入，交叉任职”，依法设立股东会、董事会、监事会和经理层。

（三）建立健全市属国有文化企业党委（党组）履行党建工作主体责任制工作。落实中央对企业党委（党组）书记兼任董事长的要求，推进国有文化企业领导班子调整配备工作，建立市属国有文化企业党委（党组）履行党建工作主体责任。

（四）健全新闻媒体坚持正确舆论导向的体制机制。进一步建立健全确保新闻媒体坚持正确导向的体制机制，牢牢掌握新闻舆论工作的主动权主导权。以抓导向、强导向为目标，建立健全重大事项请示汇报、宣传指令跟踪执行、导向管理督促考核、新闻评议等制度，形成政令畅通、协调顺畅、管理高效、监督有力的体制机制；按照“两个所有”的要求，把党管媒体的原则贯彻到新媒体领域，建立传统媒体和新兴媒体、网上和网下一体化的管理制度；深入实施“一报一台一网（端）”建设工程，进一步推动媒体资源整合。

（五）深化文化市场综合执法改革。按照中办、国办《关于进一步深化文化市场综合执法改革的意见》、省两办《关于进一步深化全省文化市场综合执法改革的实施意见》的通知（闽委办发〔2017〕29号）精神，探索推动逐步整合市、区两级文化市场综合执法队伍，实现“同城一支队伍、同城一个标准”。进一步加强文化市场监管，严格落实“双随机、一公开”（即随机抽检查对象、随机抽执法人员，检查结果公开）制度，充分发挥全国文化市场技术监管与服务平台作用，加强对网络游戏、网络表演、营业性演出、艺术品等市场的重点案件查处，强化安全播出、行业监管、扫黄打非等工作，继续开展打击网络侵权盗版专项行动，进一步净化文化市场。

（六）加快文化产业发展。一是继续推动现有文化产业园区提升综合配套和服务能力，推动岛外相关区加快特色文化产业园区建设。二是继续办好海峡两岸文博会、海峡两岸图书交易会、艺术厦门博览会等文化展会，全力争取“中国金鸡百花电影节”颁奖地长期落户厦门。三是组织2018—2019年度市重点文化企业评选工作，开展文化产业发展专项资金扶持项目征集，加大文化产业扶持力度。四是推动文化与相关产业融合发展，促进文化与科技、信息、旅游、体育、装备制造、金融等深度融合，拓展文化产业发展空间。五是推动出台《厦门市进一步促进文化产业发展若干政策》。

执笔：林宗宁　卓秋黎

2017年12月

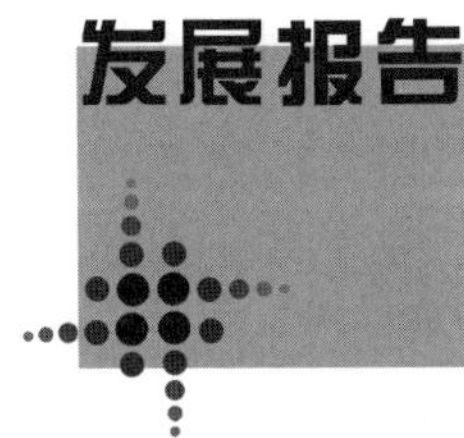

思明区2017年 文化产业发展工作报告

◎ 思明区文发办

一、2017年文化产业发展基本情况

2016年度思明区文化产业总营业收入140.96亿元，其中重点文化服务业营业收入103.02亿元，占比达到73%，共有规模以上文化企业200家，主营业务收入位居前三位的行业是文化服务业、文化批发零售业和文化制造业。目前拥有10个省级文化产业示范基地、2家省级重点文化企业、36家市级重点文化企业、4个主要文创园区、5个较大规模古玩城和4个特色文化休闲区。2017年思明区文化产业发展主要体现在以下三个方面：

一是动漫网游、创意设计、数字内容与新媒体等新兴业态的文化企业聚集效应进一步显现。思明区拥有一批具有全国影响力的文化和科技融合发展的文化产业平台，包括全国最大的小游戏平台4399、全国最大的手机动漫平台中国移动手机动漫基地、用户量(12亿)居行业第一的美图公司等。

二是重点文化产业园区发展进一步规范。龙山文化创意产业园是省十大重点文化产业园区之一。截至目前，园区已投资约5

亿元，改造厂房18幢，已改造面积约14万平方米，入驻企业约570家。目前，园区正着力推进赛伯乐众创大厦和66文创园等项目。赛伯乐众创大厦主要业务涉及小微企业服务与孵化、众创云平台、小微金融、智能制造等，将建成辐射海峡两岸、服务全国的“现代产业发展与服务的示范中心”，推进创新驱动、产业发展、人才培育、配套完善、服务升级等。66文创园项目则以中国传统结婚文化为主题，引入婚恋相关行业合作伙伴，共同打造一条一站式婚恋服务全产业链，建成一个服务全省乃至全国的婚恋文化产业OAO集散基地。

三是龙头文化企业建设的成效进一步提升。在近几年厦门市开展的5次市重点文化企业评选、4次文化产业风云企业评选中，思明区入选文化企业数量均超过全市50%。在2016年评定的50家市重点文化企业中，思明区共有28家。

二、促进文化产业发展主要做法

一是制定政策，着力扶持产业人才。为引进和培育人才，思明区高度重视人才工作，区文体局参与制定《思明区引进和扶持总部经济和重点产业人才暂行办法》《思明区鼓励扶持龙山文化创意产业园发展若干规定》等人才扶持相关政策，并严格落实，确保政策兑现，2015年至今，重点产业文创人才共兑现扶持资金14.4万元。同时对重点(行业)拔尖人才实施分类管理，先后建立了台湾人才信息库、文创人才信息库等重点人才信息库，目前已收集10个类别共750条人才相关信息。

二是引进项目，着力打造产业品牌。产业的发展离不开项目的助推，2017年主抓影视文化产业项目，重点协助申办中国电影金鸡奖永久颁奖基地。厦门市委市政府将推动金鸡百花电影节永久性落户工作列入重要议事日程，并形成市主要领导亲自部署推动，分管市领导具体落实推进，市有关部、委、办、局，思明区人民政府和大型国企等同步跟进的专项工作机制。区政府牵头成立影视产业课题组，由夏长文区长任组长，姚玉萍副区长任副组长，九三学社、区政府办、区文体出版局等为课题组成员，目前该课题正在紧张研讨中。

三是优化结构，着力推动产业创新。在制造业普遍萎缩的整体环境下，思明区不断优化文化产业结构，大力支持新兴文化产业的发展，以推动文化产业创新升级。新兴文化产业主要包括网络文化、文化旅游、影视制作、动漫游戏、演艺会展等行业门类。2016年，思明区从事新兴文化产业的规模以上企业共70家，占全部规模以上企业的35.0%，平均利润率(利润总额和主营业务收入之比)24.1%，是传统文化企业的3.5倍，发展态势良好。

三、2018年文化产业工作要点

着重在思想认知、思路理念、方法路径等方面推陈出新，向集约化要空间，走共建化拓空间，用智能化管空间。继续协助厦门市申请中国电影金鸡奖永久颁奖基地，积极推进思明区促进影视产业发展专项扶持政策制定，跟踪对接UIM亚太总部和世界航海学院落户思明区事宜。同时坚持补齐短板与产业发展相结合，城区更新与提升发展相结合，传统模式与创新发展相结合，以首届全国体育产业发展大会为契机，发动社会力量，拉动社会资本，构建“大体育”格局，促进传统体育制造业转型升级，培育服务型体育组织，打造城市体育综合体。

执笔：陈国华

2017年12月

湖里区 2017 年文化产业发展工作报告

◎ 湖里区委宣传部

一、湖里区文化产业的发展形势和特点

(一)全区文化产业指标情况

截至 2016 年底,全区共有文化产业法人单位 2724 家,规模以上文化产业单位 44 家,营业收入 76.3 亿元。2017 年 1—9 月,湖里区规模以上文化及相关产业企业实现营业收入 62.96 亿元,比 2016 年同期增长 24.1%。全区规模以上文化产业企业实现营业收入占全市比重为 13.0%,增长速度比全市平均水平高 6.6 个百分点。

1—9 月规模以上文化制造业、限额以上文化批零业、规模以上文化服务业企业营业收入分别为 38.45 亿元、16.81 亿元和 7.70 亿元,规模以上文化制造业、限额以上文化批零业分别比 2016 年同期增长 23.6%和 21.1%,规模以上文化服务业下降 5.6%。三类行业占全区规模以上文化产业比重为 61.1∶26.7∶12.2。

(二)2017年文化产业工作情况

2017年,湖里继续以文创园区建设运营为抓手,促进文化产业集群发展,推动产城融合,提升区位品牌。

一是国家级闽台文化产业试验园区建设持续推进。华美空间文创园、海峡建筑设计文创园、海西工业设计中心一期、客家大厦、文创口岸、五洲汇一期招商入驻情况良好,入驻企业近400家,就业人数6500人,实现营业收入近30亿元,税收超过6000万元。设立湖里创意产业园"特区·1980",正组建"特区1980"联发天地园区开发运营有限公司作为平台公司,加强园区企业服务,开展2016年度园区文化产业政策兑现,辅导推动文化企业统计入库。

二是全区文创园区蓬勃发展。包括湖里老工业文创园区,2013年以来建设运营的文创园区项目已达12个。民间自发投资运营的厦门古玩城、云创智谷、海天家装创意设计文创园经济社会效益良好,枋湖文化旅游产业园正式开园,闽南古镇举办了湖里时尚周、喜迎十九大文艺晚会等重大活动,海丝艺术品交易中心加快建设。

三是一批文创产业活动成功举办。组织辖区文创企业参加第十届海峡两岸文博会,主会场参展展位75个,开办惠和石文化园、漆宝斋文化艺术馆、闽南古镇、海天家装创意设计、古玩城等五个分会场,促进新引进项目签约,合同签约额2.38亿元。顺利承办2017联发文化产业与城市更新周、湖里时尚周等大型活动,助推文化产业升级。

(三)湖里文化产业发展的主要形势

1. 业已形成四大优势和潜力文化产业。一是艺术品和工艺美术行业,形成了乌石浦油画、优必德漆线雕、惠和石艺、"法蓝瓷"瓷艺等一批国内外的知名品牌,厦门古玩城、海丝艺术品交易中心的建设运营进一步强化这一优势；二是设计服务行业，已建成运营的华美空间时尚文创园、海峡建筑设计文创园、海西工业设计中心、海天家装设计文创园；三是文化旅游行业，环五缘湾文化旅游圈内的文展苑（张仃美术馆、莲福美术馆、上古艺术馆、鼓浪屿钢琴艺术馆、九朝汇宝等）、帆船游艇港（展示海洋文化）、惠和石文化园（展示闽南特色文化）等已具影响力，闽南古镇建成招商，邮轮母港正在规划建设；四是数字内容与新媒体业，拥有趣游、哥们网、大黑科技、雷霆互动等在国内领先的网络游戏企业，培育了宜加科技"互联网＋家装"平台、骑记科技骑行社交平台以及乐商云集"互联网＋供应链"等新兴互联网项目。

2. 文化产业园区、集聚区加速形成。湖里区自2013年以来，打造了华美空间文创园、海峡建筑设计文创园、海西工业设计中心、客家大厦、文创口岸、五洲汇、厦门古玩城、海丝艺术品交易中心、枋湖文化旅游产业园、云创智谷、闽南古镇、海天家装设计文创园12个文创园区，连同乌石浦油画村、惠和石文化园、东镀古玩城、五缘湾文展苑，全区已经形成了16个文化创意产业园区或聚集区。这些园区既有政府主导或支持发展的，亦有市场自发形成的，呈现出较快的增长势头。

3. 文化产业促进工作呈现宽口径特征。文化产业促进可以分为三个口径：一是文化部门的窄口径，主要包括文化艺术、广播电视、新闻出版等领域；二是统计意义上的中口径，包括文化制造、文化贸易、文化服务，主管部门包括发改、经信、建设、文化等多个部门；三是"文化＋"的宽口径，不仅包括文化产业化，还包括产业文化化（即产业增加文化附加值），以及文化的融合带动效应（如促进城市更新、特色小镇建设等）。目前，湖里区主要通过园区产业集聚、区位品牌营造的方式促进重点文化产业领域发展，为此，政府相关部门分工协作工作机制的建立就非常必要。

(四)湖里文化产业发展的优势

湖里地处厦门本岛中心城区,商务和生活配套服务相对完善,有利于吸引高素质文化创意人才;区位交通十分便捷,陆、海、空通道齐全,拥有东渡港区、高崎国际机场、厦门自贸区,有利于文化创意产业对外交流;位于与台湾一水之隔的海峡西岸,在空间距离、人文纽带、文化亲近、心理接受程度方面都具有显著的优势,有利于发挥两岸文化交流的前沿平台作用;特别是还拥有本岛数百万平方米的旧厂房和城中村改造空间,产业规模化集聚、延伸扩张条件优越,有利于产业集群创新发展;特区历史文化底蕴深厚,承载着厦门经济特区改革创新的基因,目前的湖里创意产业园"特区·1980"亦处于国家级闽台文化产业实验园核心区,有利于布局战略新兴文化产业。

二、2018 年工作计划

2018 年是我国改革开放 40 周年,对经济特区发祥地的湖里具有特殊的意义。湖里将进一步加强文创产业促进工作的领导,按照"政府引导、市场运作、各方扶持"的原则,科学规划布局,加大扶持力度,完善体制机制,积极拓展新兴文创领域,加大龙头企业和高端运营平台的引进力度,推动文化产业更快更好发展。

1. 加强规划指导和政策扶持。一是制定湖里文化产业发展规划。继续推动国家级文化产业示范园区创建工作,根据创建要求,研究确定湖里文化产业总体布局、各园区建设、重点领域、政策措施、发展步骤、具体要求,指导今后一个时期湖里文化产业促进工作更加科学、合理、有效。二是加快研究出台湖里文化产业发展扶持办法。在原有的支持湖里老工业文创园区建设发展实施办法基础上，以解决实际问题和困难为导向，出台精准、管用的扶持政策。三是组织开展专题培训研讨，及时邀请大师、专家、大咖等，开办讲座，加强前沿理论、法规政策和发展动态的掌握了解，提高专业工作水平。建立季度例会制度，总结分析部署各阶段文化产业促进工作。

2. 促进文创园区健康发展。一是提升现有文创园区主题化、专业化水平，在现有产业业态规模集聚的基础上，寻求空间拓展和产业链上下游的延伸，强化园区品牌和公共服务的黏性；二是持续推动文创园区项目开发，要加快东南天地项目建设，开展海西工业设计中心二期、五洲汇文创园二期建设，策划推动联发 1819 创意空间和安联文创园项目。积极推进闽南古镇、海丝艺术品中心的招商工作，切实形成各自的文创特色。促进中版短视频基地的落地。三是做好特区纪念馆改造提升的承接准备，构筑开放、共享空间，配置专门管理机构，保管好、展览好、利用好厦门改革开放文化遗产，打造湖里创意产业园的文化新地标和新时代文物保护的样板。

3. 推动行业平台积极构建。重点围绕影视、设计、数字创意、艺术品、文化旅游等湖里优势和潜力文化行业，针对不同发展阶段的瓶颈和关键点，积极寻求行业优势资源和促进力量，构筑适合湖里的高端运营平台。2018 年举办好海峡文博会湖里分会场、文创产业与城市更新周、湖里时尚周、厦门国际影视文化产业论坛等文创产业促进活动，跟踪推动红点博物馆尽快建设运营，发挥红点博物馆落户湖里对设计业的引领和带动作用。

4. 创意引领旧厂房、城中村、街区公园转型升级。结合湖里成片旧厂房产业转型、城中村改造、街区公园优化美化，发挥文化创意产业的融合带动效应和政策支撑优势，规划建设主题文创园区和特色文旅小镇，实现所在片区产业结构、城区面貌、人口素质、消费形态的全面转型升级。2018 年继续推动湖里老工业厂房片区的转型升级，积极引导光厦、长城工业、灿坤、金鹭等旧厂房纳入改造计划，适时推动高殿旗山物流园成片转型改造，依托行业力量和城市运营商开展风头村、湖里旧村、高殿旧村、高崎避风坞等的改造前期规划策划，以惠和石文化园为延伸谋划忠仑非遗艺术公园，探索公园与博物馆、艺术馆融合发展的新模式。

5. 加快影视重点文创领域布局发展。一是成立湖里区影视文化产业协调小组，构建“政府＋龙头企业”的创新运营模式，吸纳行业专业人员持续跟进推动影视产业发展；二是推动湖里影视产业项目发展布局，全面梳理湖里影视产业资源和空间载体，借助行业资源和专业力量，策划规划影视产业园区和特色小镇项目；三是出台针对性政策服务措施，在全市出台的影视扶持政策基础上，根据具体项目需要，配套具体政策措施。

6. 强化园区招商和改造建设服务。采取有力措施，切实加大高端平台和龙头企业的引进力度，以此作为重点文化行业牵引发展的抓手，适度配置倾斜性政策；下达各街道、各相关部门以及园区招商指导计划，提高文化产业招商的主动性；精准招商，特别是加强对有望成为“独角兽”的潜力企业的重点招商；借助文创产业投资基金金融工具，探讨设立文化产业发展引导基金，支持文创类项目孵化和企业成长；梳理一批在各领域的文创带头人，强化文化名家、文化专业人才引进工作，不仅在政策待遇更要在项目机会、宣传推介上给予支持。发挥各职能部门积极作用，及时协调解决园区改造、项目建设的实际问题。发挥“旅游＋”作用，大力开展推介和游客导入，促进文创旅游线路和景点的快速生成，实现文化旅游更好融合发展。

7. 加强两岸文化产业合作交流。对接台湾优势文化产业，吸引台湾专业运营商、文化企业、领军人才入驻，积极在项目立项、政策扶持、协调服务上促进涉台项目落地。2018年重点推进华美台湾文创中心项目、闽南古镇台湾青年创业中心项目，进一步发挥云创智谷国家海峡两岸青年创业基地的示范引领作用。

8. 开展文化产业统计、税收分析监测。及时指导文创企业纳入统计目录库,及时和准确分析湖里文化产业发展趋势和重点行业、企业的动态,为文化产业促进工作提供依据参考。加强湖里文化产业园区税收跟踪分析。各街道、各部门应积极配合做好纳统、理税相关工作,做好各领域文创产业动态跟踪,发改部门加强文化产业发展运行分析和指导。2018年重点对纳入国家级闽台文化产业试验园的园区项目建立跟踪分析机制。

执笔:徐晓曦

2017年12月

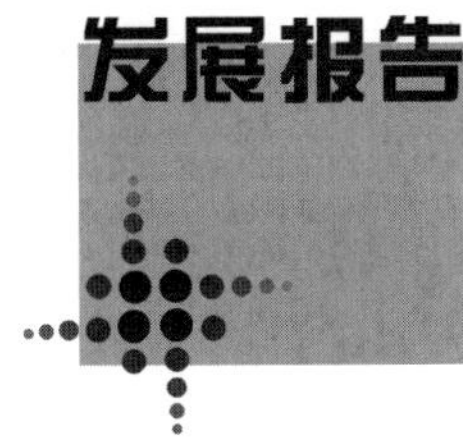

发展报告

集美区 2017 年
文化产业发展工作报告

◎ 集美区文发办

一、2017 年主要工作成效

2017 年，集美区高度重视文化产业发展，充分发掘“一精神三文化”的丰富历史文化资源，将文化演艺产业作为集美区“4＋x”现代产业体系的主导产业，并将文化创意与旅游产业纳入区“双千亿”工程重点打造的 6 大产业链群之中。通过引进一批创新力强、市场活力高的文化产业项目，形成一批带动能力强、特色鲜明的骨干文化企业，建成一批业态集聚的文化创意园区，集聚一批开拓创新、创意丰富的文化创意人才，不断激发文化产业活力。

集美区重点推进演艺娱乐、影视、动漫游戏、数字内容和新媒体、文化艺术、文化旅游 6 类文化产业的跨越式发展，不断加快文化与旅游、科技、娱乐、金融等延伸领域的融合发展。目前，产业政策效应显现明显，地区的产业吸引力逐渐加强：

(1)园区聚集效应好，一批专业性园区成长快速、粗具规模。其中“集美集”影视文创园以影视招商工作和影视剧组服务为主要业态，目前已有 284 家影视机构、个人工作室入驻总部园区，累计实现产值贡献约4.28亿元;集美兑山艺术区以艺术家工作室、艺术交流中心、艺术商业休闲街区为主要业态,目前已有22名知名艺术家工作室及21家艺术与科技企业入驻,2017年经营总产值88万元;海蛎文创空间是以培养两岸文创人才为宗旨,推进文创人才、文化创意等资源共享的创业平台,已入驻团队75个,入驻创业人数361人,成功孵化企业21家,入驻企业年均产值2000万元;大社文创旅游街区是集商业、美食、文创等为主的特色旅游街区,目前由联发集团有限公司运营,其中的大社艺术家部落已有20多间艺术家工作室、百名艺术家进驻;一品威客创客空间是以软件开发、信息系统集成服务为主的新型创意托付式服务平台,截至2017年底,一品威客注册用户1566.45万人,平台交易额达5.35亿元,营业额为7000万元。

(2)演艺娱乐项目聚集,以集美新城为核心的城市演艺中心基本形成。其中:厦门神游华夏大剧院以会移动的闽南传奇秀为特色,2017年接待游客250万人,实现产值1.3亿元;灵玲国际马戏城以马戏为主题,是集旅游观光、休闲娱乐、文化教育于一体的大型旅游度假区,2017年接待游客86万人,实现产值2500万元;厦门嘉庚剧院每年引进国内外上百场不同形式的高规格演出及举办各类公益演出、展览、名人名师讲座等活动。诚毅科技探索中心是全国首家以"探索"为主题的室内大型科普乐园,2017年接待游客32万人,实现产值1260万元。星巢越中心是集演艺中心、产业中心、博览中心及创客中心为一体的福建省首个音乐产业艺术综合体,项目预计2018年8月完成装修,投入试运营。

(3)影视产业起步较早、定位清晰、规划合理、基础较好。2017年集美区制定影视产业发展业态规划,并通过发挥影视文创园的平台作用,落实各项影视扶持政策,聚集一批影视文化企业,形成完善的影视产业链。目前,集美区拟将厦门包印集团杏林厂区打造成集摄影棚、演员公寓、后期制作、剧作家工作室、专业服务中心等为一体的“影视小镇”，推动杏林城区肌理更新、产业转型升级，打造集美乃至厦门新的文化中心。

(4)动漫游戏产业聚集快，龙头企业带动效果强。咪咕动漫、雷霆信息科技、创想无限科技等动漫游戏企业整体实力强，发展速度快。集美动漫游戏产业规模稳步提升，产业链较为完整，并形成了以软件园三期为核心的产业聚集区。同时，集美动漫小镇项目也正在积极推进，拟打造全国唯一的两岸动漫文化全产业链聚集地。云创漫谷项目是以动漫、影视、游戏为核心，融合海峡两岸产业的数字泛娱乐大型文化产业园，项目正在规划设计中。联通沃动漫基地是依托中国联通的品牌优势，为大众生活提供多元动漫产品和快乐体验的服务平台，目前正在洽谈落地事宜。

(5)数字内容和新媒体产业快速兴起，成长空间较大。辖区内泊瀚文化传媒、东娱文化传媒、思凯文化传媒等新媒体龙头企业发展步伐快、经济效益显著。集美区正商谈筹建数字版权和数字出版产业园区及短视频制作基地，打造区域产业一体化服务平台。

(6)文化艺术产业定位较高、社会影响力较好。三影堂厦门摄影艺术中心、集美兑山艺术区、东盟(集美)文化艺术中心、大社文创旅游街区等常年举办各类高水平的艺术展览和文化交流活动，如三影堂连续三年举办集美·阿尔勒国际摄影季，兑山艺术区作为第十届海峡两岸(厦门)文博会分会场，举办世界精品版画展等各类公益性展览，东盟(集美)艺术中心成功举办了“一带一路”文化艺术展，为集美市民提供全方位、多元化的文化艺术体验。

(7)文化旅游产业全域发展。集美区以“全域旅游”为指导思想，形成“三大板块、五条线路”的旅游格局，鳌园、集美学村等传统景区的人流量和知名度显著增加。同时作为国家首个对台研学基地，集美区还形成亲子研学旅游，海峡两岸研学交流等研学品牌，每年吸引来自世界 30 多个国家的近千名大学生到集美开展闽南文化行、文化交流和志愿服务。

全区文化产业发展势头良好，2017年集美集影视文创园被评为“省级重点文化产业园区”，厦门神游华夏大剧院获评“2016年度福建省文化企业十强”和“第十一批省级文化产业示范基地”。集美区文化产业发展呈现良好势头，2016年底集美区规上文化企业营收63亿，同比增长31.2%。在2017年市对区文化产业发展情况绩效评估指标体系考核中取得第一名。

二、文化产业主要做法

（一）加强组织领导，健全产业发展运行机制

集美区文化产业改革发展工作领导小组每年多次召开专题会议研究文化产业发展工作，定期研究、指挥协调重大产业政策、项目及重点工作的实施。领导小组下设区文发办，负责制定全区文化体制改革方案、文化产业发展规划和扶持政策等重要文件，会同有关部门做好文化产业项目的落地，扶持推进重点产业发展等各项协调工作。

（二）编制产业规划，做好顶层设计

我们尊重本区的人文历史发展，从顶层做好产业规划设计。2017年编制了《建设绿色生态影视城，加快发展集美区影视业》，对全国较为知名的影视基地进行考察调研，了解影视基地的建设与规划的基本情况，提出绿色生态影视城的建设构架，对集美影视产业发展与城市建设具有极强的指导作用和实用价值。

（三）出台扶持政策，保障产业发展

近年来，集美区出台多个文化产业政策，扶持和鼓励产业发展。2017年出台了《集美区大型活动财政补助管理暂行办法》。系列产业政策的制定和出台，进一步规范了集美区文化产业发展的资金保障、推动了重点产业的发展、加快了对龙头骨干文化企业

的培育、确保了各类大型文化活动的顺利开展。2017 年，兑现拨付文化产业扶持资金 779.3 万元。

(四)注重人才建设，优化人才环境

完善人才政策体系，深入实施“双百计划”“聚贤集美”等人才政策，修订《扶持重点产业人才办法》，按照“着眼高端、引育结合、环境留人”的理念，加大文化产业高端领军人才和紧缺人才引进力度，实施“全覆盖货币补助、多层次住房保障、科学化运作管理”的人才安居保障工程。同时与厦门理工学院文化发展研究院共同发起，筹划共建文化新型智库“集美文化发展研究中心”，该中心是以集美区文化发展全局性、战略性、现实性问题为主要研究方向，为集美文化发展提供专业性、高层次服务的新型智力支撑机构。

(五)联动招商，引进优质资源

完善区文发办、发改局、科技局、商务局、经信局、文体旅游局等部门联动招商体制。实施以展招商、以商引商、定点招商，主动与世界文化龙头企业、中国文化龙头企业对接，加大招商力度，推进产业链群拓展延伸。

三、2018 年发展目标和工作措施

(一)发展目标

新时代集美区文化产业坚持以“一精神三文化”为引领，立足集美文化特质和资源优势，着重发展演艺娱乐 [illegible] 视、动漫游戏、数字内容和新媒体、文化艺术、文化旅游 6 [illegible] 业。力争到 2020 年、2022 年，文化创意产业实现营收 [illegible] 元、250 亿元，旅游接待总人数分别突破 2000 万、2[illegible]

(二)主要工作内容

将文化创意与旅游产业纳入“双千亿”工程重点 [illegible] 造的 6 大产

业链群,制订实施方案,优先发展。通过不断丰富城市演艺中心内涵,完善综合配套和整体服务功能,推动厦门神游华夏大剧院、灵玲马戏城、嘉庚剧院、诚毅科技探索中心、星巢越中心等文化演艺项目发展壮大,建成国家音乐产业基地项目。大力发展影视产业,推动影视产业园区建设,筹划建设杏西影视小镇。扶持动漫游戏产业发展,推动咪咕动漫、沃动漫、云创漫谷、动漫小镇等项目的建设,举办厦门国际动漫节。创新发展数字内容和新媒体产业,推动短视频内容制作基地、数字版权和数字出版产业园区等项目落地。发展文化艺术产业,完善提升兑山艺术区、三影堂艺术中心、大社文创旅游街区等文创园区的综合运营服务能力,打造艺术创意产业聚集区。全力构建"全域旅游"格局,建设完善"三大板块、五条线路",提升鳌园、集美学村等传统景区影响力,规划建设集美旅游码头;发展亲子研学旅游,培育海峡两岸研学交流等研学品牌。

执笔:张洪波

2017年12月

发展报告

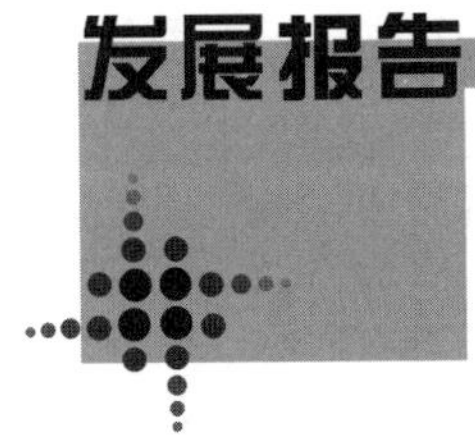

海沧区2017年文化产业发展工作报告

◎ 海沧区文发办

一、海沧区文化产业基本情况

1. 总体规模。2016年海沧区纳入统计的文化产业单位共618家，规模以上文化产业营收为66.62亿元（同比下降2.53%，总量和增幅在全市各区中均排名第四。其中规模以上文化制造业营收57.99亿元，同比下降4.34%；限额以上文化批零业营收4.81亿，同比上涨13.2%；重点文化服务业营收3.83亿元，同比上涨9.77%），规模以上文化产业资产总计70.85亿元（同比上涨1.28%，增幅全市排名第五。其中规模以上文化制造业59.73亿元，同比下降0.92%；限上文化批零业4.67亿元，同比下降2.15%；重点文化服务业6.75亿元，同比上涨29.82%）。

2. 特色文创产业方面。海沧区文化产业主要是以制造业为主，但近年来，也发展出了一些具有海沧特色的文创产业。一是油画产业。海沧油画产业发轫于20世纪90年代初期，历经20多年发展，海沧油画产业链逐步完善，现已形成永信花园油画街、兴港油画村两大油画创作生产集聚区，区内共有油画企业30多家，画

蓝皮书

廊画室500多家，从业人员近万人。海沧目前是中国三大商品油画出口基地之一，并发展成国内最大的手工油画生产基地。二是玛瑙产业。海沧东孚玛瑙产生于20世纪80年代末期，目前全区共有玛瑙相关企业、店面及家庭作坊近300家，从业人员4000多人，东孚玛瑙原石进口量占全国80%以上，玛瑙手镯制品占据全球90%市场份额，玛瑙戒指和圆珠占全国市场份额70%以上。目前，东孚已发展成我国最大的玛瑙生产基地和玛瑙原石交易中心，成为名副其实的“中国玛瑙之都”。三是工业设计产业。主要是厦门大千振宇工业设计园，这是海沧区工业转型升级的示范项目，园区总面积约2.5万平方米，产品覆盖广泛，包含工业产品、模块化固装设计、航空航天产品、军事用品及设备、文化创意产品、影视道具设计、逆向工程、检测技术、快速成型、小批量定制等，主要为客户提供从产品设计、模型制作、模具开发到批量生产、产品营销的“全流程、一站式”服务。四是陶瓷及树脂等产业。陶瓷、树脂产业是海沧区文创产业的新亮点，目前以厦门敦海艺品有限公司、纽威（厦门）轻工业有限公司等为代表的陶瓷、树脂生产企业呈现出调整良好发展的态势，企业核心竞争力不断增强。

3. 文化节庆品牌活动。近年来，海沧区成功打造了海峡两岸（厦门海沧）保生慈济文化旅游节、乐活节、市民节、购物节、海峡两岸（厦门）文博会分会场等特色节庆文化活动，成功举办了国际半程马拉松、国际武术大赛、中国女子高尔夫球公开赛等大型体育赛事，以活动、赛事为媒介不断提升海沧文化产业的知名度和美誉度。

4. 在建或拟建的项目情况。一是海峡文创中心，用地面积约2.6万平方米，总建筑面积约13.04万平方米，总投资约9.6亿元，计划2019年上半年投入使用。二是沧江古镇保护开发项目，计划在古镇原有的基础上，不做整体开发，而是逐步做好修缮改造。目前正请中国美术学院建筑艺术学院王澍院长对此项目予以指导,逐步进行保护性开发。三是香草小镇建设项目。海沧区计划将东孚香草小镇作为重点打造的特色小镇,目前已列入第一批市级特色小镇培育名单。计划总投资30.54亿,分3至5年实施。四是推进玛瑙小镇发展和提升。目前海沧区正策划对玛瑙产业聚焦区——东埔村进行提升,建设成玛瑙特色小镇。

5. 文化产业单位荣誉情况。2016年,厦门大千振宇工业产品设计有限公司、雅特力(厦门)实业有限公司、厦门吉宏包装科技股份有限公司、厦门敦海艺品有限公司被评为市级重点文化企业。

二、存在问题和薄弱环节

结合近两年来厦门市对区文化产业绩效考评工作的情况来看,海沧区主要还存在以下问题和薄弱环节:

1. 缺乏对产业有吸引力的扶持政策。原有关于油画产业、原创作品等扶持政策已于2014年到期,2015至2017年未制定对文化产业企业较有吸引力的政策,2016年海沧区新入库文化产业单位37家,比增6.37%,新入库文化产业单位数绝对值和比增情况均在各区排名相对靠后。目前已经多次对新政策进行专题研究,拟于2018年出台。

2. 缺少具有较强聚集效应的园区。海沧区虽然有玛瑙、油画两个相对聚集的产业,在全国也有一定影响,但均为中小微企业和个体商户,难以纳入规模以上统计。缺乏像思明龙山文创园、湖里华美文创园等聚集一批能给所在地带来实际税收企业的文创园区,难以形成文创产业的聚集效应。另外,海沧区暂无省级重点文化产业园区和国家级文化产业示范园区。

3. 缺少具有产业支撑能力的重点项目。没有项目的支撑,就缺乏产业发展的内在动力。目前海沧区缺少省级或市级重大文化产业项目,引进的一般性文化产业项目相对较少(2017年仅“新概念的健身培训馆APP互联网+”项目)。

4. 产业发展不均衡。据区统计局提供的数据,海沧区66.62亿的文化产业规模以上营收中,制造业、服务业和批零业的占比分别为87%、7.2%和5.7%。受全市大环境影响,有的制造业企业产值降幅较大,如锐珂(厦门)医疗器材有限公司从23.68亿降至19.46亿,同比下降17.8%;厦门鑫叶印务有限公司从2.57亿降至2.05亿,同比下降19.9%。为此,2016年海沧区规模以上文化企业营收67亿,同比下降2.53%,占本区GDP12.57%,同比下降0.79个百分点。

三、下步打算

1. 制定扶持政策。文化产业扶持政策既是文化企业的关注所在,也是目前海沧区短板所在,建议要加快研究和制定出台文化产业相关扶持政策,引导和推动海沧区文化产业集聚快速发展。目前海沧区委宣传部(区文发办)也正在研究拟制海沧区的文化产业扶持政策,已经多次专题研究,拟于2018年出台。

2. 推动园区建设。加快推动海峡文创中心的建设和招商,带动和增强全区文化产业发展内在动力;结合厦门海峡黄金珠宝产业园项目在海沧的落地建设,引进金银珠宝产业链下游企业开展加工、文创设计、商贸、展示等业务;结合特色小镇建设引进文创产业,打造文创特色小镇。

3. 加大项目引进。加大文化产业的招商引资力度,尤其是要积极争取一批大型文化企业和重点文化项目落户海沧,并通过大型文化产业项目的落地,扶持打造几个重点文化产业园区,推动海沧区文化产业形成集聚发展态势。下一步拟以工业设计、文创设计为重点,培育扶持大千振宇等骨干企业。

4. 强化部门联动。在加强与上级宣传部门和文广新局联系对接的同时,强化区里部门间的横向联动,尤其是在涉及文化产业政策扶持和招商引资时,要强化沟通配合,共同推动文化产业的发展壮大。

执笔:张旗胜

2017 年 12 月

发展报告

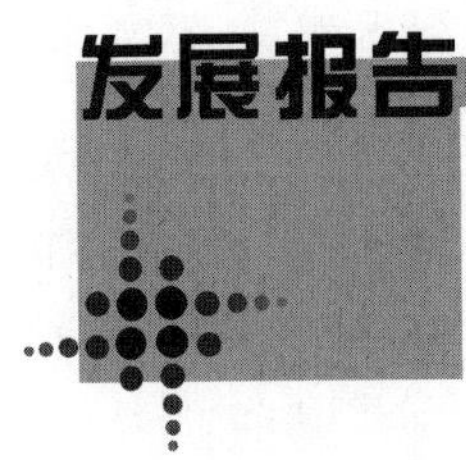

同安区 2017 年文化产业发展工作报告

◎ 同安区委宣传部

2017 年以来，在区委、区政府的正确领导和上级主管部门的精心指导下，区文旅办按照区委区政府建设“富美同安”的部署要求，围绕“文化带动旅游、旅游促进文化”的发展理念，打造一批重点文化旅游项目和独具特色的文体旅游活动，文化产业和文化事业均实现了稳中求进。现将有关情况汇报如下：

蓝皮书

一、基本情况

截至 2017 年底，同安区文化企业共有 823 家，规模以上文化产业名录库共有 41 家（产值上亿 9 家），规下文化企业共有 782 家，文化产业单位名录库入库指标同比增长 19.32%；文化企业营业收入约 41 亿元，增长 9.4 亿元，同比增长 30.04 %，占 GDP 比重 12.98 %，同比增长 4 %。

二、主要做法和成效

1. 突出项目建设，增强发展后劲。围绕推动文化产业创新发展，重点推动华强文化创意产业园区建设，着力培育省级和国家重点文化产业园区。计划增加 8 亿元左右投入到华强方特厦门产业园建设，将华强方特项目打造成为第二总部。支持同安文化旅游公司将同安旅游优势资源与农民画相结合进行市场化开发，依托同安影视城建成农民画展示区，推动农民画形成产业，目前已经取得初步成效。对汀溪镇路下村叶拱南故居进行修缮，将路下村打造成珠光青瓷的文化产业园区，目前已经完成立项审批，正在洽谈、引进文创项目。修订完善《同安区文化产业发展专项资金管理办法》，组织申报 2017 年度同安区文化产业发展专项资金文化产业补助项目，并下拨 2017 年区文化产业发展专项补助资金，补助"可爱生肖"作品非遗产业化固化项目、苏颂纪念馆升级改造项目、"珠光青瓷"文化产业基地（叶拱南故居）等 19 个文化产业项目共计 627.312 万元。

2. 全面走访摸排，厘清产业家底。会同相关部门上门走访文化企业，全面摸排全区文化产业现状和家底，进一步规范全区文化产业名录库建设工作，帮助辖区内尚未入库的文化企业更好更全面地享受文化产业扶持政策。2017 年，新增 317 家文化产业单位，增长率达 47.1％，文化产业营收增长率达 30.04％。2017 年，规模以上文化企业 46 家，纳税在 300 万元以上的骨干文化企业 8 家，厦门千境文化艺术有限公司珠光青瓷被授予金砖国家领导人厦门会晤指定产品，厦门优利得科技股份有限公司被评为"2017—2018 年度国家文化出口重点企业"。立足同安特色文化资源和富美同安功能建设，组织开展特色文化企业评选认定工作，公布厦门银敲文化艺术有限公司、厦门千境文化艺术有限公司 2 家特色文化企业。

3. 加强项目对接，打造展示平台。立足同安区深厚的文化底蕴和丰富的生态资源加强文化产业项目对接，2017 年，新增奥特莱斯"同安创意运动小镇"项目、厦门观光塔、华强方特厦门文化产业项目等3个重大文化产业项目，新增厦门市伍贰壹文化传媒有限公司、厦门市尚澄娱乐有限公司、衡智荣（厦门）文化传播有限公司等5个一般性文化产业项目。组织企业参与海峡两岸、境内外文博会，举办第十届海峡两岸（厦门）文化产业博览交易会同安区分会场（影视城）、2017银城珠光茶瓷活动暨“珠光青瓷”同安窑产业高峰论坛。

三、存在的困难及建议

1. 同安区文化产业工作这两年虽然取得了一定成绩，但与先进区相比，仍然处于起步阶段，产业规模较小、龙头企业和重点项目不多，导致资源开发不足，制约了全区文化产业向更高水平的发展。

建议：将文化产业纳入全区产业统筹，制定出台更大幅度的优惠政策，加强招商引资，支持社会融资，协调解决招商引资问题。

2. 由于各级关于扶持和发展文化产业的政策不宽，文化产业项目在用地、资金等方面有一些政策瓶颈难以突破，导致项目落地难、建设进度慢。

建议：各职能部门加强与上级部门的沟通，从用地规划、项目审批、落地建设、资金扶持等方面研究扶持文化产业发展的解决办法。

四、下一步工作思路

1. 进一步摸清家底。继续联合相关部门并督促镇、街开展企业走访，全面摸清辖区内的文化企业情况，主动上门服务，大力宣传优惠政策，积极引导符合条件的企业发展成文化企业。

2. 进一步加快项目建设。加快推进华强方特厦门产业园建设，争创省级重点文化产业园区；完成珠光青瓷文化产业基地建设，积极引进企业和投资商，加快企业空间聚集和行业集中，打造同安特色文化产业品牌；主动对接合兴包装、长辉实业等重点文化企业，力争促成一批重点文化产业项目落地，促进文化产业发展。

3. 进一步加强保障。与厦门理工学院进行合作，进一步修订完善同安区文化产业发展扶持政策，用好用活文化产业发展专项资金，确保专项资金在龙头企业发展、重点项目建设方面发挥效益。

4. 进一步加强协调。一方面，在加强与驻区文化企业走访联系的同时，积极对接市委宣传部、市文广新局等相关部门，争取在项目引进、资金扶持等方面给予支持；另一方面，加强与区直相关部门协作配合，形成工作合力，努力完成全年目标任务。

执笔：刘　刚

2017年12月

翔安区2017年文化产业发展工作报告

◎ 翔安区委宣传部

一、2017年文化产业发展工作情况

翔安区文化产业主要分为规模以上文化产业相关制造业、关系民生的文化经营单位以及本土特色文化产业三类。其中，制造业主要以光电产业为主体，集中于火炬工业区、巷北工业区等区域；文化经营场所主要以网吧和娱乐场所为主体，集中于新店、马巷镇区以及工业区周边等人口密集区域；特色文化产业相对分散，主要是依托作坊生产的工艺品和香业企业。2017年，在区委区政府的领导下，翔安区积极推动文化产业发展，取得一定成效。

(一)强化组织领导

成立翔安区文化改革发展工作领导小组，制定工作职责和议事规则，加强统筹谋划全区文化产业发展，领导小组下设办公室，挂靠在区委宣传部。区委区政府分管领导多次主持召开专题会议,协调推进文化产业工作。出台《翔安区文化产业发展专项资金管理办法(试行)》《厦门市翔安区文体广电出版旅游局促进农民画文化产业发展的实施办法》等扶持政策,规范专项资金管理,加大文化企业招商引资力度,扶持辖区文化企业做大做强做优。

(二)加强园区载体发展

挂牌成立翔安区澳头文化产业园和科翔文化产业园。澳头文化产业园已有厦门北欧当代艺术中心、厦门玄象文化传播有限公司、三笔文化等25家文创企业入驻,其中完成注册登记12家,艺术展览和交流形成常态化。园区内的中国美协国际文化交流基地和艺术酒店等项目稳步推进。科翔文化产业园划有众创空间、400多平方米的展厅等区域,方便文创企业进行相关活动。目前已有4家文创企业入驻,主要从事游戏开发、动漫设计、新媒体制作等,此外还有8家文化企业有入驻意向,正在沟通洽谈当中。

(三)扶持文化企业发展

翔安目前有辑美彩印(厦门)有限公司和厦门强力巨彩光电科技有限公司等2家市级骨干文化企业,16家区规模以上重点文化企业。翔安农民漆画作为翔安特色文创产品,在第五届海峡工艺精品奖比赛中获得2项金奖和2项铜奖。组织评选东铸玄雕、铜话文化创意、天善美、艺源昌工贸有限公司等4家企业为2017年翔安区特色文化企业,并积极组织申报省、市重点文化企业。

(四)参与和举办重大文化产业会展活动

积极组织翔安文化企业参加第十届海峡两岸文博会和第七届东北文化产业博览交易会。举办2017年翔安区音乐舞蹈季暨第五届“翔安好声音”歌手大赛、瑞典文化年—2017年第四季古渡新航“面朝大海艺术季”等大型文化活动。

二、存在的问题

一是新兴文化产业发展滞后。文化产业产值占 GDP 比例偏低,且主要集中在光电产业制造业,动漫、影视等新兴文化产业几乎为零;二是文化经营单位业态不佳。受限于新区商业用地不足,文化服务业在金包银、工业区周边、城乡接合部等人口相对密集的区域欠缺较多;三是配套设施不够完善。2017 年 4 月,区委宣传部率区经信局、区商务局和区文体广电出版旅游局前往西安、苏州两地及湖里软件园进行考察访问及招商,数家优秀文创企业有意入驻翔安,并多次到翔安考察,但终因配套设施不够健全完善而未入驻。

三、下阶段工作重点

1.加大招商引资力度。着重宣传和依托翔安企业总部会馆、澳头文化产业园和科翔文化产业园等园区优惠扶持政策,重点瞄准现代服务业和文化创意产业等经济效益好、产业关联度高、辐射带动作用明显的行业企业,做到精确招商、有效招商。争取吸引文化产业战略投资者和企业共同参与翔安文化建设,引入优秀文创企业落地快速形成产业规模,带动产业上下游集群发展,切实推动全区文化产业转型升级,增强产业竞争力。

2.做强做大本土企业。结合各企业实际情况,实行“一企一策”的精准扶持指导工作,着力推动文创企业增加自主创新研发能力,提升文化创意和设计服务,促进与相关产业融合发展,提高产业文化附加值。一是加大宣传推介力度,继续组织辖区文创企业参加境内外文博会和第十一届海峡两岸文博会，提升创意展示平台，突出本地特色优势。二是继续挖掘以农民画为代表的非物质文化遗产资源，积极探索非遗产业化路径，推陈出新本土民俗文化艺术衍生品，切实提高企业核心竞争力，最终促进传统优秀文化传播推广。三是组织翔安农民漆画参加第三届厦门书画博览会，加强对外文化交流与合作。四是继续加大对民营实体书店扶持力度，推动出版物发行业繁荣发展。五是继续做好文化市场日常监管工作，严厉打击各类无证无照违法经营行为，打造良好的文化市场营商氛围，鼓励和引导社会资本投入文化产业和文化经营单位，增加文化产业总量，以满足广大群众不断增长的文化需求。

3.抓好扶持政策落实。贯彻落实市区相关扶持政策，对符合条件的辖区文创企业，积极组织提出扶持申请，为企业升级发展提供有力的资金支持和政策保障。

执笔：邓春奇

2017 年 12 月

Gonggong Wenhua

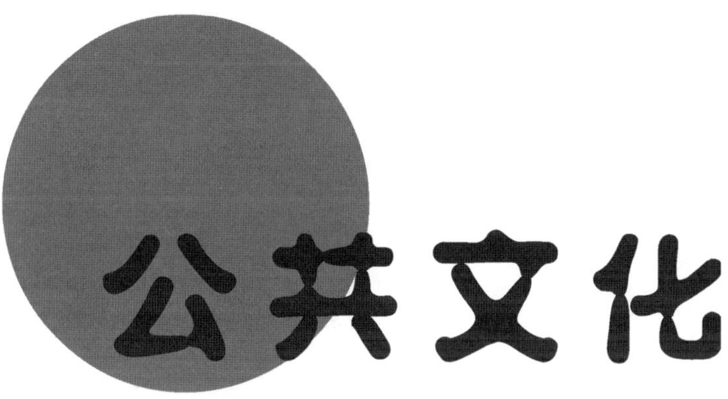

公共文化

让阅读成为习惯,让书香飘逸全民

——2017 年厦门市专题读书月活动综述

◎ 外图厦门书城

养成爱读书的好习惯,是一个人的幸运,而若能拥有一群爱读书的市民,则是一座城市的幸运。从 2008 年开始的“厦门市专题读书月”活动,不知不觉,已走过十个年头了。十年的精心培育,从首届的 80 余项活动、7 万人次参与,到如今的 260 余项活动、近 30 万人次参与,读书月的发展轨迹,犹如一条漂亮的上扬曲线,融入了每一位厦门市民的精神生活,成了阅读推广的前沿阵地。

一、以丰富的主题活动形式推广全民阅读

以进一步推动全民阅读为信念,外图厦门书城本年度主题活动结合了每月的重要节日,针对不同的阅读群体,敲定科学合理的阅读主题,共策划实施“2017,开启新书情阅读笔记”“开春大鸡(吉)、让我们继续携书前行”“书香女人,品质阅读”“世界读书日,在书香中成长”“美青春不停歇　阅享五月天”“阅读,给成长的力量”“暑期悦读,喜迎金砖”“创业与时代同行 创新携梦想齐飞”“学霸归来”“书香十月,书城十年”“书香鹭岛读书月”等共 12 项主题活动。全年举办了多达 230 余项阅读节目,有店内常规主题书展、

厦门作家品读会、名家读者见面会、健康公益讲座、科普知识讲座以及亲子 DIY 手工课堂等各项主题鲜明的活动。直接、间接参与读者超 30 万人次。全年人流量达 131 万余人次，平均每月人流量达 11 万人次，在原有传统阅读主题的基础上，将“4·23 世界读书日”、“著作权保护宣传月”、阅读基地暑期夏令营、“小小图书管理员”、“书香鹭岛活动月”等活动融入当月阅读主题中，努力将阅读意识植入广大市民生活、工作习惯中，争取以最大的社会合力为市民营造良好阅读氛围。

不仅如此，我们还邀请了 50 多位作家与文化名人加入到专题读书月的活动中，共举办 40 余场新书发布会、读书讲座活动，与广大市民读者分享了传统阅读所带来的美感体验。这些作家名人包括了超人气漫画作者见面会群体，日本作家元山里子、本土作家叶芳菲、丰子恺外孙宋雪君、ENO《白日梦星球》签售、悬疑作家永城、青年作家张皓宸、卢思浩、军旅诗人逸涵、作家安东尼、邢孝寒、知名作家南宋、徐小虹、尹雪凡、曾弗、龚洁、周旻、老树、新锐作家洛凡、白茶等等。这些活动带动了书城火爆人气，掀起一阵又一阵的文化热潮，市民参与热情高涨。

二、加大文化输送，阅读热潮进社区、进校园

2017 年，外图厦门书城继续巩固和扩大店外活动，累计创建了 58 所阅读基地校。新增 5 所阅读基地校：金安小学、仙岳小学、滨海小学、莲龙小学、窗内小学。邀约了著名儿童文学作家常新港、晓玲叮当、葛竞、邓秀茵、黑鹤、商晓娜与阅读基地学校师生面对面。分别在松柏小学、天安小学、梧村小学、五缘湾音乐学校、北师大海沧附小、思北小学、思明小学、故宫小学、群惠小学、寨上小学、乌石浦小学、湖里实验小学、高崎小学、翔鹭小学、海沧天心岛

等阅读基地学校开展了27场校园读书节书展活动。直接参与师生人数超5万人。除了阅读基地书展进校园外,阅读继续深入基层社区街道,举行了中山公园书展、莲花公园社区书展、会展中心动漫展、市图书馆“鹭岛书市”大联展活动,为社区街道居民提供优质阅读渠道供给;与部队开展共建,挑选了近千种图书,对图书馆室藏书进行更新、补充,丰富部队官兵们的业余文化生活;进企业,以书香鹭岛读书月活动为契机,在智能互联企业举行图书书展,为企业职工提供精神食粮。

三、加强品牌文化建设,打造体验式的阅读空间

本年度专题读书月活动,外图厦门书城打破常规活动模式局限,进一步挖掘活动模式上的拓展创新,新增加了三档品牌文化活动:又见书单、电影沙龙、why to 外图。从“图书超市模式”向“阅读文化空间模式”转变,全面提升读者的参与度。每月一期在4楼阅读区举办,邀请不同领域的嘉宾读者分享故事、分享阅读观感、分享观影心得、推荐阅读书单。邀约的嘉宾有:厦门最美乡村公益图书馆创始人颜钰棚、厦门市摄影家协会副主席王鹭佳、厦门自由艺术家林哨雷、广告人青年导演李宗文、厦门力剧场演员杨小凯与刘晓玲、房树人分析师心理咨询师蔬菜、厦门市仙岳医院心理治疗师肖菊平、国家心理咨询师马晓韵、厦门十点读书会创始人JC、原厦大台湾研究院文学研究所所长徐学、工商旅游学校语文教师章庆伟、厦门市社科联专家湖里区人大代表黄业峰等不同领域的专家学者。

此外,外图厦门书城与市社科联密切合作,在书城阅读区坚持举办鹭江讲坛活动,邀请相关专家、讲师举办专题分享会、作品朗读会、名人故事会等。2017年下半年,为学习贯彻党的十九大精

神，切合时下热点，书城特邀市社科联专家为会员单位和读者开展十九场党的十九大精神要点解读专题讲座，如“新时代坚持和发展中国特色社会主义的政治宣言和行动纲领——党的十九大报告精神解读”“新时代新思想新征程”等。

在各项专题阅读活动中，还开展了大量互动问答、亲子共读、手工DIY等富有参与性和体验感的系列活动。例如：金安小学亲子共读分享会，每期围绕一本书，小朋友和家长一起现场分享读书心得；“一日店员体验”活动，我们不定期招募举办体验互动，让小读者独立完成图书整架分类，体验图书管理员的日常；香橼姐姐手工DIY课堂，儿童作家香橼老师面对面指导小读者将书中卡通经典形象制作成栩栩如生的玩偶，提高孩子们的动手能力；龟糕印公益课堂系列，龟糕印传承人潘海员老师现场教学，让小读者明白传统手工雕刻技艺传承的重要性，并让他们尝试在材料、技术和表现形式上有所创新，努力繁荣发展传统手工艺事业。这些活动跳出了传统的刻板阅读体验，读者可以在享受活动参与乐趣的同时，与家人亲密互动，共享快乐时光，把从书本阅读知识提升到实践运用。正是这种开放有趣创新的读书月活动形式，吸引了众多市民读者的踊跃参与，受到了读者的充分肯定。

四、提升宣传影响力，线上线下融合发展

媒体方面，通过电视台（如聆听两岸、城市T频道、厦门电视台、海峡卫视）、广播（如厦门新闻广播，厦门人民广播）、报纸（如《厦门日报》《厦门晚报》《海西晨报》《海峡导报》《东南快报》）、网络（如凤凰网、新浪网、腾讯网、厦门网、小鱼网）等媒体发布近200篇/次关于专题读书月各种文化活动的报道，达到了立体式的宣传效果，对引领全民阅读，营造良好阅读氛围起到积极作用。在阅读

基地学校设置青少年学生阅读宣传栏，定期更新阅读推荐书目，并在寒暑假期为阅读基地学生发放课外阅读推荐书单。

除此之外，外图厦门书城继续将微信作为推动新兴阅读平台发展的新力量，打造成为厦门市专题读书月活动信息发布和好书推荐的一个重要窗口，安排专人每周更新读书月活动信息，发布推荐图书目录。2017 年书城微信共推送文章 330 多篇，成为线上销售及对外宣传的主要途径。目前微信公众平台粉丝已超过 3 万人，微博关注近万人，线上线下互动的阅读引导取得了更进一步的效果，不少读者正是通过这种方式，获得了更多的阅读资讯。与此同时，书城依托互联网技术，积极推动实现实体书城智能化，为读者提供更多的自助消费体验。如利用微商城和实现自助查书、自助购书；利用二维码、微信平台、微信支付实现读者自助付款。未来将在适当时机开发图书定位终端查询系统软件、布置查询终端，实现通过手机、电脑登录查询终端准确获取图书的实际位置，提高查询的便捷性。实现线上营销、线下体验、交易方式多样化，融合发展让阅读无处不在，让全民阅读理念春风化雨，润物无声。

2017 年，外图厦门书城以阅读为切入点，通过一系列活动的开展，各项渠道推广，进一步强化了阅读快乐、快乐阅读的指导思想，激发了市民的学习兴趣，在营造书香氛围、推动建设学习型社会方面都取得了不错的成绩，但还是有不足的地方。2018 年，厦门市专题读书月活动将总结经验教训，把读书活动认认真真地开展下去，扎扎实实地做出成效。不断创新，开展更多更贴近市民、更有效的读书活动和文化活动。相信经过我们共同的努力，一定会让读书活动成为每个市民的日常学习习惯，让读好书求进步的观念融入每个市民的心中。

执笔：林强

2017 年 12 月

Wenhua Jiaoliu

文化交流

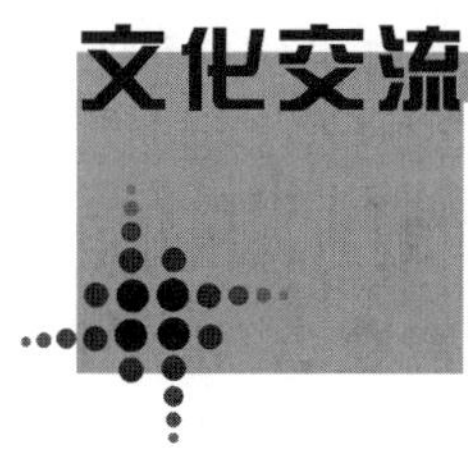

关于赴波兰、芬兰和瑞典的出访报告

◎ 中共厦门市委宣传部

为深入贯彻“一带一路”倡议和“文化走出去”战略，学习欧洲国家发展文化产业经验，推动厦门与欧洲国家的文化艺术产业交流与合作，应波兰 TELPRESS ATP 公司、Supra Film 公司、芬兰贸易旅游投资促进署(Finpro)和瑞典 Skurup 市政厅的邀请，中共厦门市委常委、宣传部长叶重耕于 2017 年 7 月 7 日至 7 月 16 日率市文化产业代表团一行 6 人赴波兰、芬兰、瑞典进行文化交流和推介活动，并参加在波兰克拉科夫市召开的第 41 届世界遗产大会。现将出访情况及成果报告如下：

一、出访概况

此次出访代表团由市委常委、宣传部长叶重耕担任团长，团员由市委宣传部、鼓浪屿管委会、厦门广电集团、市外侨办等单位人员组成，代表团于 7 月 7 日从北京启程，抵达波兰华沙后转机前往克拉科夫，在克拉科夫期间，代表团参加了第 41 届世界遗产大会，召开了一场以文化遗产保护为主题的座谈会。同时，还拜会了克拉科夫孔子学院中方院长韩新忠先生、城市历史博物馆副馆长

Amy 先生，并在其陪同下参访了克拉科夫老城，进一步学习波兰世界文化遗产管理经验。随后，代表团抵达华沙，在华沙期间，代表团先后拜会了 TELPRESS ATP 公司总裁、著名导演 Remigiusz Jakubowski 先生、Supra Film 公司总裁 Zbigniew 先生、SUNRISE IMP. and EXP. CORP 公司总裁 Leo 先生，并召开了一场以影视产业为主题的文化产业推介会，就合作拍摄影视节目专题片、纪录片及进一步推动厦门与波兰文化贸易、参与厦门国际乐器展等事宜进行洽谈。

7 月 10 日晚上，代表团离开波兰抵达芬兰赫尔辛基。在赫尔辛基期间，代表团先后拜访了芬兰贸易旅游投资促进署、芬兰中国发展与交流中心、芬兰华人联谊会以及赫尔辛基设计博物馆等，就厦门与芬兰在文创产业、文化旅游等领域合作以及文化贸易、文化交流合作、文化人才培训等合作事宜进行洽谈，并学习了芬兰博物馆办展和举办活动的经验。7 月 13 日，代表团抵达瑞典，先后访问了斯德哥尔摩市和斯屈吕普市，在斯德哥尔摩市期间，代表团拜会了 MAYCHOR AB 设计服务公司、瑞典当代美术馆、瑞典工业设计基金会、瑞典工艺美术与设计大学，就参与厦门国际设计周活动、厦门与瑞典艺术人才培训教育合作等事宜进行了洽谈，并学习交流了北欧发展艺术创作、艺术教育、艺术展览的经验。在斯屈吕普市期间，代表团拜访了斯屈吕普市政府，与该市市长林娜、最高行政长官伊娃玛丽娅等市政府高层举行了会谈，并举办了一场以艺术厦门博览会为主题的文化产业推介会。7 月 15 日，代表团从瑞典斯德哥尔摩回国。

此次出访时间紧任务多，代表团出访前充分做好前期调研和境外对接工作，并明确了出访任务和分工，出访行程安排紧凑，出访任务充实，如期完成各项出访任务，达到了预期的目的。

二、出访主要成果

(一)圆满完成鼓浪屿申遗任务

1. 鼓浪屿成功入选世界文化遗产名录。联合国教科文组织世界遗产委员会第41届大会于2017年7月2日至12日在波兰克拉科夫召开。按照中国联合国教科文组织全委会及国家文物局要求,参照往届遗产申报城市的做法,代表团参加了7日下午至8日共一天半的大会。“鼓浪屿:历史国际社区”于波兰时间7月8日下午(北京时间7月8日晚上)审议通过,正式列入《世界遗产名录》,成为中国第36项世界文化遗产、第52项世界遗产,也是福建省第4项世界遗产。会上,21个执行委员国中先后有18个国家代表发言,代表们一致从“价值突出、管理完善、保护有力、响应积极”等角度给予肯定,对鼓浪屿列入《世界遗产名录》表示积极支持。世界遗产委员会认为鼓浪屿不仅展现了丰富而独特的建筑、园林艺术、多国居民共同居住的社区生活,更展现了多元文化交流融合,形成了开放包容的新的现代文化和价值观,符合世界遗产标准ii和iv[标准ii(多元文化交融),即鼓浪屿历史上是多国居民共同居住的国际社区,形成了多元文化的交流融合,展现了开放包容的新的现代文化和价值观。标准iv(独特的建筑园林杰出范例),即鼓浪屿展现了丰富而独特的建筑、园林艺术,是厦门装饰风格的起源地和最佳代表]。大会通过鼓浪屿列入世界遗产名录的决议后,市委常委、宣传部长叶重耕代表遗产地管理机构做表态发言。他说,此次代表团赴波兰参加世界遗产大会,得到了波兰福建商会、弗罗茨瓦夫大学孔子学院以及留学生的大力支持,充分体现了海外华人华侨对祖国的热爱和对鼓浪屿申遗工作的支持,并以各种形式表示祝贺。“鼓浪屿申遗成功”也受到境内外媒体高度关注，其中既有中央主流媒体的密集报道、正面赞赏，也有海外媒体的高度聚焦、点赞。

2. 召开文化遗产保护专题座谈交流会。7月8日晚，鼓浪屿申遗成功后，代表团在克拉科夫市成功举办了一场以文化遗产保护为主题的座谈交流会。邀请国家代表团、福建省政府代表团、申遗专家、当地侨界、华人企业家、克拉科夫孔子学院、弗罗茨瓦夫大学孔子学院、留学生代表共40多人进行了座谈交流。与会领导、专家、华人华侨对鼓浪屿成功入选世界文化遗产名录表示祝贺，并对今后鼓浪屿世界遗产保护利用工作提出了宝贵的意见和建议。比如，与会专家建议要对鼓浪屿试行游客控制措施进行监控，及时进行评估，定期修订有关到岛游客量可接受变化的限值研究，以确认目前的游客人数上限，确实足以保护“突出普遍价值”；要制定和实施对砖石结构历史建筑的加固计划；要扩展保存措施的重点范围，把建筑物内部纳入其中，等等。

(二)成功举办两场文化产业专场推介会

1. 召开影视产业推荐会。在波兰华沙亚太博物馆，代表团召开了一场以影视产业为主题的文化产业政策推介和文化人才引智座谈会。罗兹音乐学院、TELEPRESS ATP、EUROPEAN FILM GROUP、SUNRISE公司、SUPRA电影公司、CULTURE. PL网站、克拉科夫大学、中国驻波兰大使馆、中国国际广播电台、波兰商会等单位及波兰雕塑艺术家、华人企业家、华人华侨代表等共28人参加了推介会。会上，市委常委、宣传部长叶重耕介绍了鼓浪屿申遗情况、厦门市经济社会发展情况及文化产业发展情况；中国驻波兰大使馆文化处一等秘书李力先生对厦门在波兰举办文化产业推介会表示祝贺和支持，相信随着两国友好交往，厦门与波兰在文化交流和文化贸易等方面将会有更多的合作和交流。代表团向参会人员播放了厦门宣传片，用 PPT 介绍了厦门市文化产业招商政策和文化人才引进政策，重点介绍了厦门影视产业的发展情况和相关政策，邀请波兰影视机构来厦门拍摄影视节目和纪录片，参加厦门文博会等。罗兹音乐学院副校长 ALEKSANDROWICZ 女士、SUPRA 电影公司总裁 ZBIGNIEW 先生分别介绍了参加厦门国际乐器展、到中国拍摄介绍中国茶文化和中国风土人情系列电视节目的感受和体会；代表团与参加推介会相关人员进行了友好交流和洽谈。通过推介会，进一步加强了厦门与波兰的相互了解，促进了两地的文化交流与合作，也达成了一些合作意向。比如，罗兹音乐学院表示愿意与厦门相关机构合作举办音乐教育培训、参加厦门国际乐器展等活动；波兰欧洲电影集团表示愿意来厦门拍摄电视纪录片；波兰艺术家陆萍表示将参加艺术厦门博览会等等。CULTURE. PL 文化网站、国际在线等媒体报道了推介会活动。

2. 召开文化产业和艺术厦门推介会。在瑞典斯屈吕普市天鹅湖城堡，代表团举办了一场以艺术产业为主题的文化产业推介会，斯屈吕普市长林娜、最高行政长官伊娃玛丽娅、文化部长劳塔、丹麦艺术家 Pontus Kjèrran、丹麦哥本哈根文化中心主任张力、瑞典·中国文化交流中心主任王彤、斯屈吕普市糖盒子画廊策展人蓝兰以及当地艺术家代表 Tine Hecht-Pedersen 等共 20 多人参加了活动。推介会上，代表团介绍了厦门市的经济社会文化发展情况、自贸区文化产业发展情况，推介了厦门市文化产业政策和文化人才扶持政策，并就艺术厦门博览会等艺术交流合作平台等进行交流洽谈。通过推介会，进一步加深了北欧艺术家和艺术机构对厦门艺术产业发展的认识，激发了他们参与厦门艺术产业发展的热情，纷纷表示，将来厦合作举办文化艺术展览、创作交流、与厦门艺术院校、艺术机构开展艺术教育合作等活动，促进中国与北欧艺术界的互动。

(三)学习借鉴欧洲国家先进经营和管理经验

1. 学习克拉科夫老城的保护经验。代表团利用世界遗产大会休会期间参访了克拉科夫老城等当地的古城,了解古建筑保护情况。克拉科夫老城是中欧最古老的城市之一,为维斯瓦族的故乡,1320—1609年间为波兰首都,有保存完好的古城墙环绕,是中世纪欧洲首都的一个范例。二战期间,波兰全境陷入战火,仅有克拉科夫幸免于难,完整保存了中世纪的旧城光华,1978年被列为世界文化遗产。古城主要包括建于16世纪的Sukiennice市场,四周环绕着教堂、修道院、钟楼和方塔,以及17、18世纪建造的一系列富户宅院、中产阶级建造的哥特式、文艺复兴式和巴洛克式住宅。整座古城保护得非常完整,没有人为的拆除,没有现代化建筑,古城区的道路仍保留原来的小方块石路面,街道两边的商铺也保留原貌。晚上,人们在古城广场举办露天音乐会,咖啡馆、酒吧、餐馆也围绕在广场的四周。虽然游客很多,但很有序,不喧哗,环境也保持得很干净,呈现出一种宁静祥和的景象。代表团从克拉科夫老城的管理经验中深受启发,大家认为在今后鼓浪屿申遗后的保护利用工作中,可以加以学习借鉴,以提升鼓浪屿世界文化遗产的管理水平。

2. 学习赫尔辛基设计博物馆的先进管理经验。赫尔辛基被誉为"世界设计之都",赫尔辛基设计博物馆是芬兰最重要的设计博物馆,也是世界上历史最早的有关视觉设计的博物馆之一,馆内专门展示包括工业设计、时装和平面设计等在内的国际展览品。设计博物馆始建于1873年,收藏有超过75000件设计物品、45000幅画作以及125000幅照片,其组织的国际展览在全世界范围内都具有相当大的影响力。

此次代表团通过与馆长Jukka先生的沟通交流、实地参访,了解了芬兰创意设计的发展历程,以及创意设计对城市发展所起的重要作用，对推动厦门创意设计产业发展、打造创意之城有新的认识，同时增强了厦门发展创意设计产业的信心和决心。代表团在参访中，积极推介厦门经济社会发展以及文化产业招商引资政策、文化人才扶持政策等情况，邀请客方来厦考察，推动厦门与芬兰的文化合作。

3. 学习瑞典发展创意设计的先进经验。瑞典是北欧最早发展工业设计的国家，其创意设计服务业非常发达，瑞典设计已成为北欧设计风格的专有名词。此次出访，代表团分别拜访了 MAYCHOR AB 设计服务公司、瑞典工业与设计基金会、瑞典当代美术馆、瑞典工艺美术与设计大学，就厦门与瑞典开展文化交流、文化人才培训教育合作等方面进行了交流洽谈，并推介了厦门国际时尚周活动，交流与鼓浪屿全民博物馆计划的合作事宜，以推动厦门创意之城建设的开展。MAYCHOR AB 设计服务公司表示将积极参与厦门国际时尚周活动的策划，着力推介高端的时尚资源。

（四）有效推动与欧洲国家在文化产业领域的交流与合作

1. 促进与芬兰在动漫游戏等文化产业领域的合作。芬兰是世界上最早重视发展文化创意产业的国家之一。近年来，芬兰游戏公司创作出一批红遍全球的游戏产品，比如《愤怒的小鸟》《部落冲突》《卡通农场》《海岛奇兵》和最近非常热门的《皇室战争》等等。厦门是国家级文化与科技融合示范基地，近年来数字内容产业快速发展，成为全国四大动漫游戏产业基地之一，成功培育了美图科技、吉比特、飞鱼科技等在香港和主板上市的文化科技企业，4399公司、吉比特公司、点触科技、趣游科技等公司与芬兰 Rovio 公司、Supercell 等公司有接洽，正寻找合作机会。2017 年，芬兰贸易旅游投资促进署专程来厦访问，与厦门 4399、美图科技等相关游戏企业洽谈，初步达成合作意向。为进一步推动厦门与芬兰在文化产业领域的合作，此次代表团专程拜访了芬兰贸易旅游投资促进署，双方进行了交流。代表团还介绍了厦门软件与信息服务业的发展情况，特别是动漫游戏业的发展情况，重点推介了厦门国际动漫节，就文创产业、文化旅游等领域，尤其是游戏产业开展合作进行洽谈，邀请芬兰贸易旅游投资促进署组织游戏企业参加厦门国际动漫节，推动芬兰与厦门的动漫游戏产业合作，进一步推动厦门游戏企业“走出去、请进来”，吸引芬兰优秀游戏人才来厦工作，以促进厦门的对外文化贸易和投资。

2. 深化与斯屈吕普市政府的友好合作关系。斯屈吕普市位于瑞典南部，是瑞典乃至世界都闻名的地方，获得诺贝尔奖文学奖的童话作品《尼尔斯骑鹅旅行记》的出发地就在斯屈吕普地区。近年来，厦门与斯屈吕普市文化交流合作密切，斯屈吕普市文化部于2012年组织一批艺术作品来厦门美术馆展出，2016年该市市长林娜一行来厦门访问，厦门美协、厦门大学艺术学院也曾访问斯屈吕普市，并举办展览。本次出访，代表团得到了Skurup市市长林娜、最高行政长官伊娃玛丽娅、文化部长劳塔等的亲切接见，他们对厦门代表团的来访表示热烈欢迎，他们在休假期间特地安排时间与代表团会见，并进行交流座谈。双方回顾了近年来两地之间的友好往来情况，并就下一步推动厦门与斯屈吕普市的文化交流合作进行了洽谈，双方一致表示将积极推动厦门与北欧的文化艺术交流合作。瑞典斯堪纳省报还专题报道了厦门代表团到访情况。

3. 拓展侨务引资引智。此次代表团赴波兰、芬兰、瑞典得到了海外华侨华人社团及其重要人士的大力支持。代表团在克拉科夫，拜会了波兰福建商会会长陈铭坤；在赫尔辛基，拜会了芬兰华商总会会长、芬兰中国发展与交流中心总经理杨二林、芬兰华人联谊会会长吴晓鹏、原会长佟帅及副会长李伟贤等；在斯屈吕普市，拜会了瑞典－中国文化交流中心主任王彤、斯屈吕普市糖盒子画廊策展人蓝兰等。进一步巩固和拓展了海外联络渠道，为侨务引资引智奠定了基础。欧洲侨商高度关注厦门文化产业发展情况，纷纷表示将组织更多的企业家、艺术家来厦参展、参会，并开展艺术投资，促进中国与欧洲文化领域的交流与合作。

三、启示和建议

通过拜访、参访、座谈交流，代表团深深感到，波兰、芬兰、瑞典在文化遗产保护、文化创意产业发展和城市管理等方面有许多好的经验和做法，包括理念和思路，值得我们学习和借鉴，归纳起来有以下几点：

1.从文化遗产保护方面来看，波兰对历史文化遗产的保护经验主要有：一是具有健全的法规与管理体系；二是实施科学的规划管理；三是多元化的保障机制。比如波兰的《文化遗产保护法》，对历史文化保护的范围、标准、国家与公民的责任、保护经费来源等作出规定，严格约束与历史文化保护有关的行为。建立层级分明的政府管理架构，充分发挥民间组织的作用等；专项性法规《城市规划与环境法》。通过加强对历史文化名城的规划管理，包括制定并施行严格的建筑风貌及空间管理规定，坚持以人为本的原则，确保了对历史城区的空间特征、街道肌理以至城市精神等方面的保护，形成了充满文化魅力、各具特色的城市风貌。

近年来，厦门市文化遗产保护工作取得了一定进展，鼓浪屿也成功列入世界文化遗产名录，但与波兰相比，在法规体系及组织管理方式、规划编制、实施保障机制等方面还存在较大差距。我们可以学习借鉴波兰的经验，借鼓浪屿成功申遗的东风，按照习总书记的批示精神，按照国际标准加强鼓浪屿世界文化遗产保护的同时，在岛内外城乡一体化进程中加强重视历史文化遗产保护工作。一是认真做好城乡建设规划，进一步明确保护范围、历史文化遗产的清单、保护工作状况、保护目标和保护要求等内容；二是认真落实国务院颁布的《历史文化名城名镇名村保护条例》，结合实际情况和厦门闽南历史文化的特点，将历史文化遗产的保护工作纳入法制化、规范化的轨道；三是完善保障体制，比如拓展多种融资渠道、健全公共参与制度、完善教育和培育体系等；四是加强国际交流与合作，比如与历史文化保护领域领先水平的国家建立更广泛的交流与合作关系，互相交流经验，定期举办文化活动，可以邀请国际上经验丰富的专家来厦培训等等，把厦门的文化遗产保护提高到国际化水平，挖掘厦门文化旅游资源，带动厦门文化旅游产业的发展，推动厦门产业转型升级。

2. 从博物馆（美术馆）发展情况来看，芬兰、瑞典博物馆业发达，商业模式成熟，涵盖面广，影响力强，很好地发挥了展示交流、教育培训等功能。他们发展博物馆的经验主要有：一是北欧国家的民族文化历来就有建设博物馆的传统，喜爱展示交流活动；二是政府重视，强化发展规划，加大财政投入和税收优惠政策；三是大力扶持民营博物馆发展；四是坚持多元发展模式。据介绍，瑞典斯德哥尔摩市面积只有 186 平方公里，人口 78.3 万，却拥有 70 多座遍布城市各个角落的博物馆、美术馆，密集程度可见一斑。这些博物馆涵盖了美术、历史、科技、自然、民族等各方面，比如沉船博物馆、诺贝尔博物馆、东方博物馆、自然历史博物馆、当代美术馆等等。芬兰赫尔辛基重建才两百年，面积也不大，人口 62.8 万，却建有 30 多座博物馆、美术馆，比如芬兰国家博物馆、雅典娜美术博物馆、市立博物馆、雷巴瓦拉美术馆、露天人文博物馆、铁路博物馆、风俗博物馆、战争博物馆、邮电博物馆、教会博物馆、动物学博物馆等。这些博物馆、美术馆，既有综合馆也有专业展览馆，不仅有展览也有互动培训教育，是传播科学文化知识、提高市民素质的重要载体，也是市民休闲、娱乐、体验、教育、休憩的最好场所，更是游客参观游学的最好去处。

近年来，在厦门市委市政府的重视下，厦门市博物馆、美术馆发展比较迅速，中华儿女美术馆、张仃美术馆、上古艺术馆、张雄美术馆等一大批民营博物馆、美术馆的设立和兴起为厦门文博事业发展注入了新的活力。据不完全统计，全市各类博物馆、美术馆共有 47 家，但总体上发展不均衡、展览质量参差不齐、影响力不强，未能很好发挥博物馆、美术馆的作用。通过此次访问，借鉴国外的发展经验，代表团建议下一步厦门博物馆(美术馆)的发展可以从加强以下工作入手：一是政府部门要认真做好博物馆发展规划，加大财政投入力度，建设好公益性博物馆、美术馆，在做好硬件建设的同时要加强内部布展、巡展等软件方面的经费投入，提升展览档次、层次，不断扩大展馆的影响力；二是鼓励发展各类民营博物馆、美术馆，落实国家有关税收优惠政策，出台相关扶持政策，比如在用地、租金等方面予以倾斜；三是推动馆际、校馆之间的交流合作，发挥博物馆、美术馆的教育功能等作用。

3. 从对外文化交流合作方面来看，厦门与欧洲国家合作前景广阔。随着国家"一带一路"倡议的实施，厦门作为海上丝绸之路的重要战略支点城市，每年举办的各类展会上百个。我们可以利用九八投洽会、国际海洋周、国际时尚周、红点国际设计周、文博会、艺术厦门博览会、国际乐器展、国际动漫节等活动，融入更多"一带一路"的元素，邀请欧洲艺术家、音乐家、文化企业来厦参展和参加文化活动，发挥展会平台作用，增加中欧的文化交流和文化贸易合作机会，增进相互了解，促进中欧文化合作交往。比如牵线音乐学校或培训机构，与罗兹音乐学院合作在厦门举办音乐培训教育，在文博会的影视版块部分增加欧洲影视交流展览内容；又比如在数字内容与新媒体方面加强与芬兰的合作，利用芬兰在软件信息方面的人才优势，加大引智力度，吸引芬兰的人才来厦门工作，把我们的产品传播到欧洲，加大厦门文化走出去的力度；再比如，我们可以利用正在厦门自贸区建设的文化保税平台，寻找与欧洲的合作，开展艺术品保税业务，举办艺术品保税展览、保税拍卖，发展厦门艺术品产业，从而推动厦门文化产业的发展。

4. 从城市管理方面来看，欧洲在生活垃圾分类、无害化处理、交通管理、城市绿化美化等方面的做法和经验也值得我们学习借鉴。这次出访，我们所到之处，所走之路，虽没有多少高楼大厦，马路也不太宽敞，但都显得很干净整洁美观。行人、车辆自觉遵守交通规则，基本没有闯红灯的现象。在商务楼、居民楼的四周绿化美化得很好，窗台、门前院落种着各种各样的鲜花。七月正是鲜花盛开的季节，鲜花配上欧式建筑，就像一幅幅童话故事的画面，显得格外的漂亮，让人赏心悦目。我们鼓浪屿、中山路等老城区、老街区，都具有欧洲的风格，可以学习借鉴欧洲的做法，加大宣传教育，通过各种途径培养居民新的生活方式，进一步提升美化工程，营造四季如春的花园城市氛围。

执笔：林宗宁　杨烨

2017年8月

文化交流

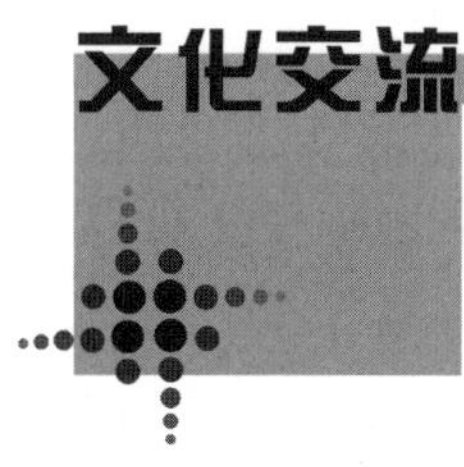

关于赴台湾宣传推介第十届海峡两岸(厦门)文化产业博览交易会情况的报告

◎ 厦门市中华文化联谊会赴台交流参访团

蓝皮书

应台湾亚太文化创意产业协会的邀请,海峡两岸文博会筹备办常务副主任、厦门市文广新局副局长、厦门市中华文化联谊会副会长傅国强,市委宣传部文发办副处长、厦门市中华文化联谊会理事林宗宁,率市海峡两岸文博会筹备办相关人员一行 4 人,于 2017 年 4 月 18 日至 23 日赴台湾参加文化交流活动,考察台湾文化产业园区及文创企业。现将有关情况报告如下。

一、参访活动情况

此次赴台的主要任务:一是参加由文化部主办的第八届海峡两岸文化创意产业展及海峡两岸文博会"中华工艺精品奖"台湾巡展活动;二是宣传推介第十届海峡两岸文博会,广泛邀请台湾各县市、文创单位、文创企业、客商和媒体参展参会;三是征集办好第十届海峡两岸文博会的意见与建议;四是考察台湾文化创意产业园区及文创企业,学习借鉴台湾发展文创产业的经验做法,并力邀台湾文创领军人才来厦门投资兴业。

在台六天期间,参访团先后拜会了台湾亚太文化创业产业协会、琉璃工坊、冠德建设、顽石文创开发顾问股份有限公司、中华节目内容制作产业发展协会、台北电脑商业同业公会等文创企业,出席了第八届海峡两岸文化创意产业展开幕式、中华工艺精品奖台湾巡展开幕式,同时还考察了台湾艺术大学、台北电影主题公园、台湾文博会的会场松山文化创意园区、华山1914文化创意产业园区和台湾莺歌陶瓷等台湾代表性文创园区、产业特色小镇。

二、主要成效

1.参加第八届海峡两岸文化创意产业展,推动两岸文创产业合作发展,拓展两岸融合空间。参访团一行出席了两岸文创展开幕式,参观考察了两岸文创展,并与参展单位进行了深入交流。两岸文创展由文化部主办,每年与台湾文博会在台同期举办,是两岸文化交流合作的重要平台。由于厦门文广会展有限公司长期承办海峡两岸文博会,具有较丰富的办展办会经验,累积了大量的台湾文化机构和企业资源,得到文化部的肯定和支持,因此,文化部将第八届两岸文创展交由厦门文广会展有限公司具体承办。本次两岸文创展以“丝绸之路”为主题,以甘肃为主宾省,以“互联网+丝绸之路文物文化IP设计产业对接”为内容载体,成为首个在台湾举办的大型丝绸之路主题展。活动借助甘肃省作为丝绸之路经济带黄金段的独特区位优势,组织甘肃文化产业赴台推介交流,向台湾民众完美呈现了丝绸之路波澜壮阔的历史进程和沿线地区的优秀民族文化,拉近台湾民众与“一带一路”建设的距离,加深台湾民众对“一带一路”建设的了解,拓展了两岸融合空间。本次两岸文创展还举办了两场推介会,有效促成两岸互联网+IP文化文物设计产业实效对接，推动了两岸文创产业的交流与合作。展会五天活动期间，吸引台湾地区专业文化机构、客商和普通民众共计8000多人次现场观展，得到台湾各业界的高度肯定，展会取得圆满成功。

2.举办第二届中华工艺精品奖台湾巡展，进一步扩大奖项影响力，为中华工艺精品奖海丝巡展奠定坚实基础。4月19日，参访团参观了海峡两岸文博会奖项“中华工艺精品奖”台湾巡展。中华工艺精品奖台湾巡展由海峡两岸文博会中华工艺精品奖培育发展而来，2016年首届举办在两岸取得良好的反响。此次中华工艺精品奖再次赴台巡展，得到文化部的认可与支持，被文化部纳入两岸文创展的分会场。2017中华工艺精品奖台湾巡展积极响应国家关于“加强中华优秀传统文化传承发展”的政策，以“中华百艺”为主题，荟萃来自两岸共计83位作者的115件工艺珍品亮相台北，其中大陆作品60余件，台湾作品50余件，呈现当代艺术大师的工艺技艺新境界。除展览外，同期还配套举办2017年中华工艺精品奖台湾巡展授证仪式、海丝艺术品中心对接会、两岸工艺产业对接会、两岸文创机构对接会等活动。活动现场还发布有关厦门文化产业发展规划及相关招商引资政策，特别是有关吸引文化艺术机构入驻厦门的优惠政策信息，并组织台湾文创企业与参展的工艺美术大师进行现场交流互动，使此次展会成为两岸艺术产业交流对接平台，成为两岸中华工艺技艺交流探讨的舞台。

3.加强海峡两岸文博会展客商交流，深化招展招商成果。为做好第十届海峡两岸文博会的台湾组展工作，参访团拜会了亚太文化创意产业协会、中华节目内容制作产业发展协会、莺歌陶瓷等台湾文化创意产业的领军企业和行业协会，并进行了深入交流，有关单位均表示了较强的组展参展意愿与计划，招展组展成效显著。亚太文化创意产业协会表示将继续支持海峡两岸文博会工作，发动台湾文创企业参展参会，进一步提升第十届海峡两岸文博会台湾参展规模；中华节目内容制作产业发展协会表示，虽然之前未参加海峡两岸文博会，但非常愿意组织台湾影视产业相关公司参展第十届海峡两岸文博会，促进台湾与大陆影视产业的交流合作；莺歌陶瓷表示往届只有两三人参展，但2017年协会将组团参展，扩大展位面积，借助海峡两岸文博会平台更好地推介推广莺歌陶瓷产品及陶瓷文化；台湾文化创意产业联盟协会表示将组团以特装形式参展第十届海峡两岸文博会，将组织特色小镇相关企业参展参会；实践大学表示将继续参展第十届海峡两岸文博会，顽石创意、冠德建设等单位也初步表达了参展意愿。

4.有关单位积极献言建策，推动第十届海峡两岸文博会发展。为更好地办好第十届海峡两岸文博会，参访团就第十届海峡两岸文博会的举办征求了各有关单位意见建议。亚太文化创意产业协会理事长陈立恒先生建议：一是展会应进一步突出对接实效，强化客商邀请工作，以提升展会交易成效；二是应结合创新创业政策，为两岸创新创业项目搭建平台，推动项目落地，达成实质成果；三是鉴于中华工艺精品奖已在两岸形成一定的品牌效应，除按惯例邀请两岸权威性工艺大师作为评委外，建议增加邀请外籍评审，进一步提升中华工艺精品奖的国际影响力，逐步将中华工艺精品奖打造成为具有国际影响力的工艺奖项；四是探讨设立两岸合作的“闽台文化创意中心”，并在文博会上举办发布仪式。实践大学建议：海峡两岸文博会高校展区可与其他创意类企业展区进行更为明显的区隔，进一步突出展示高校特色。中华节目内容制作产业发展协会建议：厦门作为两岸合作交流的桥头堡，在两岸影视合作方面既有地理优势，又有资源优势，但缺少相关的扶持政策法规，建议厦门主管部门向中央主管部门申请支持，协会将积极利用两岸企业家峰会等渠道推动中央高层支持，给予厦门与台湾影视合作的特殊支持政策；同时希望通过参加第十届海峡两岸文博会开展两岸影视交流及举办相关政策的闭门研讨会议；此外，还建议结合厦门影视产业发展实际，在海峡两岸文博会数字内容与影视展区打造影视后期制作及影视基地交流平台，推动台湾影视落地大陆。台湾文化创意产业联盟协会提出希望与文广会展公司万分一项目进行深入合作，共同整合两岸青年文创资源，以万分一平台为孵化器，突出两岸青年双创；对第十届海峡两岸文博会融入特色小镇元素表示赞赏，并表示协会设有特色小镇和农业委员会，可与文博会组委会深入对接，结合文博会特色小镇规划组织台湾相关企业参展。

5.强化两岸文创产业对接，促进两岸深度合作。在台期间，参访团参观考察了台湾文博会会场松山文创园区、华山文创园等文化创意产业园区。与松山、华山等单位负责人进行了交流，学习了台湾在文化传承与保护、文化园区运作与管理、文化创意产业政策与创新、影视产业发展等方面的做法和经验。对方表示，将与厦门保持密切联系，就两岸文创园区建设、影视产业合作等加强交流与合作。

三、下一阶段工作

1.总结中华工艺精品奖台湾巡展经验，推动中华工艺精品奖海丝巡展活动。中华工艺精品奖台湾巡展于4月23日落幕，文广会展公司将认真征求各方意见，总结此次办展经验，提升效益，并逐步推进开展中华工艺精品奖海丝巡展进程，将中华工艺精品奖海丝巡展打造成为“中华文化走出去”的优质平台。

2.加快第十届海峡两岸文博会筹备进程，确定总体方案和相关政策，推动台湾的招商招展工作。全面启动第十届海峡两岸文博会台湾组展招商工作，加强与台湾地区的民间交流，广泛发动民间协会、重点文创企业参展参会，克服台湾组展工作面临的困难，保持第十届海峡两岸文博会“两岸特色”不褪色、不掉色。

3.加强两岸文化创意产业的交流与合作，做好追踪与沟通事宜，力争相关合作项目落地。对有合作意向的台湾文创机构做好跟踪与沟通工作，就合作内容与有关文创机构进一步交流探讨，推动有关项目在厦早日落地。

执笔：林　燕

2017年5月

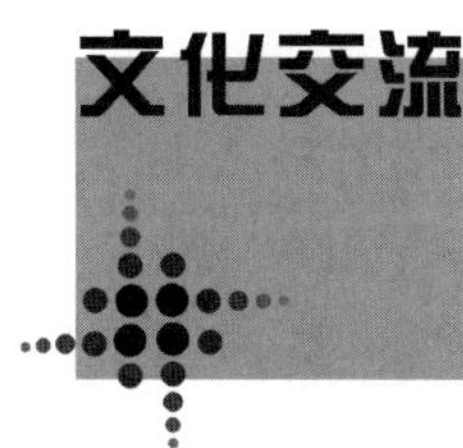

文化交流

2017年第四届海峡两岸大学生创意文化节的活动综述

◎ 厦门市大学生文化创意协会

第四届海峡两岸大学生创意文化节(以下简称“大创节”)于2017年5月17日至10月29日在厦门成功举办。本届大创节秉承“与你一起实现梦想”的主题,致力于为两岸大学生的交流探讨提供良好的平台与机会,两岸文创学者、学生们各抒己见、求同存异,加深了对文化创意产业的认知,促进了两岸校企间的合作发展交流,取得了可喜成绩。

活动连续3年(2015、2016、2017)被国台办选为对台交流重点项目,海峡两岸大学生文化创意论坛连续4年成为海峡两岸(厦门)文化产业博览交易会重要配套项目,海峡两岸高校纸艺创意设计大赛已列入海峡两岸(厦门)纸艺产业博览会重要配套项目。为总结举办大创节的经验,提高举办大创节的水平,更好地为两岸校企搭建交流往来的平台,现将本届大创节活动总结如下。

一、活动的基本情况

本届大创节由国务院台湾事务办公室指导,厦门市思明区人民政府、厦门市台湾事务办公室、共青团厦门市委员会、厦门市文化改革发展工作领导小组办公室共同主办，厦门市思明区文化体育出版局、厦门市大学生文化创意协会、厦门市青少年文化创意协会联合承办，福建省大学生文化创意协会、台湾联合报社、福建省妈祖文化促进会、海峡两岸文创协会（台湾）、海峡两岸社区营造发展协会（台湾）、台湾文化创意交流协会、海峡两岸大学生文化创意协会（台湾）等多家单位联合协办。

本届大创节吸引了包括中央电视台、福建电视台、厦门卫视、新华社、人民日报、香港文汇报、台湾联合报、台湾经济日报、厦门日报、海峡导报、闽南之声、人民网、中国评论新闻网、凤凰网、厦门网、今日头条等在内的众多媒体的关注和报道。其中，以中央电视台、新华社、台湾联合报为代表，更是选派数路记者以多视角、长时间、大篇幅的专题报道给予本届大创节关注和支持。

二、主要做法

本届大创节主要由“海峡两岸大学生创意文化节启动仪式（台湾）”“海峡两岸大学生创意话剧周”“海峡两岸大学生文化创意论坛”“海峡两岸高校纸艺创意设计大赛”“台湾大学生文创志愿者走进大陆社区”五部分组成。

5月17日晚，海峡两岸大学生创意话剧周在厦门大学建南大会堂拉开帷幕，开幕大戏《金龙》首场亮相。“海峡两岸大学生创意话剧周”自2015年首度举办起，为两岸大学生提供了一个展现独特文化魅力的大舞台。“海峡两岸大学生创意话剧周”已经开展演出三十余场，在大学校园掀起了“看戏、赏戏、评戏”的热潮。本届创意话剧周共有12场次演出，从5月17日起至9月4日止，每周六晚上7点半，以话剧、戏曲曲艺、影视作品三大板块的演出形式呈现，或原创，或经典改编。本届创意话剧周开幕大戏《金龙》是由厦门大学南强话剧社根据当代德语经典话剧改编，不仅完美展现了厦门大学南强话剧社成员精湛的表演技巧，同时也为2017年大创节画上浓墨重彩的一笔。

10月2日，“第四届海峡两岸大学生创意文化节”在台湾中国文化大学（台北阳明山校区）启动。厦门市大学生文化创意协会会长夏敏、厦门市文学艺术界联合会原副主席陈元麟、厦门市张晓寒美术研究会顾问、厦门市水彩画会原秘书长陈杰民、福建省大学生文化创意协会副秘书长陈建义、厦门市青少年文化创意协会常务副会长叶招文等出席本届大创节在台湾的启动仪式。

台湾中国文化大学华冈博物馆馆长刘梅琴女士代表校方致辞，欢迎大陆参访团的到访。她说：“海峡两岸拥有共同的文化传统和文化价值，在共同推动发展文创产业合作，具有天然的优势和基础。通过两岸年轻人之间思维的碰撞，迸发出更具有创新性、融合性、文化认同感的想法及创意，共同传承和发扬中华文化。”同时，应邀出席的台湾中国文化大学秘书处公共事务室主任杨湘钧也表示，文化创意产业是年轻人的事业，大学生是文化创意产业发展的核心力量。来自海峡两岸大学的师生们齐集一堂，在这里面对面切磋交流，分享文创经验，品尝文创的魅力，增进两岸大学生对文化创意产业的认识，是两岸文化交流中的一项特别有意义的活动，必将造福两岸，惠及社会。厦门市大学生文化创意协会会长夏敏代表大陆参访团致辞。

活动还邀请到台湾中国文化大学大陆文教处交流合作中心主任毕玉成、专员谢慈纯，台湾联合报大陆活动总监姜家蘅，海峡两岸社区营造发展协会理事长汪俊寰，台湾“蜡笔王”王建民，台湾文化创意交流协会理事长沈忆君、理事颜如玉，海峡两岸文创协会理事长何立宁等二十余位嘉宾以及来自台湾中国文化大学、台湾实践大学、台湾树德科技大学等高校的近百位学生代表。

启动仪式结束后，台湾中国文化大学华冈博物馆馆长刘梅琴女士、秘书处公共事务室杨湘钧主任带领大陆参访团参观了华冈博物馆、欧豪年美术中心、大成馆、体育馆、图书馆。厦门市大学生文化创意协会还与台湾各文化创意机构代表签订了《支持文化产业发展战略合作协议》,共同推动两岸高校文化产业交流合作。

10月29日,海峡两岸大学生文化创意论坛在厦门理工学院学术报告厅开幕。论坛以"与你一起实现梦想"为主题,两岸文化创意专家、大学生围绕该主题,从政策优势、环境优势、文化创意交流等方面进行深入探讨。

中共厦门市委宣传部副部长、市文发办主任戴志望,厦门市台湾事务办公室副主任谢永福,厦门市人大专职常委、市联原党组书记林起,厦门市思明区人民政府副区长姚玉萍,厦门市文化改革发展工作领导小组办公室副主任林宗宁,厦门市教育局高教处处长陈哲新,厦门理工学院副校长赵振祥,台湾世新大学副校长、台湾青马影展基金会副董事长陈清河,台湾联合报社副社长周正贤,亚太青年学院联盟理事长段湘麟,非物质文化遗产福建漆艺传承人沈锦丽,福建省妈祖文化促进会会长蔡马勇等近60位两岸嘉宾出席了论坛。

台湾联合报社组织的"2017'成功在思明'两岸青年文创交流营参访团"一行近70位来自台湾中国文化大学、台湾铭传大学、台湾万能科技大学、台湾"清华大学"、台湾"东华大学"、台湾树德科技大学、台湾静宜大学、台湾世新大学的师生代表应邀出席本次论坛,并参访了厦门理工学院。现场还有来自厦门理工学院、集美大学、厦门大学等大陆高校的近400位代表。论坛上,来自台湾"清华大学"的李宜庭和厦门理工学院的杨天仪代表两岸大学生做了精彩发言。

活动现场,福建省妈祖文化促进会会长蔡马勇,台湾联合报社大陆活动总监姜家蘅,亚太青年学院联盟理事长段湘麟获"2017年海峡两岸文化创意交流工作特殊贡献奖"。台湾世新大学副校长陈清河、台湾联合报社副社长周正贤、台湾中国文化大学大陆文教处交流合作中心主任毕玉成、海峡两岸社区营造发展协会理事长汪俊寰获得“厦门市大学生文化创意协会台湾区高级顾问”聘书。论坛期间还签订了两份两岸合作协议,分别是《海峡两岸文化创意产业战略合作框架协议》和《厦门理工学院数字创意与传播学院与财团法人全球华人青马影展文化艺术基金会战略合作协议》。前者由厦门市大学生文化创意协会、台湾世新大学、亚太青年学院联盟、福建省妈祖文化促进会四方就文化创意业务合作等结成战略合作伙伴关系,后者旨在共同推动华人青年影视事业。

论坛现场气氛热烈,两岸大学生交流探讨海峡两岸未来发展的可能性和对文创的见解。思明区台湾青年创业辅导中心副主任陈德凯现场解读《思明区落实台湾青年创业就业优惠政策办法》,与大学生们就两岸青年间文创互动进行深度交流。台湾青创代表陆子钧、沈纬洋、朱佐、段湘麟和大陆青创代表沈锦丽、钟牡丹、樊懋、聂新月,都带来了自己的创业项目,现场分享心得,对海峡两岸高校文创发展提出了意见和建议。

三、主要收获、成果

(一)走进校园,促进校企深入合作

本届大创节举办之初,协会秘书处经过多次开会研究,最终决定将大创节的重要组成部分“海峡两岸大学生文化创意论坛”承办地点放在高校,由厦门理工学院承办本届论坛。厦门理工学院高度重视,成立了以赵振祥副校长、数字创意与传播学院郭肖华院长为领导的大创节理工学院筹备小组,协调项目落地,与协会秘书处

通力合作，承办了本届论坛。

论坛举办期间，厦门市大学生文化创意协会与台湾相关文化创意机构、高校代表先后签订了近70份《支持两岸文化产业发展战略合作协议》，将两岸高校文化产业的交流合作推向了一个新的高度。论坛的举办，不仅深化了两岸大学生文化创意产业、文化团体及企业间的合作，扩大了合作领域，而且建立了有利于两岸优势互补的机制，实现共同发展。

本届大创节的举办，捉进了高校创意学科建设，构建了两岸新型文创舞台，进一步推进了中华文化的传承和发展。

（二）多方协作，促进两岸青年交流

大创节举办期间，协会首次携手台湾联合报社共同组织来自台湾"清华大学"、台湾中国文化大学、树德科技大学、世新大学、静宜大学、铭传大学、"东华大学"及万能大学八所大学的"创意青年团队"来厦交流，参访世界遗迹——鼓浪屿、欣赏海上花园的美景，走访了厦门大学、厦门理工学院、华夏学院，感受厦门高校的文化氛围，走进知名数位影像处理公司美图公司总部、金砖会议举办地——厦门会展中心和沙坡尾艺术西区，使台湾同胞对大陆文创发展有了更深刻的认识和感受。

四、存在的不足

为了办好本届大创节，市委宣传部戴志望副部长、思明区姚玉萍副区长等领导多次指示，要精心策划，办出影响与成效。姚玉萍副区长还特别指示，一定要充分分享两岸高校文化创意的发展成果，使"海峡两岸大学生创意文化节"成为两岸高校的盛会、大学生的日子、两岸校企间的合作发展平台。在此，感谢市委宣传部、市

文发办、思明区政府、思明区文体局的支持。

在办展过程中，仍存在一些问题。因为筹展时间紧迫，本届大创节的重要组成部分——海峡两岸高校纸艺创意设计大赛在两岸文创产业、高校和企业间发展与合作开展不够，今后需进一步将文创思路、开发设计转化为有效生产力，使大创节成效更显著，更具社会价值。

五、下一步计划

“第五届海峡两岸大学生创意文化节”活动拟定于 2018 年 3 月份启动，主要由“大学生创意文化节启动仪式”“大学生文化创意论坛”“大学生创意话剧周”“高校纸艺创意设计大赛”“台湾大学生文创志愿者走进大陆社区”五大部分组成。

六、建　　议

海峡两岸大学生创意文化节于 2014 年创办，是国台办迄今为止批复的唯一一项大学生对台交流项目。本届大创节的成功举办，再次表明了大创节具有较强的凝聚力和影响力，为巩固和深化大创节的成果，提出以下建议：

海峡两岸大学生创意文化节已经成为两岸大学生文化交流的重要平台。为了更好地发挥大创节对台大学生交流平台作用，协会将携手台湾联合报社、台湾经济日报等媒体深入合作，组织台湾青年来厦参访，以吸引更多的台湾青年来厦实习、就业、创业，进一步提高大创节的综合效益和对台影响力，鉴于两岸青年人交流合作所具有的政治意义、公益性特点，恳请市委宣传部和思明区政府酌情加大对大创节举办经费的支持力度，使之能持续发展并不断深化。

执笔：李明伟
2017年11月

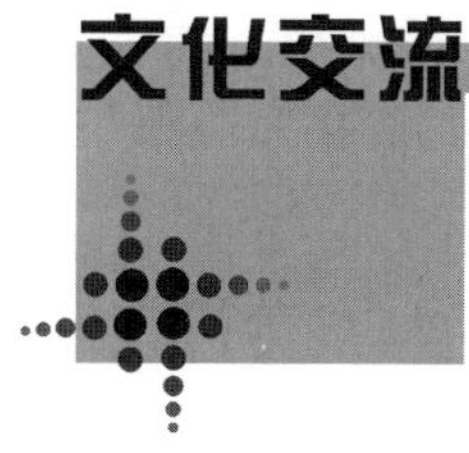

两岸出版精品荟萃 书香文化氛围浓郁

——第十三届海峡两岸图书交易会综述

◎ 厦门外图集团有限公司

第十三届海峡两岸图书交易会(以下简称“海图会”)于 2017 年 10 月 13 日至 15 日在厦门举办。本届海图会两岸出版精品荟萃,配套活动内容丰富,产业对接成效显著,充分展示两岸出版的最新成果,进一步深化两岸出版产业交流与合作,取得了圆满成功。

一、基本情况

第十三届海峡两岸图书交易会秉承“书香两岸·情系中华”主题,由厦门市人民政府、福建省新闻出版广电局、中国出版协会、台湾图书发行协进会、台湾图书出版事业协会、台北市出版商业同业公会共同主办,湖北省新闻出版广电局、厦门市文化广电新闻出版局、海峡出版发行集团有限责任公司、厦门外图集团有限公司、北京书友之家文化交流有限公司、台湾图书发行协进会承办,执行机构为厦门外图集团有限公司、台湾图书发行协进会。展场总面积 30500 平方米,主会场设在厦门文化艺术中心美术馆和外图厦门书城,同时在厦门市集美区、海沧区、鼓浪屿和外图物流大厦设立

4个分会场，邀请两岸512家出版机构参展（其中台湾203家），两岸参展图书约20万种70万册，总码洋3000万元，举办97项对接交流和全民阅读活动，现场订购、销售图书总码洋4600万元，达成两岸图书版权贸易352项。本届海图会展览面积、参展机构数、参展图书码洋比第十一届分别增加22%、14%、11%；两岸出版对接和全民阅读活动数量同比增加30项，活动内容更加丰富；现场订购销售图书总码洋和两岸版权交易数同比增长10.5%和12%，充分体现两岸图书嘉年华特色，取得了良好的交易成效。

二、主要做法和特点

第十三届海峡两岸图书交易会成绩的取得，得益于各级领导的高度重视和各主办、承办单位的通力协作，离不开“海图会”招商招展、配套活动、宣传推介等各项工作的精心策划组织，反映了两岸出版界对接交流的旺盛需求，体现了两岸版权交易和图书贸易的广阔商机。

（一）两岸业界参展踊跃，招商招展取得新突破

随着办展模式和运作经验日趋成熟，海图会在两岸出版界的影响力显著增强，得到两岸出版机构的一致认可和积极参与。本届海图会首次以组委会名义自行组织招展。组委会办公室通过在大陆和台湾分别举办招展推介会、新闻发布会等方式，积极邀请出版机构报名，招展工作比往届起步早，两岸业界踊跃报名，成效超过预期。

中国国际出版集团、北京出版集团、湖北长江出版集团、福建海峡出版发行集团、江苏凤凰出版传媒集团、上海世纪出版集团、辽宁出版集团、北方联合出版传媒集团、中国科学出版集团、重庆

出版集团等出版机构积极参展。湖北省新闻出版广电局以“书香荆楚、文化湖北”为主题，组织全省出版发行单位参展，展区面积达到 648 平方米。

台湾出版界参展规模为历届最大，台湾图书发行协进会、台湾图书出版事业协会、台北市出版商业同业公会等公(协)会均组团参展，城邦、三民书局、万卷楼、台湾商务印书馆等 203 家台湾出版机构近 300 名出版界人士来厦参会，台湾业界参会人数再创新高，两岸 300 余家图书馆及版权机构现场样采和对接交流。两岸参展图书品种更加丰富，覆盖学术、文史、少儿、科技等各出版领域，首次设立“台湾地区文学名家联展”和“台湾地区学术典籍联展”主题展区，集中展示两岸最新出版成果，深化两岸出版交流合作。

(二)产业对接活动务实，交流交易取得新成果

本届海图会除举办两岸出版物展示等常规性活动外，还精心组织第二十二届华文出版年会暨两岸出版高峰论坛、大陆图书看样订货会、两岸出版馆藏重点新书推荐会、台湾图书看样订购、两岸图书版权贸易、两岸新书发布会、合作项目签约等 20 余场两岸产业对接交流活动，为两岸出版发行机构搭建合作平台。

第二十二届华文出版年会暨两岸出版高峰论坛，邀请大陆和港澳台 6 位嘉宾和参会代表 100 余人围绕“中国传统文化与出版商机”，探索推动华文出版走向世界和产业转型升级新路径，关注出版与文创、科技等产业的融合发展，共同弘扬同根同源的中华文化，中国出版协会、台湾图书出版事业协会、香港出版总会、澳门出版协会理事长签署年会纪要。

大陆图书看样订货会，首次单独辟馆设在外图物流大厦，参展机构涵盖全国主要馆配重点出版社，吸引了各省市及台湾、澳门地区的图书采购单位参会，“一带一路”主题图书、地方文献资源成为新亮点，参展品种和数量超过往届，台湾和澳门地区采购单位甚至

把大陆数家出版社的样书全部买走，现场订货氛围非常火爆。

两岸出版馆藏重点新书推荐会，长江新世纪出版社《脱胎换骨——纵横古今谈军改》、湖北教育出版社《世纪楚学》、厦门大学出版社《海上丝绸之路精要外文文献选刊》、鹭江出版社《闽南童谣500首》、台湾万卷楼图书股份有限公司《新亚学报》等18场两岸新书发布活动，促进了两岸新书的信息交流和业务合作。台湾商务印书馆《子海珍本编》、博扬文化事业公司《中国民间信仰民间文化资料汇编：第三辑》、万卷楼图书股份公司《美国驻南京领事馆/总领事馆档案辑成1921—1935》等中华历史典籍和近现代历史研究丛书发布，台湾电子书协会介绍图书馆采购与收藏电子图书的若干模式，凌网科技有限公司发布海峡两岸华文电子书平台——知识宝3，两岸出版界、图书馆界人士现场交流两岸图书最新资讯，增进了两岸出版业界的深入了解。

专门设立两岸图书版权贸易区，2500余种两岸原版重点图书与新书亮相，吸引了两岸出版人的广泛关注，江苏凤凰少年儿童出版社有限公司带来的《红楼梦》《水浒传》《西游记》《三国演义》《东周列国志》，河南文艺出版社有限公司的《一个很有本事的人》等中华文化图书由台湾龙图腾、晶冠出版等机构现场购买版权。本届"海图会"成功打造为融图书、期刊、电子、音像等出版物展销、版权贸易、信息交流、行业研讨、数字出版展示和全民阅读活动推广等功能于一体的文化盛会，特别是进一步促进了两岸数字出版、版权交易、图书发行贸易的合作。

（三）文化活动内涵丰富，全民阅读呈现新氛围

本届海图会开幕式接地气，陈嘉庚先生集美学村的牌楼，由两本线装书组成两扇大门，结合既有的LED屏幕效果，体现闽南侨乡文化和中国传统书籍装订文化，蕴含"两岸一家亲"理念和浓厚的书香文化特色。同时，简化了开幕式程序。由台湾商务印书馆

和厦门大学出版社代表带领小朋友上台穿针引线并启动大门，象征两岸出版界交流合作开启新的篇章。福建省新闻出版广电局主办的福建传统印刷文化精品展，体现了灿烂辉煌的福建传统印刷文化的博大精深。开幕式上，邀请两岸业界人士和读者现场体验，让他们领略传统印刷技艺与当代文化创意产业的紧密融合的文化魅力。

本届海图会积极倡导全民阅读。首次设立世界绘本馆、两岸童书展馆、“VR、AR时空乐园”，展区布置更具书香特色，模拟居家生活场景，布置优雅极致的阅读空间，营造浓厚的书香氛围。湖北省担任主宾省组织知音传媒集团表演多场动漫舞蹈节目并举办作家签售讲座、新书发布会、民俗表演、项目推介等主宾系列活动。本届展会还根据少儿读者的特点，举办外图·首届世界绘本嘉年华、机器人诗词对答、立体书手工制作、衍纸书签DIY、原木绘画等丰富多彩的亲子阅读互动活动，展示3D打印和AR互动课程等儿童教育、趣味娱乐体验项目。叶永烈、徐焰、敬一丹、欧阳奋强、葛亮和邱承宗等两岸30余名作家举办新书签售讲座活动，为读者提供了丰富的文化大餐。第四届海峡两岸龙少年文学奖颁奖仪式和《文知馨语——首届海峡两岸青少年共享阅读活动作品集》新书首发式在本届海图会上成功举办，营造了浓厚的读书、爱书、赏书的两岸书香氛围。集美分会场和海沧分会场分别以“悦读·越青春”“阅两岸·诵传承”为主题，吸引读者在“家门口”感受书香氛围，参与作家签售讲座等活动，推动全民阅读活动的深入开展。展会期间，很多读者拉着行李箱推着购物筐，携全家老少观展购书，现场感受阅读之美，感受书香文化内涵。

（四）宣传推广有声有色，品牌传播彰显新亮点

组委会办公室分步骤、有节奏地精心策划两岸作家签售、亲子阅读、机器人互动、声优见面会、绘本教学讲座、台湾文学名家联展

等新闻亮点，分别在廊坊、台北等地举办新闻发布会，新华社、中新社、光明日报社、中国新闻出版广电报社、中央人民广播电台和福建省、湖北省及厦门市主流媒体 110 余名记者现场采访报道，海峡卫视、厦门网同步直播，百度检索“第十三届海峡两岸图书交易会”相关网页 3.78 万条，新闻稿 430 篇。展前，在厦门人民会堂、火车站等主干道显示屏、楼宇梯视播出海图会形象广告，城区公交站牌设立户外广告牌，全方位运营官方网站、微信、微博、台湾脸书，形成平面媒体、广播电视、网络媒体、户外广告“四位一体”立体聚焦态势，实现“活动在厦门，影响在两岸”，扩大了海图会的品牌影响。

执笔：汪 凯

2017 年 11 月

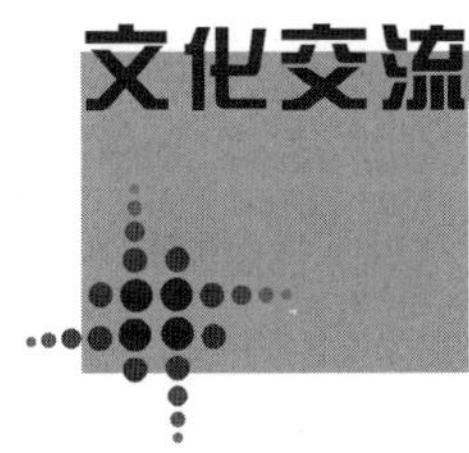

传播中华文化，推动出版交流

——第一届东南亚中国图书巡回展综述

◎ 厦门外图集团有限公司

在国家新闻出版广电总局、中国书刊发行业协会、福建省新闻出版广电局、厦门市委市宣传部等各级部门的高度重视和大力支持下，经厦门外图集团有限公司精心筹备，第一届东南亚中国图书巡回展（以下简称“巡回展”）于 2017 年 11 月 8 日起在泰国、老挝、柬埔寨、缅甸四国举办。其中主会场于 11 月 24 日至 27 日在泰国曼谷诗丽吉王后国家会展中心举办，老挝分会场于 11 月 8 日开幕，其他分会场均于 11 月 24 日开幕，老挝、缅甸两国分会场活动于 2017 年 11 月底结束，柬埔寨分会场活动持续到 2018 年 1 月底。巡回展期间，出版精品荟萃，中国图书广受读者欢迎，中泰版权对接务实有效，配套活动丰富多彩，中华传统文化在东南亚大放异彩。巡回展促进了中国与东南亚各国出版产业交流与合作，有力地推动了中国出版走出去，取得了圆满成功。

一、基本情况

巡回展以“传播中华文化，推动出版交流”为宗旨，由中国书刊发行业协会、福建省新闻出版广电局主办，厦门外图集团有限公司联合昆明新知集团有限公司承办。展场总面积 8000 平方米，其中主会场总面积4000平方米，分会场总面积4000平方米（分别设于泰国曼谷、清迈，柬埔寨金边、暹粒，老挝万象，缅甸曼德勒六地）。第一届巡回展共有121家出版单位参展，其中中国参展单位100家，泰国参展单位21家。展出图书10000余种50000余册，总码洋500万元人民币（按泰国中文图书市场定价计算）。举办各类展销活动、出版社对接交流、文化展演等配套活动30余项，包括出版合作座谈及版权交流会，中文图书阅读竞猜活动，中泰文化全方位合作座谈会，泰国教育部中学教材合作座谈会，泰国、柬埔寨系列赠书活动，东盟华商精英出版物首发及论坛，南乐、木偶戏等中国非遗文化展演，中医养生讲座，中国茶道文化推广，福建同安古窑青瓷作品发布，楚文化讲座等。泰国曼谷主会场吸引近10万人观展购书，162家中外主流媒体对巡回展进行了报道，其中77家中外主流媒体到现场进行实况报道，百度检索“第一届东南亚中国图书巡回展”相关资讯词条190000多条。

二、各级领导高度重视，保障巡展圆满成功

第一届东南亚中国图书巡回展得到各级领导的高度重视。2016年，国家新闻出版广电总局进口管理司整合了中发协和厦门外图集团两个东南亚书展项目，指导制定东南亚中国图书巡回展总体方案，作为中国出版走出去重点活动推荐给中宣部“丝路书香工程”。中宣部组织相关领导及专家严格评审，将巡回展列入“丝路书香工程”项目，总局领导、总局进口管理司领导都对巡回展总体方案，办展宗旨，展出规模与主、分会场的规划与布局，参展主流品种都做了具体指导，并要求将《十九大报告》《中国共产党章程》《十九大报告辅导读本》《中国共产党第十九次全国代表大会文件汇编》《十九大报告学习辅导百问》《十九大党章修正案学习问答》等有关

十九大系列出版物以及《习近平谈治国理政》第二卷中文、英文版等全部在各会场展出、销售。巡回展期间，参展人员与泰国、柬埔寨、老挝的大学及业界广泛交流，深入大学、图书馆、书店调研，拓展业务，推动中国出版“走出去”。中国书刊发行业协会将巡回展作为年度重点工作，4 次召开专门会议，研究部署筹备工作，组织专门工作组指导招展、宣传。福建省新闻出版广电局领导指示要精心筹备，高标准办展，办出实效，办出品牌，打造福建出版走出去新的特色大平台。并多次召开筹备会议，跟踪指导巡回展筹备与展览，协调中外主要媒体，解决筹备中的诸多具体困难。厦门市委宣传部、市外侨办、市文化广电新闻出版局，协调外事部门、各国使领馆、海外侨团支持。厦门外图集团有限公司视巡回展为“走出去”工作新的飞跃，调动集团所有资源支持办展，全力以赴，确保巡回展办出实效，办出品牌，构筑“走出去”新的强势特色平台。

由于各级部门领导的高度重视、大力支持，第一届东南亚中国图书巡回展旗开得胜，取得圆满成功。

三、承办单位狠抓落实，海外各界倾力相助

第一届巡回展是中国出版物首次同一时段跨国办展，并在多个国家进行巡回展售活动，规模大，影响广，筹备难度非常高。为办好巡回展，厦门外图集团成立组委会，组成 14 个工作小组，精心筹备，扎实推进。为吸引出版社积极参展，采取了买断全部参展图书，支持出版社以书抵扣展位费，依报名先后按梯度给予参展费用优惠等一系列措施，使 120 个展位在一个月之内完成招展组团。

为避免活动期间因为语言、国情、文化等差异出现纰漏，确保各环节工作有序进行，厦门外图集团先后 8 批次赴泰国、柬埔寨、缅甸、老挝开展调研、踩点、洽谈、协调工作，走访了 60 多家有关单位，

与当地政府、出版界、侨团、商会、协会、媒体、高校、书店等进行了广泛而深入的沟通。使巡回展得到了东南亚社会各界的一致认可，获得了海外各有关单位的大力支持与倾力相助。泰国文化部威拉·诺帕那拉部长百忙之中会见巡回展筹备组，明确部文化促进司全力支持与配合。泰国教育界对巡回展筹备过程中洽谈成功的中泰合作出版泰国中学教材项目表示欢迎，支持教材教辅于 2018 年春季开学在泰国上市发行。泰国前副总理查瓦利会见外图集团领导，诚意为后续巡回展及拓展东南亚各国交流、合作提供政府与人脉资源。泰国出版商与书商协会热情欢迎中国出版界走进泰国，组织了 21 家泰国出版社参展，并组织业界与中国参展出版社深度对接、交流，协会主席苏查达·苏哈苏库说："第一届巡回展不仅使热情的泰国书迷们接触到中国优秀图书，更为中泰出版界之间进行业务交流、版权交易和市场扩展提供了一个史无前例的大规模平台，为两国出版界开启了一个美好的出版新时代。"泰国中华总商会、泰国华文教师公会、泰华通讯记者协会、泰国留学中国大学校友总会、中泰青少年文化促进会等组织都充分肯定巡回展的重大意义、市场空间、交流合作前景，都以不同形式在宣传推广、业务洽谈、读者招徕等方面给予大力支持。此外，泰国曼谷南美书局、清迈华文书局、老挝万象华文书局、缅甸曼德勒华文书局、柬埔寨金边华文书局、柬埔寨皇家大学和东南亚大学等当地知名书局、高校为第一届巡回展在场地及活动安排等方面都提供了支持与帮助。

四、出版界参展踊跃，巡回展成果丰硕

(一)中泰两国出版业界踊跃参展

第一届巡回展是中宣部“丝路书香工程”项目，是国家新闻出版广电总局“走出去”项目，同时也是我国出版界第一次自主构建书展平台大规模跨国办展。全国出版业界重视东南亚交流合作的广阔市场，参展报名踊跃。人民出版社、海峡出版发行集团、黄河出版传媒集团、江西省中文天地出版传媒股份有限公司、厦门外图集团、中共党史出版社、中国农业出版社、中国社会科学出版社、高等教育出版社、中国人民大学出版社、北京师范大学出版社、中央民族大学出版社、中国书店出版社、厦门大学出版社等集团与出版大社、名社都积极参展。参展图书涵盖中共十九大及中国主题、美丽中国、文化中国、经典中国、科技中国、追梦中国、中文教学等七大板块。泰国出版界挑选了 21 家出版名社参展，包括 Banlue Publications、Li-Zenn Publishing Limited、Amarin Printing & Publishing 等多家知名出版机构，参展图书以文化教育、生活艺术为主。

(二)中共十九大及中国主题图书广受欢迎

中共十九大召开意义重大，影响深远，全球各界高度关注。为了让东南亚华人华侨与当地民众能进一步了解习近平新时代中国特色社会主义思想的发展脉络与主要内容，巡回展充分发挥平台作用，设立“中共十九大及中国主题图书展区”，展出了《习近平谈治国理政》《习近平讲故事》《摆脱贫困》《之江新语》《习近平的七年知青岁月》等一批阐释党中央治国理政新理念、新思路，蕴含当代中国社会主义核心价值观的主题图书。旨在多角度解读中国梦，讲述中国

故事，为东南亚地区民众深入了解中国发展现状、感受中华文化打开重要窗口。在醒目的位置展出了解读中共十九大精神的系列最新出版成果，包括《十九大报告》《中国共产党章程》《十九大报告辅导读本》《中国共产党第十九次全国代表大会文件汇编》《十九大报告学习辅导百问》《十九大党章修正案学习问答》等。中国主题图书及十九大系列出版物得到当地大学、图书馆、政界人士、普通读者的热烈欢迎。柬埔寨皇家大学、东南亚大学都对受赠十九大出版物和中国主题图书表达感谢，东南亚大学明·索西副校长表示，要以此为契机建立中文图书馆，研究习近平新时代中国特色社会主义思想，学习、借鉴中国发展模式。

（三）图书销售和版权对接取得喜人业绩

泰国曼谷主会场吸引近10万人观展购书，主、分会场共计订购、销售图书总码洋206万元。

为了务实有效地促进中泰版权交流与合作，11月24日下午举办了“出版合作座谈及版权交流会”。会上中泰双方分别介绍了本国出版总体情况，两国出版社准备充分，争相上台发言，推介版权图书。两国业者互动热烈，在展位上、洽谈区，中国出版社都接待了大量泰国出版社的版权需求询问与洽商，江西中文天地出版传媒股份有限公司版权部尤经理说：“应接不暇，没有想到泰方如此热切希望获取中国图书版权。仅开幕当天，我们一口气谈了19批次，下一届一定多派人手参与，争取更多合作项目。”北京师范大学出版社、人民大学出版社、厦门大学出版社、中国书店出版社、高等教育出版社等都与多家泰方出版社洽谈了版权合作。经组委会初步统计，本届巡回展共达成版权合作意向316项。巡回展这一平台所产生的桥梁与纽带作用初显，并将持续产生作用，中泰出版社之间后续将有更多合作项目诞生。

(四)系列赠书活动深入基层

为了使东南亚华人华侨与当地民众全方位感受新时代的中国在政治、经济、社会、文化等各个领域的快速发展与进步。活动期间，组委会先后向泰国文化部、泰国国家图书馆、泰国南美书局、泰国诗纳卡琳大学、柬埔寨皇家大学、柬埔寨东南亚大学、老挝大学、缅甸国家图书馆赠书。所赠图书包括解读中共十九大精神系列图书，柬文版《习近平谈治国理政》第一卷和刚刚出版发行的英文版《习近平谈治国理政》第二卷，《习近平的七年知青岁月》《习近平讲故事》《之江新语》《摆脱贫困》等系列图书。借此帮助东南亚民众和华人华侨了解中国共产党治国方略与习近平新时代中国特色社会主义思想的发展脉络和主要内容，进一步了解真实、立体、全面的中国，共同为促进中国与东南亚国家友好关系发展不断注入文化力量。柬埔寨东南亚大学明·索西副校长十分感谢组委会所赠图书，表示东南亚大学将组建中文图书馆，后续将开设中文课程，培养更多的中文人才。泰国诗纳卡琳大学副校长吉迪坤·荣仁得知巡回展在曼谷举办，主动联系组委会洽谈合作，他表示诗纳卡琳大学计划兴建一栋中文教学楼，开设中文院系，希望能获赠中文图书，更期待第二届巡回展能在诗纳卡琳大学设立分会场，开展全面合作。

(五)中国教材输入泰国签约落地

借助巡回展的平台作用，厦门外图集团与泰国知名教材发行商就出版泰国中学数学教材及教辅项目达成合作，并在开幕式上举行了签约仪式。合作教材及教辅将于 2018 年 5 月在泰国上市发行，并将在中文、物理、化学、生物、科学、英语等学科领域开展全方位教材合作。

(六)市场调研扎实深入

受经济发展、政治文化等因素的影响,东南亚各国出版市场的发展不平衡,但整体发展前景广阔,行业资源丰富,市场空间巨大。经调研发现,泰国出版市场相较于东南亚其他国家较为成熟,泰国民众阅读习惯较好,尤其是对学习中文和阅读中文图书有极高的热情与接受度。泰国文化部文化促进司特别文化处蒙空贴处长介绍说:"近几年来,泰国文化部要求处级以上公务员都要学习中文,了解中国,研究中国,学习中国,以适应发展的需要。"柬埔寨经济相对欠发达,出版产业薄弱,但当地政府和民众对中国文化以及中国出版物表现出极高的热情,十分重视同中国出版业界的交流与合作,为今后中国出版的实物出口、版权输出、项目合作,甚至是中国出版企业在柬埔寨落地出版提供了广阔的市场机遇与发展空间。通过一系列深入扎实的调研,组委会积累了宝贵的一手市场资料,为第二届巡回展的成功举办,推动中国出版"走出去"打下坚实的基础。

(七)中华传统文化大放异彩

第一届巡回展以"传播中华文化、推动出版交流"为宗旨,在图书展售和业界活动之外精心组织了一系列中华优秀传统文化活动。厦门市南乐团在活动期间带去了精彩的南乐(联合国人类非物质文化遗产代表)表演,在开幕仪式上表演的节目《出画堂》中,艺术家们以百鸟喻人,运用古典唱腔演绎了一段感人的亲情故事,获得现场所有嘉宾与观众的热烈掌声。布袋木偶戏是中国非物质文化遗产,是闽南地方特色文化的典型代表。开幕仪式上《木偶变脸》表演灵动传神,惟妙惟肖,赢得阵阵喝彩。福建非物质文化遗产同安古窑青瓷传人在中国茶道文化表演的活动现场,展示了雕刻瓷胎的精巧技艺。名中医向现场观众传授了脊柱养护知识和养生秘诀,大量泰国读者排队体验中医针灸的神奇疗效。

泰国文化部文化促进司司长宋杰·潘探开幕致辞特别提到："中国与泰国往来已超过2000年，中华优秀传统文化深刻地影响着泰国文化的发展。第一届巡回展是一场国际文化盛典，对泰国以及澜湄流域国家必将产生深远影响。"巡回展充分凸显平台作用，把对外弘扬中华优秀传统文化视为重要的使命，这一系列活动得到了东南亚主流媒体的高度关注，当地民众纷纷来到现场参与并通过网络进行分享，实现了中华优秀传统文化在海外惊艳亮相，大放异彩！

（八）媒体宣传点多面广，品牌效应崭露头角

第一届巡回展自筹备以来，组委会根据筹备阶段和展中展后不同阶段的特点，分步骤、有重点地部署了媒体宣传计划，与海内外主流媒体积极沟通协调，保持着密切的合作与联系，得到了中外各大主流媒体的高度关注与大力支持。先后共有162家中外主流媒体对巡回展进行了报道，其中77家中外主流媒体，100余名新闻记者在主会场开幕式进行了实况报道，主流通讯社及报社有新华社、《世界日报》、《亚洲日报》、《泰国日报》、《中华日报》、《华商日报》、《星暹日报》、《泰国国家报》、《曼谷邮报》、《每日新闻》等。泰国最大的官方电视台泰国中央电视台派出旗下第一台、三台、五台、七台、八台、九台、十一台以及国际频道、曼谷频道、新闻频道、文教频道、家庭频道等共12个频道台的强大宣传阵容。此外，Amarin-TV、泰华卫视、泰国国际中文台、泰国中央中文电视台、泰国公共电视台、泰国BTU电视台等也都到现场进行了实况报道。

国内85家主流媒体对第一届巡回展进行了报道，包括《中国新闻出版广电报》、《解放军报》、《福建日报》、《出版商务周报》、《中华读书报》、《新出版日报》、《厦门日报》、《昆山日报》、《长春晚报》、《襄阳晚报》、《楚天快报》、广西卫视、中国网、中国军网、中国侨网、中国经济网、中国作家网、中国图书对外推广网、中国高校教材图书网、新浪、腾讯、网易、搜狐、今日头条、泰华网、东南网、闽南网、福州网、厦门网、沈阳网、开州网、百道网、览潮网、广西网络广播电视台、长江传媒网、民主与法制网、商虎中国网、世纪金榜网、365 头条网等。

巡回展获得了中外出版业界、主流媒体及民众读者的高度认可与一致好评。通过这一系列报道，巡回展在东南亚初战告捷，品牌效应崭露头角。

执笔：肖俊杰

2017 年 12 月

Wenhua Huizhan

以新发展新理念为引领 继续突出对台特色

——第十届海峡两岸(厦门)文化产业博览交易会综述

◎ 海峡两岸(厦门)文博会筹备办

在各级领导的关心与支持下,第十届海峡两岸(厦门)文化产业博览交易会(以下简称"文博会")于 2017 年 11 月 3 日至 6 日在厦门国际会展中心顺利举办。本届文博会以新发展新理念为引领,继续突出对台特色,认真贯彻落实十九大报告对台方针政策有关精神,响应中央"一带一路"倡议,进一步提升专业化、品牌化和市场化水平,凸显政治效益、经济效益和社会效益。现将本届文博会主要工作情况报告如下。

一、总体情况

第十届文博会深耕工艺艺术品、文化创意、数字内容与影视、文创旅游四大专业板块,在主会场设立 12 个展厅,总展位面积 7.3 万平方米,同期举办第二届厦门国际数字互动娱乐博览会,展位面积 6000 平方米,展会规模创新高。在各地市有关部门的大力支持与组织下,吸引了境内外 1010 家文创机构参展,合计 3406 个标准展位。其中，台湾地区参展商388家，折合为907个标准展位，占总展位数近1/3，依然保持文博会是大陆台湾展商和展位数最多的展会；山东、河南、宁夏等20个省份(含福建)1907个展位参展；港澳地区展位数86个，其中，香港特别行政区政府特别举办“香港回归祖国二十周年——‘同心创前路　掌握新机遇’成就展——厦门站”活动，展区面积达500平方米；印度、泰国等“一带一路”沿线9个国家展位数41个。与此同时，在象屿保税区、鸿山书院、闽南古镇、北岸艺术区、集美集影视总部、同安影视城等岛内外27个文创园区和重点文化企业设立了分会场。展会期间举办了两岸围棋与人工智能邀请赛、台湾特色民俗展演、第三届两岸映像纪·中国影视美术作品展等94场丰富多彩的文化活动，主分会场共同凸显文博会公共文化产业服务大平台的作用。

中共中央台办副主任陈元丰，中国国民党革命委员会中央委员会副主席郑建邦，文化部港澳台办副主任李健钢，原中共中央台办交流局局长戴肖峰，福建省委常委、宣传部长高翔，福建省人民政府副省长杨贤金，福建省委台湾工作办公室主任王玲，福建省文化厅厅长石建平，厦门市委常委、宣传部长叶重耕，厦门市副市长国桂荣，台湾工艺发展研究中心主任许耿修等领导、嘉宾出席了本届文博会。各级领导充分肯定并且高度评价了本届展会，文化部港澳台办副主任李健钢表示：“文博会一年办得比一年大，一年办得比一年好，有时间真想慢慢观看”；省委常委、宣传部长高翔也表示：“文博会每年都有新亮点、新发展，办得很好”。

二、主要成效

(一)持续深化两岸经济合作和文化往来

文博会举办了十年，在两岸的影响力越来越深远。一是越来越多的台湾文创者参与到两岸文化的经贸交流中。除文博会的老朋友许耿修、陈立恒外，台湾知名收藏家许伯夷先生首次携带包括成吉思汗画像在内的42件珍藏来陆，设立了“许伯夷非遗个人作品”专展，让两岸业界与市民大饱眼福；台湾工艺发展协会、中华艺术金玉珠宝设计学会、台湾“亚洲IP大未来联盟”等机构也首次组团参展；淡水小镇、莺歌小镇等台湾特色小镇首次助力台湾文创购物节，展示了台湾的特色文化旅游资源。二是两岸同场竞技，互学互鉴。围绕两岸主题，主办方举办了第五届海峡工艺精品奖（原中华工艺精品奖），海峡两岸人工与智能围棋邀请赛，海峡两岸高校设计奖，第二届东方茶席大赛，海峡两岸移动课堂等活动，为两岸进行文化艺术、工艺技术和创意设计理念上的切磋，为两岸文化创客与资本的对接提供了一个大平台，更为两岸共同开拓更广阔的市场搭建了一座金桥。民革中央副主席郑建邦表示：“两岸文化的交流可以共同将中华悠久灿烂的文明继承和传承下去，共同打造更多优秀的文化品牌，走向世界”；台湾工艺研究发展中心主任许耿修也表示：“希望通过文博会这一平台，与大陆有更多不同的分享，把台湾的强项和大陆的强项做一个很好的结合”。

（二）有效促进文化产业与文化资本对接

一是对接成效显著。本届文博会重点打造文化部第七期文化产业精品项目交流对接会、IP授权大会、艺术品及衍生品产业对接会、2017海峡两岸茶业对接会等实效性对接会，切实推动了各专业领域文化项目的对接。其中，文化产业精品项目交流对接会上，三坊七巷文化剧坊项目、手机（移动终端）动漫国际标准（T.621）推广应用示范平台、中国非遗传习基地及文创旅游开发等10个重点文化产业项目进行了现场推介，并与中银国际证券、厦门银行等11家金融机构进行了深入的洽谈，现场共有21个项目（占总项目的35%）与金融机构达成初步合作意向；IP授权大会上，上海文广百视通与厦门小猪佩奇授权衍生品代理商，中华春节符号“福娃、春妮”与浙江丹安品牌管理公司，台湾集好发展有限公司“熊猫之穴”原创IP与厦门涌泉云创漫谷产业园有限公司等12个项目初步达成合作意向。二是招商引资作用凸显。本届文博会文化产业投资签约项目120个，总签约额320.29亿元，相较去年增长了5.4%，签约项目整体质量有较大提升，投资额在10亿元及以上的项目达8个；在展会现场，19个项目举行了正式签约仪式，其中，文化部艺术发展中心的“格林童话中德三产融合主题小镇暨‘田园综合体’”项目以人民币50亿元和格林童话（中国）正式签约。三是现场交易活跃。初步统计，主会场与27个分会场的现场交易总额为10.83亿元，其中，现场订单签约额为10.26亿元。以“人文海沧”为主题的海沧展区收获现场交易626万元、签约额超过6亿元的佳绩；由市台商协会组织的台湾青年文创馆12个展位中，7个展位产品售罄，心恬生活文化等台青文创企业表示参展成效令人惊喜，前来洽商合作的客商络绎不绝；首次参加人工智能展的厦门欣欣科技收获了100余台人工智能订单，该企业表示参展成效远超预期，明年将邀请台湾相关协会组织更多人工智能企业参展。展会对接、交易成效显著，各地参展商积极抢占下一届文博会参展先机，目前已收到489个第十一届文博会展位预订单。

（三）显著提升人民群众的文化获得感

一是展品满足民众需求。文博会上展品千门百类，德化白瓷、厦门漆线雕、石雕、木雕、翡翠玉石、朱炳仁铜、书画艺术、工业设计、创意设计、非物质文化遗产、影视动漫等充分满足了广大市民的需求，展品传统工艺与现代艺术相结合，创意无限，观众们更是惊叹不已，赞誉有加。二是民众参与热情高。万事集·HaoSe（市集/集成店/展览/手艺体验）手艺课程和DIY体验、夏萌猫人偶快闪活动、人工智能体验以及数字娱乐展的英雄联盟高校邀请赛、“王者荣耀”全民挑战赛、绝地求生赏金赛等活动，精准定位不同年龄、不同领域、不同结构的文化消费群体，民众参与度高，带动了消费热情。历时 4 天的展览，主分会场观展总人数达到 27.87 万人次，其中主会场观展人数 15.87 万人次。文博会为广大群众呈现了一场盛大的文化艺术盛宴，也是开设了一堂内容丰富的文化公开课，提高了人们对文化产业的认识，促进了中国优秀文化的传承与传播。

（四）有力推动厦门建设“五大发展”示范市

近年来，厦门市委、市政府高度重视会展业发展，明确提出要将厦门打造成“中国会展典范城市”和“国际会展名城”，让会展业成为打通生产与消费、连接产业与市场的重要纽带，形成大会展、大旅游、大商贸、大物流融合发展格局。文博会早已成为厦门市打造旅游会展业千亿产业链的一支重要力量，它不仅见证了厦门文化产业的发展壮大，也更加清晰地呈现了文化产业的发展态势，促进相关部门及时出台产业发展扶持政策，吸引两岸文创青年在厦创新创业，促进两岸文化产业合作，共同拓展国际市场，推动中华文化走出去。十年来，文博会始终践行创新、协调、绿色、开放、共享的发展理念，有力推动厦门建设“五大发展”示范市。本届文博会特设“文博十年回顾展”，全面展示十年来文博会的成长与蜕变，凸显了十年来文博会推动厦门市文化产业经济增长的作用，突出了十年来海峡两岸文博会推进两岸关系和谐发展的宗旨。

三、主要经验和体会

（一）各级重视全力支持

中央和国家相关部委领导，省委、省政府、省直各有关部门，市领导高度重视第十届文博会，纷纷就第十届文博会的总体方案提出了意见与建议，使本届文博会主题更加鲜明、定位更加清晰、展示内容更具特色、场馆布局更趋合理、投资交易更为凸显、配套活动更富吸引力；福建省人民政府增列第十届文博会主办单位，并下发了第十届文博会的总体方案，有力推进了招商组展等工作；厦门市委、市政府均对文博会的筹备工作予以大力支持，厦门市筹备工作领导小组多次召开专题会议，讨论研究筹备工作重难点问题，保障筹备工作顺畅进行。此外，文博会的成功举办，离不开市台办、财政、公安、消防、海关、卫计委、城管、检验检疫及相关成员单位的鼎力支持和密切协作；市知识产权局、市文化市场综合执法支队、市市场监督管理局等知识产权综合执法小组在文博会期间进一步加大对海峡两岸文博会期间的知识产权的保护力度和文化市场综合执法力度，确保了文化交易的规范、安全。

（二）强化沟通确保落实

为贯彻落实好国家有关部委和福建省委省政府关于办好第十届海峡两岸文博会的一系列指示要求，市筹备办加强与上级各部门、兄弟城市、台港澳各方面沟通协调，特别加强与台湾地区承办方亚太文化创意产业协会的沟通，确保文博会两岸特色不褪色。

（三）提倡创新驱动发展

一是首设两岸顶级工艺艺术品展区、举办两岸顶级工艺艺术品拍卖会，银毫建盏、德化白瓷佛像、福州大漆、唐卡等115件工艺大师珍藏的精品名品参与拍卖，拍卖现场成交金额达175.3万元，完全实现提升展会品质、提高交易活力的预期目标。二是首设人工智能展区，重点展示VR、AR、机器人、智能家居等新产品、新技术、新模式，重点突出“文化＋科技”概念，打造文化科技展示交易平台。三是首设海峡两岸人工与智能邀请赛，邀请了棋圣聂卫平、围棋AI天壤、世界冠军围棋九段王立诚、围棋AI“CGI”，两岸围棋人机配对组合，在文博会现场展开两岸围棋对弈，赛事不仅吸引、触动了大量的围棋爱好者，也生动形象地向民众展示了“文化＋科技”的魅力。四是首次引入文化部文化产业精品项目对接交流会，60个国内精品文化产业项目不仅提高了文博会项目对接层次，也大大提高了项目与资本的对接成效。五是同期同场举办“红点在中国——厦门国际设计周”，211 件全球工业设计“奥斯卡”德国红点设计大奖作品加盟文博会，配套举办设计师之夜、设计交易会等活动，以全球顶级设计激发两岸业者创意，吸引了两岸数百名设计界专业人士观摩、交流、对接。六是首次推出两岸影视企业联展、影视 IP 衍生品交易展，举办厦门影视产业系列推介会，拓展了往届较薄弱的数字内容与影视板块。七是首次同场配套举办聚焦动漫、游戏和电竞的厦门国际数字互动娱乐博览会，互相带动人气，成效明显。

（四）促进改革提升实效

一是遵循务实办展、节俭办会精神，千方百计抓办展实效。取消开幕式、开馆式。通过以展带客、以奖带客、加大宣传力度等方式，吸引了近 35102 名客商，极大促进了文化产品、文化项目与文化资本的对接，参展商也纷纷表示 2017 年的客商数量远超上年。展会更多地体现出展、客商对接服务的特点。二是提升观展体验，注重展会呈现效果。展馆规划、展区设计、展品呈现等在不增加费用的基础上提升品质，整体设计风格轻快、柔和而且通透，展馆内外公共区域首次陈列了部分艺术品和 IP 衍生品渲染气氛，为民众带来更好的观感和体验感；此外，集结更多两岸青年手作文创，扩大在第九届文博会上广获赞誉的万事集的规模，万事集 · HaoSe 的设计风格及手作再次获得民众的一致好评。三是建立渠道，创新宣传模式。在建立多元化、多渠道、全方位的立体宣传格局的基础上，首次引用时下盛行的网络直播方式直击文博会现场实况，建立了足不出户看文博、掌上看文博的便捷渠道，央视新闻手机客户端对文博会工艺艺术品、创意设计和人工智能等展区和活动现场进行了长达 1 个小时的现场连线直播，在线收看人数达 189.6 万；两岸人工与智能围棋邀请赛也通过腾讯、新浪、福建网络广播电视、厦门卫视等进行现场图文和视频连线直播，赛事吸引了 121 万网民观看。此外，官方微信号海峡文博会也进行了升级改版，以“文博头条、文博快讯、文博商机、文博推荐、我们这十年”全新面貌向公众推送文博会资讯，并联合厦门广电等更有影响力的平台进行推送，全力塑造文博会的品牌形象。四是重视展会效益，引入专业评估机构。为谱写下一个文博十年新史诗，特别引入专业、权威的德勤事务所对本届文博会进行全面、真实的评估，为文博会未来的发展方向提出建议。

五、存在的不足与问题

一是前期侧重于寻找和梳理十周年成果素材，因此，在十周年回顾展展区设计及十周年视频制作等方面过于简单粗糙，未能达到预期效果。

二是领导巡馆方案设计过于简单。今后，我们将做好充分的准备工作，根据实际情况及时调整方案，尽力确保领导巡馆与展商需求相统一。

执笔：杨玉华

2017 年 11 月

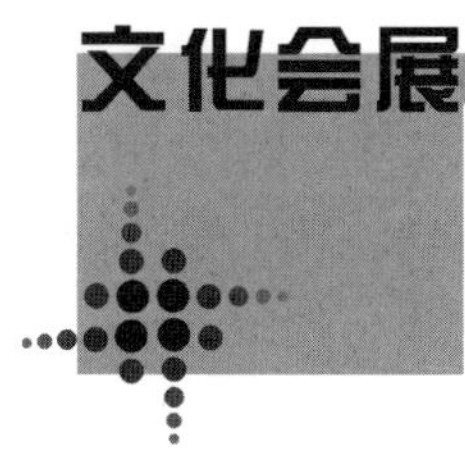

2017年第十届厦门国际动漫节综述

◎ 厦门国际动漫节组委会

在工信部信息化和软件服务业司、福建省经信委指导下，在厦门国际动漫节组委会各成员单位支持下，第十届厦门国际动漫节筹办工作于2017年7月正式启动，历时4个月，于11月16日至19日在厦门国际会展中心与朗豪酒店圆满举办。现将有关工作情况总结汇报如下：

一、本届动漫节总体情况

本届动漫节以节俭办展、展销对接为主旨，创新办节形式，首次将“会、赛、展”作为独立品牌，让赛事更专业，让展会更精彩；首次引入“一带一路”专题，13场商务对接活动，境内外企业共洽“一带一路”产业合作；首次将展会从岛内延伸至岛外，与咪咕动漫联合，同期开辟集美分会场系列活动；筹划举办了“金海豚”国际动漫游戏商务大会、“金海豚”赛事活动、“金海豚”动漫游戏与技术展示会三大主题活动。以“平台共享、专业突出、新颖互动、政府搭台、企业唱戏”为理念，本届动漫节吸引171家企业共同参与，人流量达8.5万多人次。

(一)"一带一路"国际动漫游戏商务大会

举办"一带一路动漫游戏产业发展峰会""海外IP专场对接会""福建省动漫游戏产业人才对接会"等,共计13场产业商务对接活动,约3000人次参与大会活动。

1.与中国出版集团、中国动漫集团、咪咕文化等央企合作举办"一带一路"动漫游戏产业发展峰会,一方面利用央企平台提升动漫节"一带一路"的产业影响力。另一方面联合央企在"一带一路"倡议上的布局,促成本地产业"乘风出海"。

2.邀请国际动画协会、新加坡漫画与创意产业交流协会、台湾中华软体资讯协会、香港动漫画协会、澳门漫画从业者协会等境外团体合作办会、参会,邀请海外漫画家、出版商、动漫画企业带产品对接,着力打造海外产业链条。

(二)"金海豚"赛事

1."金海豚"动漫作品大赛,共收到来自51个国家和地区的2740部作品。其中境内作品2378部,境外作品362部,参赛国家与地区较2016年增加12个,境外作品较2016年增加92部。终评期间邀请本地高校师生、企业共同与评委交流互动,加强产学研联动性。

2."金海豚"游戏开发大赛暨项目路演对接会。比赛采取作品征集筛选,然后进行路演的形式,旨在展示优秀游戏作品和挖掘游戏创作人才。通过前期初选,共有12部作品参加最终路演,6部作品脱颖而出。

(三)动漫游戏与技术展示会

1.展示会展馆面积达2.6万平方米,展位600个,其中特装展位占比高达76%。

2.高校、企业、协会合计171家展商参展，其中48家来自新加坡、马来西亚、泰国、日本、匈牙利、克罗地亚、波兰、印尼等12个国家和港澳台地区，境外展商较2016年增加7家。

3.共举办动画放映周、签售会、宅舞表演等配套互动活动57场，现场积极互动，汇聚大量人气。ESCC海峡两岸王者荣誉争霸赛预选赛等配套活动，吸引大批漫迷和游戏玩家驻足。

二、本届动漫节主要亮点

（一）发挥区位优势，国际化水平进一步提升

依托厦门"一带一路"海陆支点城市的区位优势，着力将"一带一路""产品出海""海外渠道""东南亚市场"等打造成动漫节标签、关键词。赛事、节展、大会三大主题活动国际化提升，境外作品、企业参与度增加。本届动漫节设立"一带一路"境外展区，聚合东南亚、欧洲多个"一带一路"沿线国家的协会与企业，以及香港、台湾、澳门等12个国家和地区，48家企业参展。

（二）聚焦产业合作，打造全产业链对接盛会

本届动漫节邀请IP创作者（东南亚漫画家、热门小说作家等）、IP运营方（咪咕、百度动漫、翔通动漫、印尼、新加坡、咪咕数媒、波兰、匈牙利等）、IP使用方（宝宝巴士、婴童协会、特步等），打造全IP产业链对接盛会。

（三）产业招商紧密，提升展会化成效

动漫节期间组织获奖企业、商务大会参会嘉宾、展示会参展嘉宾、境外协会参展企业代表等2批78人次参观厦门软件园，考察

厦门动漫游戏产业发展情况，走进吉比特、翔通、咪咕等本地企业，推动项目合作。

目前白鲸出海已确定在厦门软件园设立“出海”孵化器，专注于培育互联网创业团队出海发展；亿玛在线、华人头条等企业受厦门软件产业政策吸引，来厦发展意向较大；新加坡协会组织的漫画家及出版社与咪咕、翔通达成产品合作意向，已在展后继续衔接。

（四）创新办展模式，打造城市动漫日

创新“1＋X”联合办展模式，全方位营造厦门泛娱乐文化氛围，提升厦门动漫文化城市品牌形象：商务大会与10家本地产业企业联合举办；组委会与咪咕动漫联合，展会从岛内延伸至集美，同期开辟集美分会场系列活动；与建发星汇联合，共同举办VREE（VR智能展）、全国电子竞技大赛（NEST）总决赛。

（五）十周年系列活动，提升品牌知名度

动漫节已成功举办十届，2017年特别举办了厦门国际动漫节十周年系列活动，与广大漫友共同见证十年成长，展现十年丰硕成果。通过拍摄十周年动画专题片、专设十周年展示区、举办金海豚十年答谢巡回展、举办“金海豚”动漫故事创作大赛、制作历届金海豚动画作品大赛获奖作品精选集等方式开展，进一步提升金海豚品牌知名度和影响力。

（六）构建多元媒体矩阵，开展全方位宣传

本届动漫节与各类媒体紧密合作，包括央级媒体、垂直媒体、新媒体等100余家，构建了多元的媒体矩阵。

节前注重宣传、节中加强新闻报道、节后展示成果，《环球时报》、新华社、中新社、《人民日报》等10余家央级媒体；福建电视台、《福建日报》、厦门电视台、《厦门日报》等30多家地方媒体同步

报道；对动漫节受众群体，重点突出新媒体宣传，新浪微博、网易新闻、今日头条、斗鱼直播、咪咕圈圈等垂直媒体粉丝量级达3000余万，联动各参展企业、嘉宾及名家进行线上宣传互动，反响热烈，转发和阅读量超过5000万次。

4768块XM6视频、1500部电梯广告、80块户外灯箱广告全城发布节展信息，ITV电视辐射220万用户；线下举办茶话会、电竞大赛、COSPLAY骑行、金海豚门票寻宝等20余场宣传活动，有效营造厦门城市动漫文化氛围。

三、存在问题

（一）“一带一路”发展资源需进一步挖掘聚集

本届动漫节邀请波兰、克罗地亚、印尼、泰国、马来西亚等展商，但因筹备时间紧，前期资源积累不够，参展的境外企业规模不大，所属产业也较为松散，影响力有限。

下一步将继续以“走出去、引进来”为目标，针对海外资源进一步挖掘、聚集。特别是文化理念、审美观与国内较为一致的东南亚市场将作为开拓重点。

（二）品牌影响力需提升，外地企业招展需加强

展示会虽邀请金科文化、斗鱼直播、百度动漫、玄机动画等外地知名企业，但数量较少，部分业内顶级嘉宾与“一线”企业未能参展、参会，品牌影响力仍需提升。

下一步将加强“以商引商”力度，与本地企业联合办展、办会，发挥业内资源邀请优秀企业或行业领袖参会参展。

四、下一步办展有关建议

厦门国际动漫节已成功举办十年，为实现厦门国际动漫节的新突破，进一步提升厦门国际动漫节的品牌和影响力，建议如下：

（一）对办好厦门国际动漫节的建议

1.尽早启动并明确办展时间

争取于2018年1月召开第十一届动漫节第一次筹备会，通过奖项设置，公布作品征集的公告与细则，确定办展时间等事宜。为“金海豚奖”作品征集、商务大会嘉宾邀请、境外展商资源对接提供充裕的筹备时间。

2.加大力度扶持厦门国际动漫节

动漫游戏产业是厦门市软件信息服务业的主力行业之一，是在国内具有一定影响力，优势较为突出的特色产业。历经十年发展，厦门国际动漫节在推动产业发展方面起到积极作用。建议政府加大扶持力度，保障财政支持，把动漫节打造成城市名片，为厦门动漫游戏产业提供优质的展示、交流、交易平台，也为吸引外地企业及资源落地提供对接窗口。

（二）对动漫游戏产业发展的建议

为进一步推动展会招商转化，建议给予政策扶持，对金海豚奖项的优质项目落地厦门给予一定奖励；对在动漫节期间达成合作，签订协议的，根据项目规模给予一定奖励。

执笔：章泳辉

2017年12月

文化会展

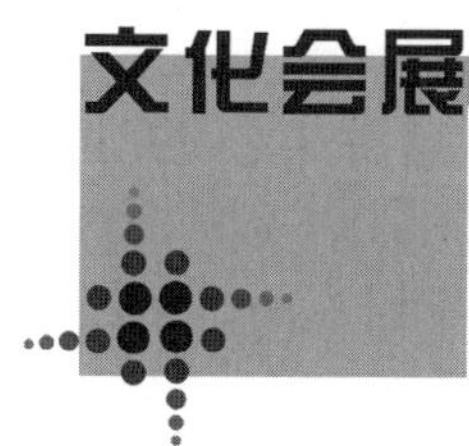

“厦门 show 给世界看”

——2017 厦门国际时尚周综述

◎ 厦门国际时尚周组委会

以“厦门 show 给世界看”为主题的 2017 厦门国际时尚周于 11 月 15 日至 19 日成功举办，系列活动持续“延烧”到 12 月。本届时尚周为厦门这座高素质、高颜值之城打造了全新的时尚名片。

相较往届，本届时尚周一方面更加注重提升厦门市国际化城市品位、推动产业供给侧结构性改革，在扩大时尚产业发展成果、激发形成城市消费新增长点、强化时尚产业平台效应等方面取得了新突破；另一方面紧抓“后金砖”机遇，致力打造厦门本土时尚标签，培育本地时尚创意力量，呈现厦门丰富的时尚元素，在金砖会晤后为时尚厦门锐意进取的国际化都市形象奠定了坚实基础。

蓝皮书

一、总体情况

本届时尚周充分挖掘时尚资源，设置了“产业对接”“时尚发布”“时尚潮 GO”“时尚之城”等四大板块 22 项共 83 场活动，相关活动在国际会展中心、会议中心音乐厅、IFC 国际金融中心广场、JFC 品尚中心、磐基名品中心、闽南古镇、帝元维多利亚酒店、龙山文创园等地相继璀璨绽放。国际化水平进一步突显。吸引了来自美国、英国、德国、法国、意大利、日本、韩国、以色列、俄罗斯、澳大利亚等几十个国家和地区的时尚力量参与，其中39场惊艳四座的国内外品牌及设计师时尚大秀共汇聚了200多位国内外知名设计师亲临现场。产业成果丰厚。39个秀场实时在线销售较上年提升一倍，买手与独立设计师品牌纷纷达成意向采购，时尚周期间各项动态、静态活动交易额超亿元。实现新媒体传播变革。新浪微博阅读总量1.2亿人次，今日头条和微信朋友圈曝光数均近千万人次，爱奇艺APP曝光数1116万人次，与法国知名时尚传媒Fashion TV达成战略合作。群众参与踊跃。本届时尚周共吸引超过25万人次到场观摩、网络参与人数超过1000万人次，影响力和辐射面较往届时尚周有了大幅扩展，人气指数明显上升。

二、举办成效

(一)进一步扩大时尚产业发展成果

本届时尚周聚焦产业对接交流，立足厦门本土时尚产业基础和产业目标人群，在吸引国内外时尚理念碰撞交流的同时，更持续带动相关产业的对接、签约和实际项目落地，同时精确产业发展定位，开辟产业发展新路径。

1. 开辟了时尚产业发展新路径。本届时尚周聚焦产业对话与合作，打造了全国时尚行业新业态、新创意、新技术的成果对接活动，邀请了中国服装设计师协会主席张庆辉和副主席杨健、中国纺织工业联合会副会长杨纪朝、艺术北京品牌总监李孟夏、Loughlin Joseph创始人Ruari Mahon、联想集团副总裁姚映佳、场景实验室创始人吴声、七匹狼实业董事长周少雄、欣贺总裁罗永辉等诸多国内外时尚界知名人士、企业家参与活动中，提升了本地时尚从业者的国际视野、设计思维和创意水平，深化了厦门时尚产业在设计、品牌、人才等层面与国内外的资源合作。围绕"一带一路"发展战略，基于厦门和沿线国家配饰产业的优势基础，与中国服装协会进行了深入合作，在国内首创配饰产业平台，抢先吸引了国内外优质饰品产业及设计力量落地，本届配饰大赛共收到来自国内外十几个国家和地区超过 1500 份参赛作品，得到了国内外时尚界的广泛关注。

2. 产业合作和项目落地成果丰富。在 2017 年厦门国际时尚周发酵作用持续影响下，理工学院与新丝路集团合作成立的"新丝路时尚学院"成为厦门国际时尚周重要合作伙伴，同时与澳大利亚 DIIS 达领学院、法国 ESMOD 国际服装设计学院进行了人才培育合作签约。国际化时尚男装品牌北纬 30 度的风尚凯瑞服饰贸易有限公司将公司总部从泉州迁到厦门，成立了厦门北纬三十度时装有限公司。厦门多奇国际与日本株式会社フアット签约，携手针对厦门专属潮流服装进行跨国运营。厦门多想互动与国际时尚四大主流媒体之一的法国 Fashion TV 中国区签约，推动深度合作，实现国内与国际时尚资源的推广整合。阿里巴巴跨境平台创始人薛亮与厦门婚纱设计师蔡美月合作的厦门好缘吉祥项目也签约落地集美区，一期投资额约 6 亿元。厦门知名品牌企业名姿与计文波品牌签订战略联盟，依托时尚美发教育，达成了美业与服装设计相结合的人才培养、技术输送、联合秀展等合作模式。知名艺人吴克群原创潮牌 DEBRAND 实体店也于时尚周期间正式落地厦门。

3. 为本土时尚产业创造新的发展契机。厦门市本土时尚品牌、机构和专业人士在本届时尚周中的参与度明显提升，向世界展示了厦门时尚产业力量。国际时尚论坛邀请七匹狼、欣贺、特步等多家本土知名企业总裁参与，共同探讨厦门时尚产业发展方向和模式；品牌发布秀、新锐设计发布秀、思明和湖里分会场的多场品牌发布几乎囊括厦门主要服饰品牌，充分展示了本土设计力量与时尚产业的发展态势；潮 Go 嘉年华和时尚盒子等诸多活动也充分设置了本土力量的秀展销环节。通过提升本土企业的参与度，扩大本土时尚力量在国内外的影响力，更借助优秀品牌和设计师的行业策动效应，吸引集聚更多优秀时尚资源与厦门市本土时尚产业衔接，拓宽合作渠道，创造了新的发展契机。

(二)激发形成城市消费新增长点

本届时尚周聚焦时尚消费模式创新与时尚商圈、时尚消费“阵地”打造，通过优质资源统筹整合与精准消费市场定位，实现了厦门时尚经济在时尚周期间的绽放提升和后续发力。

1. 消费模式得到突破创新。本届时尚周统筹渠道资源，创新市场营销模式，借助丰富的活动呈现形式，打造符合群体消费习惯的城市时尚消费新模式。赛、展、秀、销有机融合，通过引进和举办中国国际配饰设计大赛、华人设计师大赛等权威时尚赛事，带动时尚周动态秀及静态展的举办，实现销售的扩大。厦门国际潮 GO 嘉年华集合国内外知名潮牌发布、青年时尚生活方式为活动内容主题，实现“玩购”“展购”“秀购”三购一体的青年时尚消费新模式。“时尚盒子”打破传统展会模式，为所有参与时尚周走秀的品牌提供 3＊3 米主题“盒子”形式的静态展示空间，汇聚各大潮牌名品，在提高参与人群的互动性与体验感的同时，带动周边商圈销售增长超 30％。

2. 打造了消费新“阵地”，促进了时尚商圈的形成。本届时尚周首推“一个主场，多地散开”的活动举办形式，围绕目标消费群体，在举办主秀展场活动的同时，诸多重要活动于全城多地展开，连接了知名商业中心，汇聚了丰富的时尚元素，营造了百花齐放的时尚氛围。新增设的“AMOY 穿梭巴士”，往来于活动主场与厦门本土品牌展示店或企业总部、厦门各时尚地标和主要路段之间，将整个时尚周串联成为活动网络。通过活动逐步形成了会展到两岸金融中心 CBD 的时尚消费主商圈,以及各分会场所在场地的消费次商圈,实现了时尚活动场馆与时尚消费交易场所的有机融合,并带动了所在地传统商业圈层的经济发展。逐步成型的时尚商圈,将成为时尚周活动结束后的常态化时尚消费阵地,推动厦门时尚产业的大力发展。

(三)立体式产业平台集聚效应增强

本届时尚周进一步完善了厦门时尚产业相关平台,既推动平台集聚效应的提升,也衔接了本土设计力量;既通过平台提升了产业的专业化水平,也推进了不同产业在平台上的跨界融合。

1. 增强了"集聚+培育"的平台效应。一方面,吸引了国际知名品牌 ESCADA、ONE WAY,以及虎都、柒牌、欣贺、唯你婚纱等本土知名服装企业,汇聚了国内顶级的三位金顶奖设计师及数十位中国十佳服装设计师,提升了厦门时尚对青年时尚力量的带动力。另一方面,强化了平台对本土时尚设计力量的培育功能,通过 DESIGNER LINK 设计师培育计划与华人时装设计大赛、中国国际配饰设计大赛等专业赛事联动,挖掘本土潜力设计力量,融合人才培养战略、研发设计、软性生产制造、品牌运营、零售渠道建设等为一体,吸引了全球买手进入本地市场,与本土独立新锐设计师达成买手合作协议,为本土设计力量探索可落地的商业模式。

2. 纵向深化平台专业度,横向拓展"时尚+"外延。一方面,进一步推动了建发集团、广电集团、厦门国际时尚联合会等三家机构深化合作,发挥各自优质资源叠加效应,提升平台活动的专业度;在举办的各项赛事中,导入了国际赛制、国际赛事委员会、国际评委、国际选手与嘉宾,增强各项赛事的专业性,带动了时尚产业平台进一步专业化发展。另一方面,本届时尚周推动了时尚产业的跨界融合,拓展了"时尚+"外延,中式艺术文化节将宋代美学"四艺生活"与现代生活场景结合,融合旗袍、新中式服饰、中式家具、故宫皇锦等中式元素，推广新中式生活方式；中国民族服装设计大赛嫁衣总决赛围绕“嫁衣时尚”，推广中华礼仪、民族文化与嫁衣文化；厦门时尚科技艺术节发布了国内外最前沿的时尚科技创新成果，以“时尚＋艺术＋科技”跨界结合，搭建新的时尚消费平台；国际沙龙美发节中，美业与服饰、科技等跨界大师秀带来了一股新的时尚风潮。

(四)城市品位和时尚氛围再上新台阶

1. 着眼“后金砖”契机，整体提升了城市时尚品位。金砖会晤提升了厦门的国际关注度，并持续释放红利，为厦门城市与产业提供了全新的发展机遇。本届时尚周筹备与举办期间，厦门以“后金砖”为着眼点，充分挖掘时尚资源，优化产业结构，丰富时尚内涵，提升城市品位，通过集聚国际时尚力量、引入权威赛事、举办兼具国际知名度和本土标签的系列活动，将厦门的时尚产业、艺术价值、城市魅力“show 给世界看”，将本届厦门国际时尚周打造成厦门继金砖会晤后谱写的又一篇城市乐章，也推动了厦门“设计之都”“时尚之城”的建设，让这座“高颜值”“高素质”的魅力之城持续绽放异彩。

2. 营造了备受赞誉的时尚氛围和产业标签

本届时尚周营造出的专属时尚厦门氛围和产业标签备受赞誉，让全球因为时尚而更关注厦门。

中国服装设计师协会主席张庆辉说：“厦门国际时尚周已经走上了良性发展的道路，通过时尚周这个平台，厦门整合了与当下生活相关的时尚元素，吸引了中国乃至全球时尚界的目光。”国际知名场景实验室创始人吴声说：“毫无疑问，厦门国际时尚周已经成为一种 IP，成为每个人都愿意年年来签到并共创的内容载体。这种内容载体也会影响越来越多时尚从业者、时尚创意者。”

资深买手、文创专家覃冠豪说：“厦门国际时尚周创造了一个很好的中国买手市场开端。并且通过培训等手段,进行涵盖整个时尚生产供应链和外部产业环境的变化分析,建立一个辅导时尚创业及协助时尚从业者转型的平台。"潮牌主理人、艺人吴克群说:"这次我带着自己创作的品牌参加时尚周,在这个过程中我发现,很多国外的品牌和设计师都云集在此,这意味着厦门国际时尚周也越来越得到国内、国际的认可。"

三、主要工作做法

(一)做好场馆布局统筹

首次打造时尚周主场概念,为进一步做强本届时尚周影响力和效果,通过围绕一个主秀展场,聚集活动参与人群,扩大宣传效应,强化属地吸引模式,助力各时尚力量集中发声。

(二)做好活动实效统筹

本届时尚周取消了开闭幕式环节,取消各类研讨会,突出活动的产业交流、签约销售属性,将唯一保留的厦门国际时尚论坛定位为全国时尚行业新业态、新创意、新技术的成果对接活动。将节省资金用于时尚买手及原创设计师产业化提升方面,搭建设计师、企业、买手与线上线下销售渠道的平台,突出厦门市原创设计师培育及时尚企业研发功能。

(三)做好产业定位统筹

本届时尚周立足厦门产业基础,重点打造中国国际配饰设计大赛、厦门国际潮 GO 嘉年华、DX 品牌及新锐设计师发布秀等几大原创产业 IP,致力提升相关 IP 的话题传染力、目标群体吸引力和活动影响力。为厦门时尚产业打造专属的标签，推动产业知名度的上升。

（四）做好媒体宣传统筹

将活动宣传统筹工作做实做细，使整体宣传保持连贯性，营造良好舆论氛围。着力宣传厦门国际时尚周的产业落地及国际化成果、本届重要活动及亮点、厦门本土时尚力量。针对目标受众及传播趋势，打造多元化媒体宣传渠道，按新媒体70%、传统媒体30%的组合配比，提升主流时尚媒体的传播比例。联动“爱在厦门最时尚”主题歌曲演绎快闪秀，和全城时尚穿梭巴士，进一步扩大大众对时尚周的认知和参与度。

执笔：蔡弘毅　焦　杨

2017年12月

畅享书画新生活

——“2017 海峡书画艺术产业博览会”综述

◎ 厦门日报社

在厦门市委宣传部的领导的关心支持下，由市文化改革发展工作领导小组办公室、市文化广电新闻出版局、厦门日报社、海峡书画艺术产业协会联合主办，中国书法出版传媒集团、中国书法报社、西泠印社集团联合主办，厦门报业传媒集团承办，并由厦门日报书画院、厦门日报《文创周刊》策划执行的“2017 海峡书画艺术产业博览会”于 2017 年 10 月 27 日至 30 日在厦门美术馆成功举办。

在 10 月 27 日上午的开馆式中，市委常委、宣传部长叶重耕出席开馆式，市委宣传部副部长、市文发办主任戴志望在开馆式中致辞，市文广新局党组书记、局长林进川出席开馆式。

本届博览会延续了“九州文房齐集、两岸产业交融、百年品群聚、传世书画荟萃”的办展特色，为两岸书画爱好者展示了书画精品和书画艺术产业发展成果。在“畅享书画新生活”的主题下，继续引进一批极具影响力的业界大牌，带来了更为丰富、更具生活气息的全产业链展商，着力打造一场书画生活大展。通过总结往届经验和创新办展模式，本届博览会取得了较好的成绩，具体总结如下：

一、国宝品牌"商务印书馆"举办120周年厦门展，并成功落地

成立于1897年的"国宝品牌"商务印书馆，早在20世纪30年代就曾在厦门中山路设立分馆，履行"昌明教育，开启民智"的文化使命。作为中国历史最悠久的现代出版机构，商务印书馆的创立标志着中国现代出版业的开始，经过120年的发展，商务印书馆已是当前中国文化产业界的中流砥柱之一。

2017年，主办方、承办方领导多次前往商务印书馆北京总部拜访并力邀参展。组委会提供近700平方米展区，投入设计布展、作品展示、交通运输、嘉宾邀请、展会宣传等费用共计约120万元。双方共同商讨、协作策划打造而成的"120周年"厦门系列展览和活动，内容扎实、内涵丰富、形式多样。这场文化大餐，服务两岸观众，再续城市情缘，引发了观众观展热潮。

（一）甄选史料，推建馆120周年展及中国出版史展

近百幅资料翔实的图片和相关展品均从北京总部120年历程中的珍贵影像、名人物件、标志性出版物等藏品中遴选。其中包括20世纪30年代商务印书馆在厦设立分馆的珍贵史料。由历史一线藏品组成的专区展出以现代出版为载体的艺术保护、文化传承历程。引起了厦门市民的极大关注，纷纷询问背后的故事。商务印书馆涵芬楼总经理王陆军也赶到厦门，不辞辛苦，一遍一遍地为市民导览介绍。

（二）挑选精品，带来文化艺术、国学经典书籍展

在史料展之外，此次商务印书馆特别挑选了一批以艺术、人

文、社科类为主的精品图书，码洋价值超百万元。《唐诗画谱》《宋词画谱》《笺谱雅集》《欧洲漫画史》《可装裱的印度博物艺术》《可装裱的中国博物艺术》等，为厦门市民带来一场阅读盛宴。特别是已绝版、由51部厚重大册组成一套的《中国美术史》更令观众惊叹。

（三）举办厦门首发，当代著名画家、中国国家画院国画院副院长、商务印书馆涵芬楼艺术馆名誉馆长范扬先生作品展

此次博览会，商务印书馆与组委会还共同邀请了当代著名画家、中国国家画院国画院副院长、商务印书馆涵芬楼艺术馆名誉馆长范扬先生与厦门市民见面。

范扬先生带来的“如是我闻——范扬画展”不仅是他首次在厦门办展，而且将原定在北京举办的新作首秀移师厦门。精选其独步画坛的水墨“世事绘”作品共60幅，由北京团队专车运送，根据时下热点创作，通过独特角度为观众针砭时事。期间还举行公益讲座，现场讲解中国画创作与欣赏。不仅吸引了大量粉丝拥趸前来，更有许多爱好书画的小朋友一起聆听、临摹学习。

（四）初步达成商务印书馆厦门分馆、涵芬楼艺术中心等项目落地意向

在组委会的努力下，此次商务印书馆展区不仅吸引了大批市民前往参观，同时还引起了厦门大学及湖里街道、殿前街道、金山街道等单位和部门的关注，并就恢复在厦分馆及设立涵芬楼（厦门）艺术馆商务印书馆等落地项目进行实质性交流对接。项目落地后，各方将共享商务印书馆出版及涵芬楼艺术馆艺术资源，举办各类艺术交流活动，联合开发衍生品，合作开展各类出版业务。此举将为厦门乃至福建市场带来优秀出版力量和艺术精品，提升城市产业影响力。

二、名企、名家联袂登场，引领书画生活风尚

除了商务印书馆特别展览外，还有许多百年品牌、业界大咖、地域组团、艺术名家汇聚本届博览会。丰富多彩的艺术品、产品涵盖了大众生活的各个方面，将博览会办成了一个书画生活嘉年华。

首次亮相博览会的老字号“十竹斋”源于明万历年间。创始人胡正言在南京以饾版水印木刻技术，成功制作了艺术出版印刷史上的里程碑作品《十竹斋笺谱》《十竹斋书画谱》，成为历代文人爱物。此次博览会，十竹斋带来了可记事可书信的经典笺谱、适用日常装饰的时尚装裱饾版水印画，典雅隽秀之外价格也十分亲民。不仅如此，在特设的互动区，观众还能亲自体验非遗饾版水印木刻。

西泠印社则首度设立联名馆，携旗下杭州书画社与厦门本土高端家具——建发·家居木竞紫檀空间联合打造。在这个令人身临其境的书画生活“情境大展”中，典雅的家具组成现代中式的书屋、茶室、琴房。苏绣、金石有机布局其间，余正老师、张耕源老师等西泠社员的精品字画疏朗展示、趣味盎然。整个展馆为观众展现了可以走进、可以借鉴的书画生活范本。

本次展览不仅能将名画收入家中的消费者，也可到保利厦门拍卖的展区中观赏源于版权影像复刻的艺术品。在保利的“忆经典——传奇复刻中国书画经典作品主题展区”中，经由保利拍出的吴昌硕、齐白石、张大千、傅抱石、徐悲鸿、吴冠中等名家名作复刻品集中展出。这些拍场中数百、上千万元的佳作，经由独家高清扫描、精湛复刻、精美装裱之后，成为大众也能消费的艺术品。这一模式让更多人领略书画大师风采的同时，也把稀世珍品带进大众生活，使家家成为美术馆。

三、文房四宝、雅器汇集，打造轻松带走的书画展

2017年，组委会还着力提升了文房四宝和文房雅器展区。在往年基础之上，引入了浙江临安、陕西西安、厦门本地和台湾地区的文房、文创产品。来自两岸产地的文房用品琳琅满目、价格亲民，观众们可轻松带走妆点自己的书画生活作品。

在安徽展区，展商带来的宣纸有近千种。从日常书画纸到仿古纸、手卷、册页再到高档的年份红星宣纸，应有尽有。消费者可以从中选择自己心仪的材质和款式。

紧挨宣纸区域就是华夏笔都——江西文港展区。这次文港组织了14家毛笔展商来厦。其中有制笔大师李小平的淳安堂，文港老牌笔庄周有声笔庄、周氏剑卿笔庄、百年笔庄等。淳安堂在日常毛笔之外还带来了李小平遍寻国内外史料、文物，复原的唐宋、明清古人用笔。首次参展的上海著名老字号周虎臣毛笔，继承了周虎臣品牌300多年的传统技艺，带来毛笔、画笔近千种。

挑好了纸笔，观众还可以通过一只只小盏感受两宋的文人生活。第二次亮相博览会的"黑瓷之花·建窑建盏"展区由20家建阳顶尖商家组成。他们是厦门报业传媒集团与南平市经济信息委员会、南平市商务局、建阳区城镇集体工业联合社、闽北日报社从建阳区1600多家建盏企业、工作室中优选而来，代表了目前中国建盏烧造的全新水准。家家有秘法，盏盏各不同，让观众们爱不释手，4天展览建盏几乎被买空。

看过亮眼的建盏，还有组委会首次引进的浙江临安精品印石。临安昌化鸡血石协会在现场推出了"印石通宝·昌化鸡血石厦门展"，这是一次难得一见的昌化鸡血石精品的集中展示。这些来自鸡血石原产地杭州临安昌化的石材丰富多彩，镇柜之宝——10多

方价值上千万的“大红袍”鸡血石印章集中亮相，成为现场焦点，其艳丽鲜红如鸡血般的色彩和亮晶如美玉般的光泽吸引了不少观众驻足品评、拍照留念。同时，展览也提供高性价比的石材，还举办互动赠石，让更多观众有机会将昌化石材带回把玩。

四、特别展览新意频出，营造顶级书画赏析平台

为促进交流，提升展览效果。博览会组委会2017年着重策划了四大书画展中展。

“宝岛乡情——台湾书画名家学术邀请展”展览面积620㎡，共展出49幅大尺幅佳作。创作者是由组委会联合台湾艺术大学共同特邀的10位台湾著名画家。每位都是在台具有代表性的艺术家。此项展览不仅是两岸艺术家、书画爱好者交流学习、增进情谊的平台，更是台湾地区艺术家们的一次精神还乡。

“大美丝路”“一带一路”作品邀请展，是组委会与国内外艺术机构展开合作策划设置的展览。共有来俄罗斯、乌克兰、哈萨克斯坦、韩国、泰国、法国、约旦、旅非喀麦隆画家和国内新兴艺术家的近百幅作品参展。4天的时间内，共有2万余人次观众参观了凸显异国情调的绘画作品。

欣赏完国内外的绘画精品，还有来自全国大赛高手新秀的获奖书法可供观众们评点赏析。此次，组委会联合正山堂书画院、中国楹联学会茶文化书画院为观众带来了“正山堂杯”全国第三届茶文化书画展的获奖佳作。这是获奖作品的首次亮相，也是巡展的第一站。展出书画作品共计392件。作品兼顾不同风格、不同取法，或工整隽秀，或浑然古朴，充分体现了展览的艺术性和观赏性。

此外，博览会联合主办方、国内权威专业媒体中国书法出版传媒集团也带来了《中国书法报》媒体人书写经典书法展。一百余幅

展品的作者均为《中国书法报》媒体人，其中包括中国书协理事、中国书协委员、中国书协会员、书法专业硕士研究生等。书写题材为习近平总书记在系列讲话中所引用的古代经典语句，并以不同书体、不同风格的形式进行书法创作，向传统文学经典致敬、向优秀传统文化致敬。

五、两岸文创同台献艺，促发书画新思维精彩碰撞

本次博览会更加突出海峡特色，打造两岸交流平台。台湾与大陆的书画文创衍生品同台展出，让观众大饱眼福、展商获益匪浅。

一进入展厅，观众就可先睹“两岸三希聚首”的精彩。王羲之《快雪时晴帖》、王献之《中秋帖》、王珣《伯远帖》合称三希帖，分别藏于北京台北两地故宫博物院。平时藏于深院，难以一睹真容。借助博览会平台，组委会将两岸故宫授权复刻机构集聚一处。高清原版的复刻几可乱真。双方可互通制作经验，观众也可一睹名家书墨精妙。

文房四宝方面，不仅有江西、安徽的精品，还有海峡对岸的传承。台湾的我爱中华笔庄等机构就带来特别创意的新款文房四宝，在传统的精髓中添加现代色彩，通过台湾业界和匠人的不同研发角度，在开发上展开交流，共叙同根文化的传承之外也打开了思维碰撞的窗口。

文创衍生品上，两岸机构也进行了充分交流。西安最大的文创机构——西安斑点首次参展。他们将十三朝古都文化信手拈来，出品了西西、安安、秦胖胖、唐富贵等形象，同时打造近千种文创产品，为厚重的传统文化赋予更强的现代时尚感。闽南本土的再生海、天心堂则着眼传统文化的物象化，加入生活化的形式，更

具实用性。相对应的，十余家台湾文创机构也带来一批富有台湾特色的文创产品。大陆民众熟悉的老夫子和大番薯出品了一系列公仔和文创衍生品。立足于台湾少数民族文化的瓷器、草编物品也为大家带来十足的台湾味。台湾的蜡笔艺术家王建民老师以台湾的梅花鹿为主题绘制的“一袋一禄”创意布袋，为“一带一路”建设送上美好寓意。

六、发挥区位优势，打造城市文化名片

本次博览会在观众认可的同时，也获得各地业界大咖的点赞。

中国国家画院国画院副院长范扬表示：“厦门很有文化底蕴，鼓浪屿享誉世界。在此举办这样的书画盛事特别合适。博览会规模大、展商多、气氛好，很有前景。”

首次来厦的西泠印社副社长李刚田为博览会做了主旨演讲，与观众品评书法之道。他特别欣喜地看到全国特别是台湾的文创产品。他认为，博览会在高端艺术展之外，丰富的文房四宝、文创展品独成优势、特色，打破多数书画展会的局限。他评价道：“厦门很美，市民在此居住很幸福，有这样的展会更是幸福。”

商务印书馆涵芬楼总经理王陆军2016年首次参加博览会。第二次来厦参展，他说：“忍不住又要夸厦门，厦门更美丽了。”王陆军表示，厦门市民爱艺术、爱读书，本次纪念展的精选书籍收获市民的热捧。他说：“这一博览会是书画艺术的优质平台，今年比去年更上了一个台阶，将来可以成为城市的一大文化名片。”

中国书法出版传媒集团董事长兼总经理、中国书法家协会理事李世俊认为：厦门所处的地理位置有着独特性，在厦门举办文化交流展会，对于促进两岸交流有重要的作用。推动文化向产业发展，将文化与市场相结合，媒体机构有着义不容辞的责任。他说：

“希望博览会可以将全国优秀的艺术界资源引入厦门，发挥厦门在海峡两岸交流和‘一带一路’发展战略中的重要作用，将中国优秀文化向外输出，做到真正的‘文化自信’。”

本次博览会，不仅有书画文创精品陪伴观众，更有十余场配套论坛、讲座、互动活动与书画爱好者见面。据统计，共有约 5 万人次观众到场，各类成交及签约总金额超过 2000 万元。

因人手有限，办展经验需要提升，博览会的举办工作还有很多不足。在未来博览会的推动中，组委会团队将努力让博览会成为一场展品更多彩、名家更丰富的生活大展。力求有更多业界大牌和一线新品登陆厦门、落地厦门，逐步打造成为市民的一年一度的书画生活嘉年华，以及擦亮厦门城市文化风采的一个新平台。

执笔：陈思宇

2017 年 11 月

文化会展

立体宣传　凝聚共识 弘扬网上正能量

——第六届厦门网络文化节活动综述

◎ 厦门市委宣传部(网信办)

蓝皮书

由市委宣传部(网信办)、市委文明办、市公安局、市通信管理局主办的第六届厦门网络文化节以“金砖你我他　厦门e风采”为活动主题,共组织了14家市属网站、驻厦网站、网络运营商和文创企业参加,围绕展示厦门文明风采、服务和宣传厦门会晤、喜迎党的十九大等主题,开展多项富有特色的网络文化活动。本届厦门网络文化节活动分“城之风采”“城之韵味”“城之温度”“党建红云”4个篇章,共举办了19个活动项目。自2017年四月份启动以来,已产生各类网络征文及演讲作品等百余篇、视频作品近400个、摄影作品4000余幅,VR作品、城市微纪录片等10多个,线上线下参与网民数超过310万人次,各项活动关注度、点击率、曝光量突破2亿人次,取得了良好的舆论反响和社会效应。

一、展现厦门之美,绽放厦门风采

本届厦门网络文化节活动内容丰富、题材多样、角度新颖。参与单位从美丽厦门、人文厦门、活力厦门、宜居厦门、和谐厦门、盛会风采等多个视角,以小见大,较为全面地展现厦门风采、厦门韵味，让网民走近厦门历史，感受厦门文化，体验厦门真情。各项活动覆盖面广，来自中小学、高校、企业、媒体等多个领域的网民积极参与，还有不少爱心公益团体也加入活动中。厦门网举办的“网络时代的青春创举与思维颠覆”大学生主题网络演讲赛吸引百余名大学生报名，点击率近万人次。东南网厦门站举办第三届“绍林杯”微视频大赛，围绕“WORLD厦门 文明提升”等主题，让网民通过镜头记录和挖掘厦门历史文化、人文生活、创新创业等闪光点，展示厦门高素质、高颜值的城市之风采。厦门房地产联合网打造“最美城市记忆 与金砖同行”摄影大赛，网民用照片真实记录厦门人民良好的精神风貌。台海网策划推出“厦一站 正青春”活动项目，走访厦门音乐家、艺术家、手艺人等，拍摄制作成《祝福一厦》《不羁一厦》《浪漫一厦》等多集微纪录片，展现厦门艺术之城的魅力，记录特区年轻一代挥洒汗水、追求美好未来的故事，描绘厦门活力。厦门互动时代公司举办“够Dream梦想之美——感受众创之旅两岸创客沙龙活动”，让部分两岸创业人士走进创业基地，展示厦门互联网在投融资、文创、全网营销等领域的创新创业风采。

二、推动互联网党建，凸显红色文化

本届厦门网络文化节进一步推动互联网党建工作，突出红色文化，体现全市各行各业党员服务厦门会晤、喜迎党的十九大的热情与风采。参与网络文化节的互联网企业积极发动支部党员、入党积极分子，身体力行参与社会公益活动。小鱼网党支部持续开展党员先行月活动，组织党员接受形象、礼仪等培训，以党员为榜样，提升员工的商务礼仪和人际交往技巧，引导员工树立良好个人形象；组织党员志愿者开展文明骑行公益活动，倡导低碳环保、遵守秩序、文明绿色出行；同时，为加强党支部建设，小鱼网还组织支部党员进行素质拓展训练，培养团队协作意识。厦门房地产联合网开展“美丽社区·你我共创”党员进小区活动，发动网站党员及入党积极分子，携手居委会及街道的党员志愿者，进入多个小区参与洁净家园、扮靓社区、“美丽家园 垃圾分类我先行”等活动，充分发挥党员先锋模范作用，传递社区邻里正能量。

三、展示人文风采，感知厦门温度

厦门的人文关怀使这个城市充满温馨，本届厦门网络文化节中，不少参与单位以文明创建、志愿服务、关爱社会等为主题策划开展活动。厦门广电网举办“文明在身边”随手拍征集比赛，发动网民随手拍摄厦门公交车上主动让座、垃圾分类、文明骑乘等场景，反映身边文明人和文明事，展现厦门文明底色，吸引许多网民和公益团体积极参与；今日头条策划“迎会晤上头条　发现最美志愿者”项目，开设专题，通过头条开机画面、首页推荐频道等突出位置宣传厦门志愿者风采，弘扬正能量。太阳网在网站首页开设了《志愿红·厦门情——2017厦门最美志愿者风采展示》新闻专题，累计刊发相关报道50余篇，讲好厦门故事、凝聚社会真情，充分展示活跃在一线的志愿者风采。小鱼网开展“人文厦门公益先行——厦门城市美容师改造计划”活动，记录环卫工故事，由网民评选出最美环卫工，同时发动企业、商家为厦门环卫工人捐助衣服、鞋帽，呼吁社会多一分理解关爱，部分企业积极提供爱心福利，为环卫工子女免费提供会计培训渠道。

四、全媒体宣传覆盖，展现厦门文明素养

本届厦门网络文化节进一步丰富宣传方式和渠道，运用视频拍摄、VR展示、表情包、H5页面传播、户外LED大屏、图文展现等方式，在互联网站、“两微一端”等平台上立体式宣传。腾讯大闽网充分运用互联网新技术，拍摄多组VR全景立体式作品，以“黄‘金’未来海岸”“点石成‘金’”“‘金’色风华”为题，720度实景动态呈现厦门风光，并在腾讯新闻APP福建新闻板块进行图文推荐，多方位多角度展示厦门高颜值城市形象。由新浪厦门举办的“100张笑脸 拥抱世界”主题宣传活动，运用APP开机海报、微博话题、视频、新闻报道、访谈对话等形式，拍摄各行各业不同人物（群体）多张笑脸，表达人们对厦门的真切热爱；同时还举办“金砖厦门 礼仪天下”活动，推出富有趣味的礼仪文明表情包，开设微博专题、礼仪文明小故事，营造学礼仪的热烈氛围，传递社交礼仪常识。小鱼网将网站党支部所开展的党建活动制作成H5页面，提高传播的多样性和生动性。太阳网联合思明区委宣传部、区委文明办制作《每一个微笑，都是厦门人民送给世界的礼物》H5页面，以微笑传递厦门热情，展示志愿者、义工和各行各业厦门会晤工作人员风采，在朋友圈中传播，点击量超过10万人次。

五、吸引网民参与，活动热情高涨

第六届厦门网络文化节启动以来，各项活动组织有序，网民参与热情持续高涨，充分表达出对厦门的热爱，对厦门会晤的支持，以及迎接党的十九大的热情。小鱼网举办的“厦门城市美容师改

蓝皮书

造计划”活动，相关宣传页面阅读量超过 43 万人次；东南网厦门站的第三届“绍林杯”微视频大赛，参与人数达 2000 余人，活动点击量和关注度超 60 万人次；厦门房地产联合网举办的“最美城市记忆 与金砖同行”摄影大赛，收到参赛作品近 4000 幅，关注度超过 93 万人次，“第二届厦门邻里少儿歌唱大赛”关注度也高达 51 万人次；台海网制作的《祝福一厦》等 6 集微纪录片，总点击量超过 110 万人次。

2017 年 11 月

Zhengce Cuoshi

政策措施

政策措施

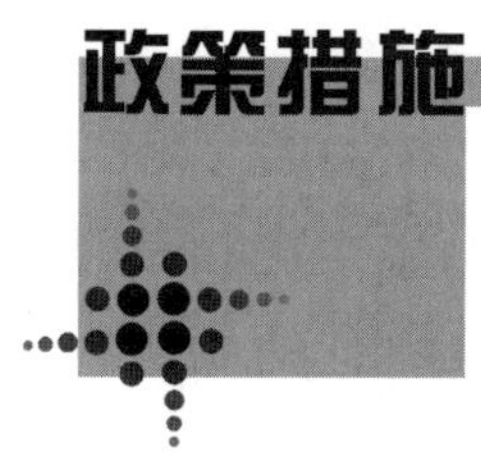

关于印发《厦门市扶持民营实体书店发展办法》的通知

◎ 厦文发办〔2017〕23 号

为进一步贯彻落实中宣部、国家新闻出版广电总局、财政部等 11 部门联合印发的《关于支持实体书店发展的指导意见》(新广出发〔2016〕46 号)精神，推进我市公共文化服务体系建设，鼓励和扶持民营实体书店健康持续发展，市文化改革发展工作领导小组办公室会同市财政局、市文广新局修订了《厦门市扶持民营实体书店发展办法》。经市文化改革发展工作领导小组同意，现印发执行。

附件:《厦门市扶持民营实体书店发展办法》

厦门市文化改革发展工作领导小组办公室

厦门市财政局

厦门市文化广电新闻出版局

2017 年 8 月 1 日

蓝皮书

厦门市扶持民营实体书店发展办法

第一条 为贯彻落实中宣部、国家新闻出版广电总局、财政部等11部门《关于支持实体书店发展的指导意见》(新广出发〔2016〕46号)精神，推进我市公共文化服务体系建设和文化产业发展，鼓励和扶持民营实体书店健康持续发展，现对《厦门市扶持民营实体书店发展暂行办法》(厦文发办〔2014〕25号)进行修订和完善。

第二条 本办法所称民营实体书店(以下简称"书店")，是指在本市注册登记，持有《出版物经营许可证》，有固定经营场所，从事图书、报纸、期刊、音像制品、电子出版物发行零售业务的民营或民营控股企业。

第三条 厦门市民营实体书店发展资金纳入市级文化产业发展专项资金统筹安排，专门用于对书店的补助、贴息、奖励等。

第四条 专项资金的管理和使用应当符合国家和省市公共文化服务体系建设和文化产业发展相关政策，坚持"诚实申报、科学管理、公开透明、择优支持"的原则。

第五条 申请专项资金扶持的书店应当具备以下条件：

(一)营业场所面积不低于30平方米(不包含仓库)，出版物的经营面积占总营业面积的比例不低于60%；

(二)具有一定的社会影响、品牌价值或专业特色；

(三)出版物发行为其主营业务，出版物销售收入占比不低于50%；

(四)遵纪守法、文明经营，服从、配合新闻出版行政部门的监管，最近二年内按期参加并通过年度核验(其中申请"网点建设补助"的经营满一年)，未受到各级新闻出版行政部门行政处理，且无其他与经营有关的违法记录。

(五)依法履行统计义务。

第六条 本办法所扶持的是运营正常、可持续经营的书店。本办法对下列书店给予适当倾斜：

（一）与市政建设和文化建设规划配套的出版物发行网点建设项目；

（二）对行业发展具有引导推动作用，能产生良好社会效益和经济效益的出版物发行网点建设项目；

（三）具有一定社会影响和文化底蕴，并得到社会广泛认可，为提升社区及城市文化品位做出积极贡献的出版物发行企业；

（四）适应城市规划建设进程需要提升改造的传统书店；

（五）引领阅读风尚，参与支持我市开展的各类阅读活动，对全民阅读活动具有积极促进作用的文化项目或品牌。

第七条　专项资金分五种方式资助符合条件的书店。

（一）网点建设补助。鼓励在岛外镇、街、村居新开办民营实体书店（含连锁新店），经营满一年的，给予一次性资金补助。依据开店规模，出版物经营面积 30 平方米及以上的补助 3 万元；100 平方米及以上的补助 5 万元；200 平方米及以上的补助 10 万元。补助款项由新开办民营实体书店在第二个经营年度申报。对于大型综合性书城建设项目的鼓励扶持政策实行一事一议。

（二）项目补助。根据申请单位全年举办、承办的主题讲座、名家讲坛、读书沙龙等阅读推广活动的总体情况和社会效果，具体补助金额一般为活动支出费用（按有效财务凭据核定）的 80％，每家书店年最高补助金额不超过 10 万元。

（三）贷款贴息。主要适用于对有偿还能力并正常履行还贷的书店进行场所改造建设、专业设备更新等发生的银行贷款利息予以补贴。根据申请单位上一年度实际贷款的利息总额，给予 60％的贴息金额。贴息期限最多不超过 3 年，每家实体书店的贴息补助总额每年不超过 50 万元。

（四）成本补贴。主要适用于书店房租、装修等费用。根据申请单位实际支付的房租、装修等费用，给予 30％补贴，采取一年申报一次的方式，每家书店每年的补贴总额不超过 30 万元；若书店场地本身已经享受公房租金优惠或其他政策性优惠措施，不再申请此项资金。

（五）特色奖励。主要适用于长期坚守发行业阵地，为读者提供持续服务，并形成独特经营风格，在专业图书销售、做精服务与内容、创新发展等方面具有示范性的“专”“精”“特”“新”特色的书店进行奖励。经营年限满 5 年的给予特色奖励 8 万元，5 年以上每增加 1 年，增加奖励金额 2 万元。同一书店奖励金额累计不超过 20 万元，最多可分两次申领。

第八条　对于第七条所列五种资助方式，同一年度，每个企业最多只能申请其中两种方式（申请“网点建设补助”的不再申请其他项目）；已通过其他渠道获取财政资金支持的项目，专项资金不再重复支持。

第九条　符合条件的书店申请专项资金，应当提供以下材料：

（一）扶持项目申请表；

（二）企业法人营业执照（复印件）；

（三）经营场所（含经营出版物的书店面积）证明文件（复印件）；

（四）缴纳的税费凭证（复印件）；

（五）承诺书。

第十条　由市文化改革发展工作领导小组办公室（以下简称“市文发办”）牵头市财政局、市文广新局、市统计局、市出版物发行行业协会等部门组成审核工作小组，负责民营实体书店资金扶持项目、扶持金额和扶持方式的审核工作；市文广新局负责组织实施本市民营实体书店专项资金的申报工作。

专项资金申报公告及申报程序如下：

（一）市文发办、市财政局和市文广新局在厦门日报、市政府网、厦门网、厦门文化产业网发布厦门市民营实体书店扶持项目申报公告。

（二）书店按照自愿原则，根据上年度自身运营情况，选择扶持资金的种类，向所在区文体出版局提出书面申请，并按照真实、准确和完整的原则填报有关申请表格，提供相关材料。

（三）区文体出版局对书店提供的材料进行初审，出具意见后，将相关表格及重要依据材料汇总提交至市文广新局。

（四）市文广新局会同市出版物发行业协会，对各区汇总提交的申报材料进行复审，拟定补助单位、项目名称、扶持方式和补助金额并报审核工作小组审核；经审核工作小组审核通过的书店名录、项目名称、扶持方式和补助金额在厦门日报、市政府网、厦门网、厦门文化产业网向社会公示，接受社会监督。公示的时间为5个工作日。

（五）经公示无异议的书店名录、项目名称、扶持方式和补助额度报市文化改革发展工作领导小组审定；由市文发办、财政局和文广新局联合发文，资金直接拨付书店。

第十一条　市国土资源与房产管理局、市政园林局等部门从直管公房或公园闲置的房产中，选择适合书店经营的场所，优先配置给经审定的书店。具体出租方式及租金标准、优惠措施等按照公房管理部门的有关政策规定执行。

第十二条　书店应如实提供申请材料。对于以虚假手段骗取专项资金的或国有低租金场所转作其他用途的，一经查实，审核工作小组有权撤销扶持项目，并追回补助资金；情节严重的，依法追究相应责任。

第十三条　本办法由厦门市文化改革发展工作领导小组办公室和市文化广电新闻出版局负责解释。

第十四条　本办法自发布之日起施行。2014年12月11日发布的《厦门市扶持民营实体书店发展暂行办法》（厦文发办〔2014〕25号）同时废止。

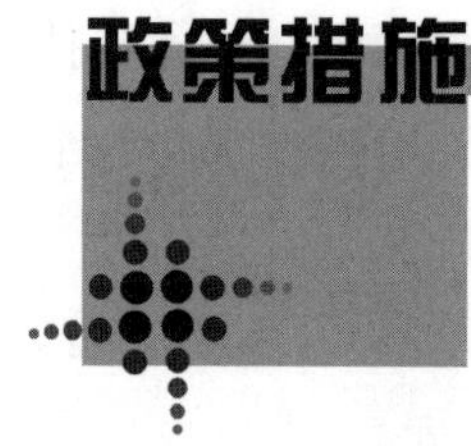

关于加强厦门市文化领域行业组织规范建设的意见

◎ 厦文发〔2017〕2号

为了贯彻落实中办、国办《关于加强文化领域行业组织建设的指导意见》(厅字〔2016〕30号)和省文化改革发展工作领导小组《关于贯彻落实中办、国办〈关于加强文化领域行业组织建设的指导意见〉的通知》(闽文改〔2017〕2号)精神,根据中央、省有关社会组织、行业组织改革的部署,按照文化例外的要求,为做好我市文化领域行业组织培育发展工作,加强行业组织自身建设和规范管理,切实加强党对行业组织的领导,创新文化领域行业组织管理体制和运行机制,提高文化管理效能,特提出以下贯彻意见。

一、总体要求

全面贯彻党的十八大和十八届二中、三中、四中、五中、六中全会精神,以邓小平理论、"三个代表"重要思想、科学发展观为指导,深入学习贯彻习近平总书记系列重要讲话精神,紧紧围绕统筹推进"五位一体"总体布局和协调推进"四个全面"战略布局,牢固树立和落实新发展理念，坚持中国特色社会主义文化发展道路，坚持文化自信，坚持把社会效益放在首位，一手抓积极引导发展、一手抓严格依法管理，着力健全党委统一领导、政府有效监管、分级负责、协调配合的行业组织管理体制机制，构建结构合理、富有活力、服务高效、治理完备的行业组织体系，引导行业组织更好地服务文化企事业单位、服务广大文化工作者、服务行业发展、丰富群众文化生活，促进社会主义文化繁荣发展。切实加强党在文化领域行业组织的政治领导、思想领导、组织领导，以社会主义核心价值观为引领，确保正确发展方向。落实社会组织、行业组织改革有关部署，体现文化例外要求，区别对待、分类施策。推进改革创新，激发行业组织内在活力和发展动力。依法依规，健全准入退出机制，放管服并重，完善扶持措施，强化事中事后监管，尊重行业组织主体地位，优化行业组织发展环境。加强行业组织自身能力建设，提升自治水平和自我发展能力，在服务会员发展、规范行业秩序、开展行业自律、制定团体标准、维护会员权益、调解贸易纠纷等方面发挥积极作用。

二、开展专项整顿治理活动

市委网信办、市文广新局要对全市性和跨区的文化领域行业组织进行摸底自查，对不具有全市性和行业代表性的以及长期不开展活动的“僵尸”组织，进行整合、调整，该更名的更名，该注销的注销，并形成整改方案报市文化改革发展工作领导小组，年底前基本完成整改工作，市民政局等部门配合做好有关工作。市经信局、市场监督管理局、旅游局等文化产业主管单位和其他市直相关单位，以及市文联和市社科联等群团组织也要对主办、主管、联系、挂靠的文化领域行业组织进行自查自纠，了解发展现状和存在问题，对长期疏于管理的予以整顿，相关情况形成书面材料于年底前反馈给市文化改革发展工作领导小组办公室。各区要结合本区实际开展专项治理。

三、加大培育发展力度

加强文化艺术、新闻出版、广播影视、网络文化等领域行业组织建设，进一步厘清各行业组织功能定位，推动资源整合，扶持和打造一批具有代表性、排头兵地位的文化领域行业组织。积极发展公共文化、创意设计、文化科技、文化贸易、网络艺术、动漫游戏、休闲娱乐、传统工艺、广告会展、艺术品经营等方面的行业组织。鼓励民办图书馆、博物馆、美术馆等社会服务机构成立行业组织。

四、严格规范审核审批程序

严格规范全市性文化领域行业组织的成立，注重控制数量、提高质量。要对申请成立的全市性文化领域行业组织认真加以审核，由相关的业务主管单位提出意见，按国家有关规定报批，民政部门在审核审批前要征求市委宣传部意见。活动地域跨区的行业组织比照全市性行业组织从严审批。对于跨行业、业务宽泛、不易界定的行业组织，按照明确、清晰、聚焦主业的原则，加强名称审核、业务范围审定，同时听取利益相关方和管理部门意见。新闻网站、商业网站、企业网站等各类网站以及“两微一端”运营机构不得自行成立有相对固定组织机构的联盟、协会等全市性合作组织。

五、加强党建工作和综合管理

各业务主管单位要明确专门处室，负责所属文化领域行业组织党组织和党员的日常管理。要按照应建尽建的原则，推动行业组织党组织全覆盖、党的工作全覆盖，探索建立“功能型”“复合式”党组织。规范行业组织负责人任职资格和推荐审核程序。鼓励党组织负责人和行业组织负责人双向进入、交叉任职。各有关部门要各司其职、协调配合、分级管理，对行业组织统一登记、依法监督、做好服务。按照我市行业协会商会与行政机关脱钩实施方案和试点工作方案要求，制定切实可行的工作方案，稳妥有序地推进脱钩工作，引导和推动行业组织成为政社分开、依法自治、权责明确的法人主体。对于承担特殊职能、涉及意识形态安全和文化安全，确需实行业务主管单位和登记管理机关双重管理的行业组织，业务主管单位要全面负起管理责任，做好行业组织成立登记、变更登记、注销登记前的审查，监督指导行业组织依法依章程开展活动。建立健全行业组织评估标准，完善退出机制。

六、依法处理违法违规行为

宣传文化、民政部门会同有关部门对行业组织违反社会组织管理相关规定的行为及时整治。组织开展多部门联合执法，打击行业组织违法行为，依法取缔未经登记、擅自以行业组织名义活动的非法组织，依法取缔非法编印的内部报刊，依法追究相关责任人的法律责任。建立行业组织“异常名录”和“黑名单”，定期向社会公布。网信部门指导有关部门督促域名注册管理和服务机构做好域名注册,关闭有关非法网站。

七、加强组织领导

各区、各有关部门要高度重视,切实加强组织领导,推动我市文化领域行业组织健康有序发展。市文化改革发展工作领导小组对全市文化领域行业组织建设进行统筹指导,建立由市委宣传部和市民政局牵头,市文广新局、市委网信办、市经信局、市场监督管理局、市社科联、市文联等单位参加的会商工作机制,对文化领域行业组织建设的重大问题进行研究部署。民政部门要加大登记审查、监督检查、执法查处力度,宣传、文化广电新闻出版、网信部门,以及市经信局、科技局、市场监督管理局、旅游局等文化产业主管单位要加强政策和业务指导并履行相关行业监管责任,发改、财政、税务、外事、公安等部门按职能分工做好监管和服务工作,审计机关依法进行审计监督。党委组织部门、党建工作机构要加强对行业组织党组织建设工作的管理和指导,脱钩的行业组织党组织按照市委有关工作部署归口管理,未脱钩的行业组织的党建工作由业务主管单位加强领导。

附件:厦门市文化领域行业组织建设会商工作机制议事规则

厦门市文化改革发展工作领导小组

2017年9月6日

附件

厦门市文化领域行业组织建设会商工作机制议事规则

为贯彻中央办公厅、国务院办公厅《关于加强文化领域行业组织建设的指导意见》(厅字〔2016〕30 号)、省文化改革发展工作领导小组《关于贯彻落实中办国办〈关于加强文化领域行业组织建设的指导意见〉的通知》(闽文改〔2017〕2 号)及《厦门市文化领域行业组织规范建设的意见》,协调推动文化领域行业组织建设任务落实,经市文化改革发展工作领导小组批准,特建立会商工作机制。有关议事规则如下:

一、会商工作机制组成部门

1. 会商工作机制主要由市委宣传部、市民政局、市委网信办、市经信局、市文广新局、市市场监督管理局、市社科联、市文联等部门组成。根据会商议题需要,可请市直机关工委、发改委、财政局等有关部门参加。

2. 市委宣传部、市民政局为会商工作机制牵头部门。市委宣传部分管副部长、市文化改革发展工作领导小组办公室主任和市民政局分管副局长担任召集人,其他成员单位有关分管领导为成员。各成员单位业务处室负责同志担任联络员。

二、会商工作机制职责

1. 研究贯彻落实《关于加强文化领域行业组织建设的指导意见》(厅字〔2016〕30号)的工作举措,指导推动任务落实。

2. 组织协调各成员单位根据部门职责,做好文化领域行业组织培育发展和规范管理工作,报送相关材料和信息。

3. 研究推动全市文化领域行业组织专项治理,确保按时完成整改任务。

4. 督促推动各区加强文化领域行业组织建设。

5. 落实中央文化体制改革和发展工作领导小组、省文化改革发展工作领导小组及市文化改革发展工作领导小组交办的其他相关事项。

三、会商工作机制会议办法

1. 会商工作机制根据工作需要召开会议,一般原则上一年召开一次会议。

2. 会议由召集人主持。

3. 会商工作机制议定的重大事项报市文化改革发展工作领导小组。

Dashiji

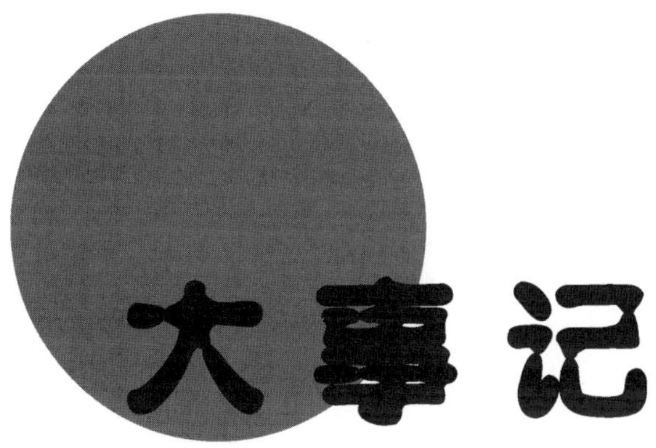

大事记

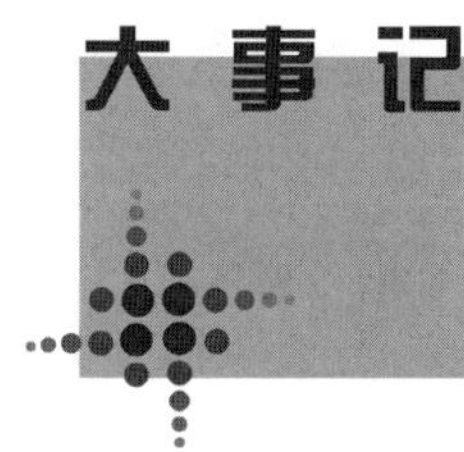

2017 年度厦门市文化改革发展工作大事记

1 月

▲1 月 4 日，厦门吉比特在上交所成功挂牌上市，成为 2017 年 A 股首家上市的互联网公司，也是继港股第二大互联网 IPO 企业——美图公司之后，厦门火炬高新区内诞生的又一上市企业。

▲1 月 6 日，2016 年度音乐厦门城市之歌全国原创作品颁奖盛典暨“国贸杯”首届十佳歌手选拔赛（总决赛）在厦门小白鹭金荣剧场举办。“国贸杯”首届十佳歌手选拔赛自 2016 年 11 月举办以来，经过初赛、复赛，最终有 10 名选手从全国 400 多名参赛者中脱颖而出，并于当晚角逐冠亚季军。晚会同时揭晓了 2016 年度音乐厦门城市之歌全国原创作品征集活动十佳作品及季度优秀作品。

▲1 月 10 日，《中国出版传媒商报》第 2299、2300 期合刊 18 版“2017 高端预测”专题发布厦门大学出版社社长蒋东明文章《再多一双慧眼看出版》。

▲1 月，北京图书博览会上，厦门大学出版社举行新书《打开文学的方式》读者见面会，《新中介的崛起与房地产价值链的重构》新书发布会，“家事法评注丛书”的新书推介会。

▲1 月 18 日，厦门海关召开厦门海关文联第一次代表大会，

进行厦门海关文联第一届主席团成员选举，冯鹭当选关文联主席。根据《厦门海关关于成立厦门海关文学艺术联合会的通知》精神和《厦门海关文学艺术联合会章程》规定，主席团成员及全关9个文艺类协会和团体的主要负责人组成文联委员会，负责听取和审议文联工作报告、讨论和决定文联重大问题、修改文联章程。关文联筹备组人员，各文艺协会及合唱团、管乐团负责人、艺术总监及部分会员代表共46人参加代表大会。

▲1月23日，由厦门文广影音有限公司旗下厦门市影视产业服务中心有限公司等6家单位发起的厦门市广播影视业协会举行成立仪式。该协会的成立将发挥桥梁、纽带和助手作用，整合行业力量，调动广大从业人员的积极性和创造性，积极推动厦门广播影视产业的繁荣发展。

▲1月，福建省文化厅公布第十批省级文化产业示范基地名单，厦门市2家文化企业入选，分别是厦门市龙山文化创意产业有限公司和福建中科亚创动漫科技股份有限公司。至此，厦门市省级文化产业示范基地增至22家。省级文化产业示范基地每年评选一次，被命名省级文化产业示范基地的企业，省文化厅将根据国家和省扶持文化产业发展的各项政策，在资金扶持、政策落实、信息服务和市场引导等方面给予重点支持，并从省级示范基地中推荐申报国家文化产业示范基地。

▲1月，为了鼓励表彰在品牌文化创新、推广与发展实践取得一定成果的优秀团队，福建省品牌文化发展研究会特授予强力巨彩为“福建省品牌建设优秀单位”。

▲1月，全国第四次文化馆评估定级工作圆满结束，文化部确定厦门市文化馆以及思明区文化馆、湖里区文化馆、集美区文化馆、海沧区文化馆、同安区文化馆和翔安区文化馆均为“一级文化馆”，并颁发“一级文化馆”标牌。厦门成为“一级文化馆”全覆盖城市，公共文化服务体系建设走在全国前列。

2 月

▲2 月 15 日，由厦门市海沧台商投资区策划投资，海沧电视台、厦门文广影音有限公司、央视纪录国际传媒有限公司联合摄制的大型高清历史人文纪录片《周起元》在海沧启动开机仪式。周起元，海沧后井村人，是明朝中后期难得的清官和富有远见卓识的海洋文明先驱。纪录片《周起元》是海沧区沧江文化系列继《开台王——颜思齐》之后的又一新篇章。

▲2 月 17 日，“海峡两岸书画名家邀请展”在厦门市图书馆开幕。现场共展出来自海峡两岸的 50 多位艺术家的 70 多件书画作品。

▲2 月 19 日，人民日报社举办移动传播创新论坛，正式启动全国移动直播平台“人民直播”上线。《厦门日报》成为首批入驻该直播平台的媒体机构之一。

▲2 月 20 日，国门之光——厦门海关文联成立大会暨文艺演出在厦门海关一楼礼堂落下帷幕，这是全国海关系统内的第一家文联组织，也是厦门市第四家行业文联。厦门市副市长韩景义，厦门市直机关党工委常务副书记苏培雄及海关总署政工办副主任谢放应邀参加活动。

▲2 月，文化部公布全国公共文化服务标准化、基层综合性文化服务中心建设两项试点评审验收结果，厦门市承担的“国家公共文化服务标准化”和“国家基层综合性文化服务中心”等两项试点顺利通过文化部验收。这是文化部 2014 年 8 月至 2016 年底开展的为期 2 年的全国性文化试点工作，全国有 34 家试点地区和单位参加了评审。

3 月

▲3 月 16 日，厦门市委常委、宣传部长叶重耕与腾讯移动互联网事业群副总裁、腾讯开放平台总经理侯晓楠一行就来厦设立“双创特色小镇”事宜举行会谈。厦门市副市长李辉跃、市经信局领导等陪同会谈。

▲3 月 17 日，2016 厦门文化产业年度风云榜颁奖仪式在厦门湖里区当代水文化博物馆举行。该活动由厦门市文化改革发展工作领导小组办公室和厦门日报社联合主办。设置了年度事件、年度人物、年度企业、年度文创产品、年度创意区街活动等奖项名单。厦门文化产业年度风云榜是文化产业领域的年度公益评选活动，在文化产业领域具有广泛而深刻的影响。自 2013 年以来，每年举办一届，至今连续举办四届，已成为厦门文化产业领域最受关注的年度大奖之一。

▲3 月 28 日，由中国动漫集团注册在厦门的子公司——中娱文化股份有限公司历时 3 年多倾心之作完成的 52 集（每集 12 分钟）国产 3D 电视动画片《彩虹宝宝》19:00 在中央电视台少儿频道播出，随后将在全国地方电视台陆续播出。中娱文化股份有限公司曾制作并在中央电视台发行了三届动漫春晚，反响良好，是厦门动漫产业的骨干力量，为动漫产业的发展做出了积极的贡献。

▲3 月 28 日，“中国东方演艺集团与厦门文广传媒集团战略合作签约仪式”在厦门广电集团演播厅举办。

▲3 月，厦门市文化企业强力巨彩研发中心主任何国经入选福建省第五批引进高层次创业创新人才（简称省引才“百人计划”）。

4 月

▲4 月 1 日，厦门市动漫企业认定管理工作办公室公示了 2017 年厦门市动漫企业认定和年审企业名单，共有 28 家企业通过市级动漫企业认定，139 家企业通过年审。

▲4 月 16 日，厦门方特东方神画开园，方特水上乐园将在 2017 年夏天迎客，两者将与开园近 4 年的方特梦幻王国组成方特旅游区，成为环东海域新城重要的旅游休闲配套。

▲4 月 13 日，在“演艺北京”博览会中国演艺产业年会上，厦门闽南大戏院荣获 2016 年度中国音乐剧大型演出场馆活力十强。

▲4 月 23 日，由集美区委宣传部、集美区文体广电出版旅游局主办，厦门晚报社、集美区少儿图书馆、集美广播电视台承办的“人文集美悦读季”启动，陆续开展了名家讲座、读书征文、书香家庭评选、阅读人家藏书展、本土作家作品展等丰富多彩的系列活动，营造了浓厚的书香文化氛围，取得良好的社会效益。

▲4 月 23 日，在第 22 个“世界读书日”来临之际，由厦门市图书馆发起，全市 10 家公共图书馆、5 家书店、33 家民间读书机构共同参与的“真诚相邀 全城共读——4.23 全民阅读推广活动”在全市开展。本次活动通过好书共选、好书共推、好书共享、好书共读四个环节，组织各项活动 41 场次，吸引了 2.4 万人次参与。

▲4 月 27 日，由厦门网策划执行的“第六届厦门网络文化节”开幕式在思明区云顶创谷正式启动。活动以“金砖你我他　厦门 e 风采”为主题，分为城之风采、城之韵味、城之温度、党建红云共四大单元 19 项活动。

▲4 月 27 日，厦门市文发办、市统计局联合召开全市文化产业统计工作座谈会，厦门市文化改革发展工作领导小组和市文化

蓝皮书

产业统计工作领导小组相关单位领导及各区宣传部、统计局的领导参加会议。厦门市委常委、宣传部长、市文化改革发展工作领导小组副组长叶重耕出席会议并发表讲话。会上，市统计局通报了2016年全市文化产业统计工作情况，文发办介绍了厦门市规模以下文化产业统计调查及监测工作方案。与会领导围绕文化产业统计工作面临的制度缺陷、体系不全、门类复杂等客观问题和认识不足、合力不强等主观问题，以及拟出台的规下文化产业统计监测方案充分讨论，集思广益。

5 月

▲5 月 10 日，厦门大学出版社"'一带一路'与中国开放型经济新体制丛书"（7 种）和《海上丝绸之路精要文献汇刊》共 8 种选题入选教育部社科司 2017 年全国高校出版社主题出版选题名单。

▲5 月 15 日，"2017 年海峡工业设计大奖赛"新闻发布会在厦门市政府新闻发布中心召开，大赛正式启动。

▲5 月 18 日，第 41 个国际博物馆日，世界博物馆协会确定的主题是"博物馆与有争议的历史：博物馆讲述难以言说的历史"。围绕这一主题，本着"俭朴、隆重"的原则，全市各国有、非国有博物馆开展了丰富多彩、形式多样的主题活动。

▲5 月 19 日，第三届艺术厦门博览会暨张仃先生百年诞辰艺术特展在厦门国际会展中心开幕。市委常委、宣传部长叶重耕和部分省市老领导出席了开幕式。本届博览会为期 3 天，以当代艺术为主题，展览面积共 2.1 万平方米，分为当代艺术馆、当代经典馆、拍卖展示馆，邀请了来自美国、法国、意大利、俄罗斯、西班牙、日本、朝鲜等 11 个国家和地区的 129 家艺术机构，上千名艺术家和上万件作品参展。还有相关文化产业领导、艺术家、策展人、评

论家、艺术机构代表、收藏家、知名企业家等齐聚一堂，进一步促进了国际上的艺术交流与合作。展会期间，还举办了八场高端艺术论坛和联合拍卖会等活动，旨在打造主题丰富、规模盛大的综合博览会，从而吸引更多人群的关注，以此扩大厦门文化艺术的影响力，让文化艺术走入大众生活。

▲5月22日，第六届“中国戏剧奖·曹禺剧本奖”在广州大剧院揭晓，著名剧作家、厦门市文联副主席（非驻会）、市戏剧家协会主席曾学文创作的高甲戏《大稻埕》荣获第六届“中国戏剧奖·曹禺剧本奖”，这也是他个人继首届《邵江海》和第三届《阿搭嫂》之后，第三次荣登中国戏剧剧本最高奖。

▲5月23日，厦门外图集团总经理申显杨获评国家出版领域最高奖项“中国出版政府奖（优秀人物奖）”，是福建省唯一获此殊荣的个人。

▲5月27日，由厦门市文广新局主办的第十届海峡两岸闽南语原创歌曲歌手大赛决赛在厦门广播电视集团1000坪演播大厅落幕，评选出金奖一名、银奖两名、铜奖三名以及优秀作品六名。此外，黄滢滢获得最佳歌手奖，林知卉获得最佳演唱奖，“大台风乐队”获得最佳表现奖。海峡两岸闽南语原创歌曲歌手大赛是厦门市文广新局和厦门广电集团着力推广的闽南文化重点活动，自2007年以来已成功举办了10届，厦门、漳州、泉州、台湾、金门等两岸多个城市参与此项赛事，征集了1000多首原创作品，培养了大批年轻的创作者和歌手，积累了近百首经典的原创歌曲，已成为海峡两岸知名赛事。

▲5月，第五届中国画报协会“金睛奖”评选结果在北京揭晓，厦门航空文化传媒有限公司在本次大赛中获得多项殊荣：出版发行的《厦门航空》《画中游》《丝路寻艺》荣获“最佳编辑”三等奖；《兄弟姐妹》荣获最佳设计三等奖；《水墨寻仙》荣获最佳摄影三等奖。

▲5月，厦门闽南大戏院管理有限公司被中国演出行业协会

评为2015—2016年度诚信经营单位。

6月

▲6月9日，由中国旅游演艺联盟主办，华夏文旅集团、鼎盛文化产业投资有限公司承办的以“聚焦传承·创新升华·共谋发展”为主题的“一带一路与旅游演艺发展高峰论坛”在厦门举办。市委常委、宣传部长叶重耕受邀出席此次论坛，市文广新局领导受叶部长委托代表市委市政府致辞。本次论坛包括主题演讲和平行论坛两部分，与会嘉宾集思广益、畅所欲言，共同探索“一带一路”下文化与演艺发展的新模式、新道路，推进旅游演艺产业的繁荣发展。来自全国文化旅游及演艺行业专家、学者、行业领军人物、旅游演艺机构及厦门市相关部门负责人共100余人参加了此次论坛。

▲6月9日，由厦门文广影音有限公司策划制作的《台湾音画》获第四届中国出版政府奖提名奖。

▲6月12日，第十届海峡两岸文博会推介会在临夏州召开，临夏州委宣传部召集了临夏州文创产业协会及相关企业负责人等近30人参加了推介会，希望通过文博会这个平台，加强厦门和临夏州的文化交流合作，助推临夏州特色文化产品走向两岸、走向国际。

▲6月13日，第十届海峡两岸（厦门）文化产业博览交易会（以下简称“海峡两岸文博会”）在兰州创意文化产业园召开推介会。推介会上，海峡两岸文博会筹备办相关领导介绍了第十届海峡两岸文博会基本概况及筹备工作开展情况。兰州是陆上丝绸之路的重要节点，厦门是海上丝绸之路的重要支点，两个城市要多开展文化的交流与融合，海峡两岸文博会的四大板块格局与兰州现

在大力发展的产业非常契合，希望通过文博会平台开展文化交流与融合。

▲6 月 18 日，由厦门外图集团承办的第九届海峡论坛·海峡两岸青少年共享阅读活动在厦门小白鹭艺术中心正式启动，两岸 42 名青少年和带队老师共 52 名以书会友，相聚福建，开展结对参访阅读交流活动，活动结束后，两岸青少年正以独特的视角、细腻的笔法抒发参访感受，相关文章结集出版《文知馨语——海峡两岸青少年共享阅读活动》并在两岸推广发行。

▲6 月 22 日，厦门外图集团组团参加美国图书馆协会年会书展，并在美国纽约、洛杉矶，加拿大温哥华、多伦多等地自办中国图书北美联展，展出的中文图书深受北美读者喜爱，充分展示了中国出版的巨大魅力。

▲6 月 23 日—24 日，为期两天的“2017 世界移动互联网大会暨新媒体门户大会”在北京召开，美柚凭借多年来深耕女性市场，并在女性垂直 APP 领域取得遥遥领先的行业地位，成为国内最大的女性服务平台，荣获“2017 移动互联网行业最具领导力”大奖。

▲6 月 27 日，厦门市委常委、宣传部长叶重耕主持召开第十届海峡两岸（厦门）文博会厦门市第二次筹备工作专题会议。市政府副市长国桂荣，市府办、市文发办、市文广新局、厦门文广传媒集团有限公司、厦门文广会展有限公司等单位相关负责人参加了会议。会议听取了文博会筹备办近期筹备工作情况的汇报，并就下一阶段筹备工作重点进行了研究与部署。叶部长提出三点要求：一是要坚定展会海峡两岸定位，突出对台特色，要在原有台湾资源基础上，积极拓宽渠道，进一步挖掘台湾优质资源，凸显对台特色；二是要着力做好文博会十周年回顾展，充分展现十年来文博会的发展历程与成果成就；三是运营单位要充分发挥优势，拓宽办展思路，主动谋划，融入影视等优势资源，丰富文博会内容，将文博会做强做大。

▲6月29日，受厦门市委常委、宣传部长叶重耕委托，市委宣传部常务副部长上官军主持召开思明电影院等三家国有电影整体划转移交会议。市文广新局、厦门广电集团主要领导及相关处室（部门）负责人，思明电影院、中华电影院、厦门市电影发行放映公司等三家国有电影企业领导班子成员参加了会议。

▲6月29日，入选第十五届中国戏剧节的高甲戏《大稻埕》在宁夏人民会堂登台献演，其独特的题材优势、厚重的历史感、精彩的艺术性和浓郁的地域特色赢得观众热烈掌声。高甲戏《大稻埕》从全国122台参选剧目中脱颖而出，成功入选第十五届中国戏剧节27台优秀剧目。高甲戏《大稻埕》由两岸艺术家通力合作打造，专家评价该剧是用严肃的历史观和正确的艺术观来表达台湾人民的抗战历史，是中国戏剧舞台上表达台湾人民家国情怀的精致剧目。

▲6月29日，厦门市委常委、宣传部长叶重耕到厦门市影视产业总部园区考察调研。在详细了解厦门市影视产业总部园区工作进展及未来的产业规划后，叶重耕对“一园一带多区”影视产业布局表示充分肯定。他指出，厦门影视发展应梳理影视产业链发展规律，找准定位和方向，突出厦门影视的环境优势，全力推进影视行业升级和发展。

▲6月，福建省新闻出版广电局下发《关于新闻出版广播影视情况通报》，就2016年全省新闻出版广电（版权）行政处罚案卷的评查情况进行通报，厦门市文化市场综合执法支队有3件案卷获评福建省“十佳案卷”。本次评查由省局组织专家和业务骨干，通过现场评查、交叉互评、集中评议等方式，依照高标准、落实严要求，从全省9个设区市共114件新闻出版广电（版权）类行政处罚案件评选出2016年度“全省十佳案卷”。

7 月

▲7月4日,《厦门日报》面向全球征集厦门城市形象微信表情。该活动由市委外宣办指导、厦门日报社承办,全程以全媒体形式进行。

▲7月7日—16日,为深入贯彻"一带一路"倡议和"文化走出去"战略,学习欧洲国家发展文化产业经验,推动厦门与欧洲国家的文化艺术产业交流与合作,应波兰TELPRESS ATP公司、Supra Film公司、芬兰贸易旅游投资促进署(Finpro)和瑞典Skurup市政厅的邀请,中共厦门市委常委、宣传部长叶重耕率市文化产业代表团一行6人赴波兰、芬兰、瑞典进行文化交流和推介活动,并参加在波兰克拉科夫市召开的第41届世界遗产大会。

▲7月17日—22日,由厦门市教育局主办、厦门二中承办的第七届海峡两岸中学生闽南文化夏令营在厦门成功举办,来自海峡两岸12所中学的107名师生共同开展了寻找闽南文化系列活动。

▲7月25日起,由厦门市文广新局征集、评选的《高原上的鹭江人》《戏里戏外》《厝瓦》等13件微电影和纪实短片,在厦门网、厦门广电网和厦门房地产联合网开展"弘扬社会主义核心价值观 共筑中国梦"主题原创网络视听节目展播活动中,进行为期2个月展播,以期扩大厦门市优秀原创视听节目的网络影响力及覆盖面,进一步巩固、扩充网络传播阵地,丰富广大青少年暑期生活,这也是市文广新局连续三年开展的中国梦主题、建设"五大发展"示范市优秀网络视听节目展播活动。

▲7月31日—8月5日,为促进海峡两岸中学生的沟通和交流,深化两岸教育交流与合作,市教育局组织50名师生赴台参加

第五届厦台中学生手拉手夏令营，在台期间，两岸学生同吃同住、共同参与课程学习，增进了解，建立友谊，加深感情。

8 月

▲8月1日，为推进厦门市公共文化服务体系建设，鼓励和扶持民营实体书店健康持续发展，厦门市文发办、市财政局和厦门市文广新局联合印发了《厦门市扶持民营实体书店发展办法》的通知（厦文发办〔2017〕23号）。

▲8月1日，由厦门文广影音有限公司与北京宣艺天地文化传媒有限公司、北京盈华文创文化传媒有限公司联合制作的谍战题材电视剧《黑土热血》（原名《雪白血红》）于央视八套黄金档播出，是央视平台选中的中国人民解放军建军90周年献礼之作。

▲8月3日，厦门市召开鼓浪屿申遗总结暨全市文化遗产保护工作推进大会。福建省委常委、厦门市委书记裴金佳出席会议并作重要讲话。会议由市长庄稼汉主持，市人大常委会主任陈家东，市政协主席张健，市委常委、宣传部部长叶重耕，市委常委倪超，市领导林文生、黄文辉、陈紫萱、国桂荣、黄学惠等出席会议，全市市直机关、各区等相关部门领导参加会议。会上，市委常委倪超总结了鼓浪屿申遗工作。市委、市政府对鼓浪屿管委会、厦门市文物局等20个申遗工作先进集体，厦门市文广新局副局长、鼓浪屿管委会副主任李云丽等90名申遗工作先进个人进行了表彰。

▲8月3日，中国互联网协会、工业和信息化部信息中心在京联合发布2017年“中国互联网企业100强”榜单，四三九九网络股份有限公司、美图公司、厦门吉比特网络技术股份有限公司和厦门美柚信息科技有限公司等四家厦门文化企业入选。

▲8月4日，海峡两岸龙山文创园获评“福建省文化产业重点

园区”。

▲8月8日,新三板上市公司厦门天视文化传媒股份有限公司发布股票发行认购公告。经厦门日报社党委研究并由厦门市委宣传部批准,厦门报业传媒集团认购100万股,占发行后全部股份的2.22%。此次参股天视文化正是厦门日报社推动报业转型、深化改革的探索之一。

▲8月10日,由厦门文广影音有限公司与厦门大洲影视文化发展有限公司联合投资制作的38集现代家庭亲情题材电视剧《我们的爱》在江苏卫视黄金档幸福剧场全国首播,腾讯视频同步网络播出,开播收视率一路飘红。

▲8月15日,由厦门文广影音有限公司旗下厦门冉冉昇起影业有限公司和河北省电影电视剧创作中心、河北东方视野文化传播股份有限公司联合制作的主旋律电视剧《太行赤子李保国》于河北开机。该剧以李保国教授为原型,旨在表现以李保国教授为代表的科技工作者,运用所掌握的科学技术,辛勤付出、无私奉献,帮助生活在太行山深处的千家万户摆脱贫困的事迹。

▲8月16日,由厦门市建设局、厦门日报社主办,厦门市青年摄影家协会协办的“越夜越精彩全民随手拍”竞赛暨“我心目中的十佳夜景”征集命名活动启动。

▲8月21日,福建省经济和信息化委员会发布《关于公布第五批福建省省级工业设计中心名单的通知》(闽经信函服务〔2017〕187号),厦门立达信绿色照明集团有限公司、厦门大千振宇工业产品设计有限公司、厦门盈趣科技股份有限公司3家企业通过国家级工业设计中心的认定。

▲8月23日,厦门文广影音有限公司策划制作的大型系列原创微纪录片《精彩闽南》开播。《精彩闽南》以精致时尚的微纪录片方式,对闽南文化,尤其是厦门这座城市的多元文化进行梳理,内容涉及民俗、信仰、戏曲、工艺、建筑、美食、时尚文化、“一带一路”

蓝皮书

等，旨在弘扬闽南文化，传播闽南精神，记录一个历经千年传承和时代发展的闽南，为厦门会晤献礼。

▲8月25日，国家新闻出版广电总局副局长张宏森一行3人到集美集影视产业园调研并举行座谈。厦门市委宣传部副部长戴志望，市文广新局副局长张剑辉，集美区委常委、宣传部部长赖朝晖以及广电集团副书记魏振宗等陪同调研。张宏森副局长高度肯定厦门大力发展电影产业的努力，赞同厦门"全域影城"的发展思路，认为厦门发展电影产业具有综合竞争优势，在突出对台电影产业合作的同时辐射东南亚大华语区，可打造成为我国新兴的电影产业基地。

▲8月29日，厦门文广影音有限公司策划制作的厦门城市形象宣传片《WE ARE 厦门》重磅出炉。一部不到7分钟的城市形象宣传片，完美展示厦门的热情活力、温柔迷人、奋斗进取和包容有爱。一经推出，央视新闻、央视综艺频道、央视中文国际频道纷纷转播，《人民日报》、《中国日报》、头条新闻、中国新闻网、《大公报》、新浪厦门等各大媒体官微也争相转载和报道。中央电视台在金砖厦门会晤期间播出厦门城市形象宣传片《WE ARE 厦门》完整版，向全国、全世界呈现出不一样的厦门。

▲8月30日，2017年海峡工业设计大奖赛圆满完成申报阶段的征集工作，本届大赛共征集参赛作品3368件，其中产品设计类作品1029件，概念设计类2339件，参赛作品总数量创历届最高。

▲8月，图书《邮票上的金砖国家》首发式在厦门外图书城举行。

▲8月，厦门大学出版社获评2017年中国图书世界影响力出版100强。至此，厦门大学出版社已连续5年获此殊荣。

▲8月，四三九九网络股份有限公司荣获科学技术部火炬高技术研发中心颁布的"2016国家火炬计划软件产业基地骨干企业"称号。

▲8月，由厦门市委宣传部指导、厦门日报社承担、华亿传媒执行，历时9个月倾力打造的“五个一”外宣品——一本画册《诗画厦门》（最美如斯的城市画卷）、两本书籍《印象厦门》（诗意栖居的自画像）《丝路帆影》（丝路情缘厦门的故事）、一组折页（关于厦门的美丽与幸福）、一套明信片（漫享鼓浪屿最美时光）付梓印刷。

▲8月，厦门市政府新闻办联合厦门日报社出品厦门形象微信表情包。这5组动态表情包主要有郑成功请您“来呷茶”、呆萌日光岩、市鸟小白鹭、金砖超人等，糅合了厦门的气质与魅力，让鲜明又贴切的厦门城市形象跃然纸上，充分展现了厦门创新、鲜活、活泼、生动的形象。

▲8月，国家文物局党组书记、局长刘玉珠，文化部党组成员、故宫博物院院长单霁翔一行，在厦门市委常委、宣传部长叶重耕，福建省文物局局长傅柒生等陪同下，深入厦门督查文物安全大排查工作，实地调研鼓浪屿文化遗产保护工作并对鼓浪屿申遗后续建设管理提出要求。

9月

▲9月1日，厦门文广影音有限公司联合厦门市非遗中心、厦门市语委办、思明区文体局等共同举办为期4个月的“2017厦门市青少年讲古电视大赛”。该大赛是厦门首次就国家级非遗项目讲古举办全市性青少年赛事。

▲9月3日，受国家财政部和金砖国家新开发银行委托，华亿传媒参与策划执行新开发银行贷款项目签约仪式在厦门艾美酒店举行。

▲9月3日，国家主席习近平和俄罗斯总统普京在厦门筼筜书院共同参观福建非物质文化遗产展。习主席为普京总统介绍闽

南文化历史渊源和非物质文化遗产特色。习主席和普京总统对这些传承数百年的传统艺术给予了高度赞赏。

▲9月4日，金砖国家领导人会晤专场文艺晚会《扬帆未来》在闽南大戏院成功上演。9月，厦门闽南大戏院管理有限公司被评为金砖会晤筹备和服务保障工作省级先进集体。

▲9月5日，中外领导人配偶活动在筼筜书院举行，市南乐团为中外来宾表演了古朴典雅的南音节目，展示了南音艺术的风采神韵。

▲9月5日—7日，2017年海峡工业设计大奖赛30名初评专家分成智能装备、电子信息、家居用品、运动休闲用品、文创旅游产品5大组别，对所有参赛作品按照创新性、实用性、环保性、经济性等评奖标准进行网络评审，分别评选出大奖赛入围作品550件。

▲ 9月13日，庄市长召开电影节专题会议。

▲9月14日，庄稼汉市长召开市政府专题会议研究金鸡百花电影节落户厦门及厦门电影产业发展有关事宜。

▲9月15日，由厦门华亿文创展务有限公司策划、布展的江头街道党建服务中心正式对外开放。江头街道党建服务中心内设融厝党建展厅、融厝服务站、融厝党代表工作室、融厝党校、融厝驿站等功能区，为辖区党组织、党员群众提供设施更完备、氛围更浓郁、凝聚力更强的党建服务。

▲9月15日—16日，由厦门市文广新局承办、厦门影视产业服务中心有限公司执行的以“文明相融·民心相通”为主题的金砖国家文化节之金砖五国电影展映活动，在厦门博纳国际影城、厦门中华影院、厦门湖里万达影城、厦门集美万达影城举办，成功展映了成都“金砖国家电影节”上获奖的《时间去哪儿了》《第二个妈妈》《海龟》《阿扬达与机械师》《潘菲洛夫28勇士》《七月与安生》等优秀影片，厦门观众反响热烈，达到预期成效。

▲9月15日—22日，厦门举办金砖国家文化节，来自金砖五

国的 210 余位艺术家举办了 30 多场艺术展、电影展等活动，吸引了众多观众。

▲9 月 20 日，由厦门网策划执行的“银联杯”第八届欢动厦门网络博饼节启动，2017 年网络博饼节以“乐联万家、欢动厦门”为主题，依然采用市民网友熟悉的“线上积分排名＋线下落地博饼”的比赛制度，线下博饼于 10 月下旬举办。

▲9 月 21 日，全省文化改革发展工作推进会在福州召开。会上对福建省文化产业重点园区、2016 年度福建省文化企业十强及提名企业进行了表彰和授牌。厦门海峡两岸龙山文创园和集美集影视产业园入选省级文化产业重点园区。厦门神游华夏大剧院有限公司和厦门吉比特网络技术股份有限公司入选 2016 年度福建省“文化企业十强”，厦门文广影音有限公司和趣游（厦门）科技有限公司入选 2016 年度福建省“文化企业十强”提名企业。

▲9 月 23 日，第五届闽南大戏院两岸艺术节在厦门开幕，艺术节持续两个月，闽南大戏院的舞台迎来世界各地 14 部共 22 场国际级艺术佳作，不仅有来自台湾的云门舞集《稻禾》、优人神鼓剧团《勇者之剑》、林文中舞团《长河》、摇滚音乐剧《山海经传》、香港的舞台剧《偶然·徐志摩》，还有上海歌舞团舞剧《朱鹮》，以及诸多国外精品佳作——美国百老汇原版经典喜剧音乐剧《修女也疯狂》、挪威国宝级天团神秘园中国巡演音乐会、立陶宛国家歌剧芭蕾舞剧院《天鹅湖》、白俄罗斯扬卡库巴拉剧院契诃夫戏剧《海鸥》等。此次两岸艺术节期间，除了重磅演出发布会、富有趣味的主题活动、讲座、工作坊等外，还举办了两岸艺术对话、文艺市集、剧院开放日、高雅艺术进校园等共 34 场艺文活动。

▲9 月 25 日，为做好“中国电影金鸡奖”永久颁奖地落户厦门的申报工作，厦门市人民政府成立了“中国电影金鸡奖”永久颁奖地落地工作小组。组长由市政府副市长韩景义担任，工作小组下设办公室，挂靠市文发办，负责工作小组的日常工作。

▲9月25日—29日，厦门市委宣传部联合市委组织部在全国干部教育培训四川大学基地举办“新一代文化产业园区建设和产业集群化发展”专题培训班，市文化改革发展工作领导小组相关成员单位和各区、管委会、文创园区的领导，以及新疆昌吉州宣传文化系统的干部及部分文化企业负责人，共47人参加培训。市委常委、宣传部部长叶重耕高度重视本次专题培训班，专程出席开班仪式，对参训学员提出具体要求。本次培训班采取专家讲座、现场教学、案例研讨等相结合的方式，取得了良好成效。

▲9月26日，厦门市副市长国桂荣到厦门市影视产业总部园区进行考察调研，市委宣传部、市发改委、市文广新局、集美区政府和广电集团等相关单位负责人陪同考察。国桂荣详细了解了厦门市影视产业总部园区运营模式及情况，对影视产业服务中心所做的工作与成果表示肯定。她表示，影视产业发展要站在市级发展层面考虑，场景、道具、服装、演员等各方面要全面发展；影视招商要立足全国，面向世界，尤其注重好的剧本引进与项目投资落地；影视文创方面，要注重产业延伸，将配套产业延伸至影视旅游。国桂荣指出，影视产业服务中心围绕“三大核心业务板块”推动厦门市影视产业发展是与厦门市的城市发展定位相吻合的，要以“全域外景”的模式，设立好影视公共服务协调机制。市里也将加速出台影视扶持政策，进一步完善厦门市影视产业生态布局。

▲9月27日，第十四届精神文明建设“五个一”表彰座谈会在北京召开。厦门市金莲升高甲剧团创排的高甲戏《大稻埕》荣获“优秀作品奖”，成为福建省唯一获此殊荣的戏剧剧目。

▲9月27日，以“创新、连接、融合”为主题的2017中国福建互联网大会在泉州举行，大会由工业和信息化部信息中心与福建省互联网协会联合举办。会上举行了福建省互联网企业20强颁奖典礼，四三九九网络股份有限公司、美图公司、厦门翔通动漫有限公司、厦门吉比特网络技术股份有限公司、厦门美柚信息科技有

限公司、趣游(厦门)科技有限公司、厦门鑫点击网络科技股份有限公司、咪咕动漫有限公司、厦门三五互联科技股份有限公司、厦门极致互动网络技术股份有限公司、天翼爱动漫文化传媒有限公司等入选2017年福建互联网企业20强。厦门点触科技股份有限公司、厦门花木易购电子商务有限公司获得福建省互联网行业最具成长型奖,厦门一品威客网络科技股份有限公司、厦门集微科技有限公司获得福建省互联网行业最具创新型奖。

▲9月28日,2017厦门国际时尚周新闻发布会在厦门五缘湾凯悦酒店举行。厦门市政府有关领导、国内外时尚界重要嘉宾、各行业协会代表、企业家及产业代表、设计师代表及40余家媒体共计200余人出席本次发布会。

▲9月,厦门航空文化传媒有限公司出版发行的《厦门航空》杂志荣获第六届华东优秀期刊称号。

▲9月,由厦门市旅游协会和厦门晚报社联手举办的“两岸休闲度假目的地标杆评选”活动,经过多个评审环节,14家单位从百家推荐名单中脱颖而出,成为两岸休闲度假目的地的标杆,受到了《福州晚报》等多家媒体及福建九地市旅游部门对此进行宣传报道。

▲9月,由厦门市思明区商务局主办,厦门报业传媒集团承办的“More范思明购物之旅”,涵盖Mall范购物、Mall饭逛吃喝和More Fun玩乐三大板块系列活动,联合思明区各大购物中心、商场百货加入其中,为市民朋友呈现了思明区商场的时尚魅力。

▲9月,福建省委常委、宣传部长高翔在厦门市委常委、宣传部长叶重耕、市文广新局局长林进川等人的陪同下来到厦门市博物馆调研。高翔部长观看了“厦门历史”“闽台民俗”“馆藏文物精品”等展厅,详细了解展览的内容与形式,对厦门市博物馆的展陈水平给予肯定。他强调,目前省文博界正大力推动水下文化遗产保护,希望将全省文博界的力量集中起来做好水下考古工作,也希

望厦门市博物馆以及厦门的文博工作者积极参与其中，共同促进福建省水下考古事业的发展。

▲9 月，厦门市文化改革发展工作领导小组办公室会同市文广新局发布《关于 2016 年度市民营实体书店扶持资金申报的通告》，广泛发动各民营实体书店进行扶持申报。《厦门市扶持民营实体书店发展办法》实施两年来，厦门共有 50 家书店获得 465.41 万元资金扶持；全市出版物发行单位的数量从 2014 年 265 家，增加到 2016 年 358 家，网点数平稳上升；晓风书屋等一批特色独立书店逐步复苏；西西弗等知名书店品牌陆续在厦门落地。

10 月

▲10 月 1 日—8 日，由厦门市园林植物园主办，省雕塑学会、市爱达文化艺术有限公司承办，福州大学工艺美术研究院、厦门大学艺术学院、集美大学美术学院、厦门市理工学院、厦门市工艺美术学会等单位协办在百花厅举办了第二届福建省雕塑大师、专家作品邀请展。展示了来自全省各地雕塑大师、雕塑专家的 100 多件雕塑作品，代表作品有当代著名雕塑家傅新民作品《归正·阻隔》《五行》《蜕变》《对话》等；以及雕塑大师潘尤龙教授《朱熹》《李白》铸铜作品，这些作品曾经获得国家级“百花奖”、金奖，为广大市民游客奉上了一场艺术盛宴，吸引近 12 万人次参观。

▲10 月 11 日，厦门晚报社启动 2017 年两岸斗茶活动，活动持续至 12 月 24 日，评出红茶组金奖、凤凰单枞组银奖等。

▲10 月 12 日—12 月 4 日，厦门市博物馆与苏州丝绸博物馆联合举办“国韵风姿——苏州丝绸博物馆馆藏民国旗袍展”。

▲10 月 13 日—15 日，第十三届海峡两岸图书交易会在厦门成功举办（以下简称“海图会”）。展场总面积 30500 平方米，其中

主会场面积23000平方米，设立展位400个。两岸500余家出版机构参展，参展图书20万种70多万册，总码洋3000万元。现场订购、销售图书总码洋4160万元，达成两岸图书版权贸易352项，集中展示两岸出版产业的最新成果，为华文图书贸易创造商机，本届海图会除在厦门文化艺术中心厦门市美术馆、外图厦门书城设立主会场外，还分别在海沧区、集美区、鼓浪屿设立分会场，展会期间前往主会场和各分会场的市民读者近10万人次。

▲10月20日—22日，2017年海峡工业设计大奖赛终评展示及其配套活动在集美市民广场展览馆举行。本届赛事以“设计让生活更美好”为主题，设置了智能装备、电子信息、家居用品、运动休闲用品、文创旅游产品等五大类，共征集到3368件作品，涵盖了人类衣食住行等各个领域。同期还举办了第三届海峡两岸大学生优秀工业设计作品展、日本村田智明设计师作品展、互动体验展区、第三届“乐色宣言”海峡两岸大学生混编设计挑战赛活动、大师讲座及“设计新锐”沙龙分享会等活动。

▲10月25日，厦门市书院协会正式授牌成立，这也是目前全国第一家地方性书院协会。市委常委、宣传部长叶重耕到场为市书院协会授牌。目前全市有各类书院100多家，在传承中华优秀文化的基础上，运用现代理念和方法，在推动全市社会文化事业发展上发挥了积极作用。

▲10月27日，2017海峡书画艺术产业博览会在厦门美术馆举行开幕式。作为海峡两岸(厦门)文化产业博览交易会的配套展，本届博览会由厦门市文化改革发展工作领导小组办公室、厦门市文广新局、厦门日报社和海峡书画艺术产业协会共同主办。市委常委、宣传部长叶重耕出席了开幕式，市委宣传部副部长、市文发办主任戴志望代表主办方致辞。本届博览会内容丰富，亮点频现：商务印书馆推出120周年特展；百年老字号南京十竹斋带经典笺谱亮相；西泠印社、中国书法出版传媒、中国楹联协会茶文化书

画院领衔业界参展;华夏笔都、中国文房四宝之乡、临安金石等全国文房雅器经典展区继续亮相;“一带一路作品邀请展”等也共同展出。

▲10月28日,由厦门市工业设计协会承办的厦门市第二十三届职工技术比赛“3D模塑师”赛前现场免费培训在厦门软件职业技术学院开展,培训内容包括3D打印技术培训、VR交互设计培训、工业设计培等。

▲10月28日,厦门日报社在白鹭洲举办第十七届读者节。市委副书记陈秋雄宣布开幕。市人大常委会副主任陈琛,市政协副主席黄学惠,市委宣传部常务副部长上官军等出席开幕式。

▲10月28日,厦门日报社新闻大楼二期项目顺利封顶,预计2019年年底投入使用。

▲10月30日,由厦门晚报社举办的厦门市第十一届和谐邻里节活动暨模范道德故事汇基层巡演启动,活动持续至2018年1月,共举办15场活动,涵盖岛内外。

▲10月,厦门日报社筹建的深田国际大厦(立项名为信息文化传播中心),经国家专家小组考察评审,获“国家优质工程奖”。

11月

▲11月2日—3日,第六届全球游戏开发者大会暨天府奖盛典在成都举行。在颁奖盛典上,4399手机游戏网荣获“2017年度最具影响力媒体”奖项,4399游戏盒荣获“2017年度最佳移动游戏渠道”奖项。

▲11月3日,厦门市影视产业服务中心有限公司承办了第十届海峡两岸文博会影视专场活动,包括“厦门影视资源推介会”“福建影视企业联展”“影视IP衍生品交易展”“第三届‘两岸·映像

纪'开幕式""中国影视美术作品展"等多项活动，促进影视文化交流与合作。活动期间正式发布2017厦门影视旅游地图，并推出升级版《2017厦门影视拍摄指南》。

▲11月3日，第四届(2017)福建文创奖颁奖典礼在第十届海峡两岸文博会上举行。厦门市共16件作品获奖，其中《隐山》获新秀设计奖金奖，厦门市文发办获颁组织促进奖。

▲11月3日—4日，厦门市第二十三届职工技术比赛"3D模塑师"比赛在厦门软件职业技术学院举行，参赛团队利用两天一夜时间通过理论考试、创新设计、建模、3D打印、VR交互设计等阶段，最终评选出一等奖1名，二等奖2名，三等奖3名。

▲11月3日—6日，第十届海峡两岸(厦门)文博会特设"2017年海峡工业设计大奖赛"获奖作品展示专区，更大范围地推广大赛获奖作品。

▲11月3日—6日，第十届海峡两岸(厦门)文化产业博览交易会在厦门国际会展中心开幕。展会同时在厦门古玩城、奥林匹克博物馆、蔡氏漆线雕、惠和石文化园、闽南古镇、北岸艺术区、集美区影视总部园区、同安影视城等岛内外27个厦门市重点文化企业以及具备一定规模和效益的文化产业园区设置分会场。本届海峡两岸文博会由中共中央台办、文化部、国家新闻出版广电总局、福建省人民政府主办，厦门市人民政府、台湾亚太文化创意产业协会承办。开幕式当天上午，中共中央台办副主任陈元丰，中国国民党革命委员会中央委员会副主席郑建邦，中共中央台办交流局副局长董碧幽，文化部港澳台办副主任李健钢，中共中央台办交流局原局长、北京海峡两岸民间交流促进会会长戴肖峰，福建省委常委、宣传部长高翔，福建省人民政府副省长杨贤金，厦门市领导叶重耕、国桂荣等到场巡馆。

▲11月3日—6日，2017厦门国际设计周在厦门国际会展中心举办，同期还有设计交易会、德国红点设计大奖作品展、"中国好

蓝皮书

设计"奖颁奖典礼及"设计师之夜""海边的 Designers"大型城市展览等配套活动。2017 厦门国际设计周设计交易会的主题是"用设计塑造品牌"。

▲11 月 9 日,2017 年度"中脉杯"中国城市新闻网站年度新闻奖项颁奖仪式在南昌举行。厦门网被授予 2017 年度中国城市新闻网站"优秀网站奖",厦门网《鹭岛热评》栏目被授予品牌栏目精品奖,文明小博客《美丽校园行》栏目被授予优秀创意精品奖。

▲11 月 14 日,厦门优利得科技股份有限公司、四三九九网络股份有限公司、厦门游力信息科技有限公司、哥们网科技有限公司、厦门新游网络股份有限公司、厦门点触科技股份有限公司、厦门外图集团有限公司等 7 家厦门市文化企业被认定为"2017—2018 年度国家文化出口重点企业"。

▲11 月 15 日—19 日,2017 厦门国际时尚周在厦门举行,以"厦门·SHOW 给世界看"为主题,以厦门会展北片区金融中心 CBD 周边为主场,联动厦门其他时尚地标商圈,呈现产业对接、时尚发布、时尚潮购、时尚之城四大板块的各类活动内容。

▲11 月 15 日—20 日 ,2017 厦门国际时尚周思明分会场在龙山文创园时尚中心 T 台演绎大厅举办,共举办 10 场发布会及 2017 华人时装设计大赛决赛暨颁奖典礼。

▲11 月 16 日—19 日,第十届厦门国际动漫节在厦门国际会展中心举办。本届厦门国际动漫节规模创历届之最,国际化水平大幅提升,展馆面积达 2.6 万平方米,入场人数 10 万人次,覆盖全球 45 个国家和地区。其中电竞数娱作为厦门国际动漫节新增特色板块,以"赛、展、会"为主线,通过四大活动贯穿全场,包括"ESCC 海峡两岸王者荣耀争霸赛""ESCC 亚洲宅舞超级赛""中国厦门电竞产业高峰论坛"和"WRA 全球 GANKER 机器人厦门公开赛"四大主题。

▲11 月 17 日,国家工业和信息化部发布《关于公布 2017 年

国家级工业设计中心认定及复核结果的通告》(工信部产业函〔2017〕507 号),厦门市厦门建霖工业有限公司、厦门立达信绿色照明集团有限公司、厦门盈趣科技股份有限公司 3 家企业通过国家级工业设计中心的认定,厦门金牌橱柜有限公司、厦门市拙雅科技有限公司、厦门松霖科技有限公司、冠捷显示科技(厦门)有限公司 4 家企业顺利通过复核。

▲11 月 23 日,由中国美术家协会、厦门市文化广电新闻出版局主办,中国美协漆画艺委会、厦门市美术馆承办的"2017 中国(厦门)漆画展"在厦门闽南神韵剧场开幕。本届漆画展除了同期举行的主题展览、开幕式、论坛外,还举办了 9 个配套展览、5 期艺术厦门·漆画有约公益大讲堂、2 场研讨会等系列活动。中国漆画双年展在厦门已举办 6 届。与往届相比,本届漆画展规模大,作品质量高。厦门漆画双年展给全国漆画作者搭建起一个施展创作才华和互相交流的平台,促进了漆画创作的蓬勃发展,对于漆画的传承和创新,也有很大的帮助和促进。

▲11 月 23 日,厦门外图集团国际图书事业部总经理吴畇希入选由市委组织部、共青团市委主办的"厦门市第三批创新创业人才计划"。

▲11 月 24 日,由厦门外图集团承办的第一届东南亚中国图书巡回展在泰国曼谷诗丽吉王后国家会展中心开幕,这是我国书展首次自主搭建平台大规模跨国办展。书展在泰国、老挝、柬埔寨、缅甸四国同步举办,获得海内外主流媒体及读者群众一致好评。

▲11 月 24 日—26 日,"第九届海峡两岸国学论坛"在厦门筼筜书院举行。活动由厦门筼筜书院与厦门大学国学研究院等单位共同主办,来自海峡两岸 50 多所高校、研究所、书院等文化机构的百余位知名专家学者汇聚在金砖后崭新的筼筜书院,以"积力能久——中国传统文化传承发展的深化"为主题,深入探索交流,以

启新国学之门，延续金砖会晤与十九大的文化效应。

▲11 月 25 日，2017 集美·阿尔勒国际摄影季在集美新城市民广场开幕，展馆位于集美新城市民广场展览馆与三影堂厦门摄影艺术中心，展期持续至 2018 年 1 月 3 日。自 2015 年举办以来，集美·阿尔勒国际摄影季共吸引了国内外超过 10 万人次观展。

▲11 月 25 日—26 日，“2017 书香鹭岛书市”在厦门市图书馆举办，书市吸引了外图厦门书城、市新华书店等 9 家图书发行单位参展，厦门大学出版社和咪咕数字传媒有限公司首次参展，出版社和数字传媒的加入使参展单位类型更加多元。

▲11 月 26 日，第六届厦门网络文化节成果展示暨“新时代 新征程——新媒体厦门行”活动启动仪式在湖里区云创智谷举行。市委常委、宣传部长叶重耕等领导及嘉宾出席活动。本次厦门网络文化节由厦门市委宣传部(网信办)、市委文明办、市公安局、市通信管理局主办，以“金砖你我他厦门 e 风采”为活动主题，组织 14 家市属网站、驻厦网站、网络运营商和文创企业等开展富有特色的网络文化活动。

▲11 月 30 日，由厦门市商务局和厦门市旅游局指导支持，厦门晚报社主办的“2017 最闽台伴手礼评选活动”启动，获得了市民推荐和商家积极响应。

12 月

▲12 月 1 日—2 日，厦门市工业设计协会组织厦门国家级、省级和市级工业设计中心企业前往武汉参加首届中国工业设计展览会，展会是中国工业设计发展成就、成果发布和产业交流合作的平台，通过展览展示厦门工业设计整体发展水平。

▲12 月 1 日—3 日，2017 中国厦门国际乐器展览会在厦门国

际会展中心举行。本届乐器展重点围绕“音乐教育”“音乐文创”两大核心主题，打造国内首个以“好乐器”为亮点的特色乐器展会。展馆面积10000平方米设置了三个主题展区：精品乐器展区、音乐教育展区和音乐文创展区，并结合百年珍藏乐器分享、音乐教育论坛等配套活动，全方位展现乐器行业发展。

▲12月5日，为适应新形势下的闽南方言教学实践需求，厦门文广影音有限公司对《闽南方言与文化》乡土教材进行全面改版。新版教材历时一年半打磨出全套系15本新教材。该教材是全国方言区针对中小幼学生编写的第一套成套系的方言绘本教材。截至2017年底，读本在厦门市的征订量已高达16万册。

▲12月6日，厦门市文发办和市财政局联合发文，对36家文化企业下达2016年度厦门市文化企业贷款贴息补助资金1012万元。

▲12月8日，“2017中国综艺峰会”在厦门集美嘉庚剧院开幕，来自全国各大卫视、各大平台和制作公司的顶级导演、制作团队及业内专业人士等近400位优秀电视人出席活动。“2017中国综艺峰会”由中国电视艺术家协会主办，厦门市文化改革发展工作领导小组办公室、厦门市集美区文化改革发展工作领导小组办公室协办，中国视协电视文艺委员会承办，浙江蓝象传媒有限公司、东娱（福建）文化传媒有限公司共同运营。综艺峰会以“尊重每一个工种”为主题，为各电视台、视频网站和制作公司等综艺行业幕后工作人员提供一个专业且权威的交流合作、分享成果的平台。

▲12月14日，由经济日报社主办，经济日报社新闻发展中心、厦门美柚信息科技有限公司承办的“新经济 她时代”2017高峰论坛暨美柚品牌盛典，在厦门国际会议中心酒店国宴厅举行。

▲12月17日—22日，主题为“心灵与剪刀的对话——王守萍、安海燕剪纸艺术展”在厦门美术馆举行。现场展示了两位艺术家60多幅作品。此次展览分为“剪纸画简介区”“剪纸画展示区”

和“剪纸画互动区”三个部分，让参观者可以更加深刻地了解剪纸艺术文化，同时也可以现场参与剪纸，感受剪纸的魅力。

▲12月18日—20日，由国家新闻出版广电总局主管，中国音像与数字出版协会、海南省工业和信息化厅、海南省文化广电出版体育厅、海南省商务厅主办，中国音数协游戏工委、海南生态软件园集团有限公司共同承办的2017年度中国游戏产业年会在海南省海口市希尔顿酒店举办。在本届“游戏十强”各项奖项评选中，4399和4399董事长骆海坚先生共斩获了五项大奖。

▲12月19日，由厦门市文化馆主办的三爱主题教育系列活动“民族音乐走进高校”活动来到厦门大学嘉庚学院。

▲12月26日，厦门文广影音有限公司策划制作的纪录片《高原上的鹭江人》获福建省2017年度“中国梦”原创网络视听节目作品扶持；《海洋赤子——周起元》获福建省2017年度“网络视听节目精品创作传播工程”创作规划项目扶持；《开台王——颜思齐》获福建省2017年度优秀网络视听节目扶持。

▲12月26日，四三九九网络股份有限公司获得由厦门市科技局颁布的“2017年厦门市创新型企业”荣誉。

▲12月28日，厦门市龙山文化创意产业有限公司获评“2017年度国家级科技企业孵化器”，园区多家企业被科技部认定为高新技术企业。

▲ 12月29日，厦门文广影音有限公司获评“第一届福建省十佳影视创作机构”。

▲ 12月30日，厦门文广影音有限公司旗下厦门市影视产业服务中心有限公司在总部园区招商方面已累计240家影视企业入驻总部园区，知名影视工作室13家，千万级以上规模企业27家，新增注册资本近9个亿，园区企业产值约2.46亿元，其中外资企业10家，投资额达570万美元；在影视服务推进方面，报备来厦拍摄剧组58个，为40部电影电视剧提供场景协调、咨询等拍摄配套

服务，带动本地落地消费 1.24 亿元。

▲12 月，国家知识产权局发布《2017 年度国家知识产权优势企业名单》，厦门强力巨彩光电科技有限公司入选“国家知识产权优势企业”。

▲12 月，闽南大戏院迎来开幕五周年庆典演出季，安排上演了美国百老汇原版音乐剧《金牌制作人》，意大利罗马歌剧院歌剧《茶花女》《卡门》等全球顶级水准的剧目。

▲12 月，厦门大学出版社出版的《房地产大转型的“互联网+”路径》获 2016 年度输出版优秀图书，《新闻传播统计学基础》等 16 种书获“2017 年福建省本科优秀特色教材”称号。两位青年编辑代表福建队参加第六届“韬奋杯”全国出版社青年编校大赛，胡佩、章木良获团体二等奖，胡佩获校对个人三等奖。

Tongji Ziliao Yu Fenxi

统计资料与分析

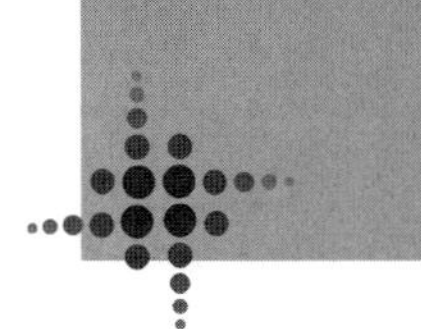

2017年全省文化产业数据*

2017年全省文化产业法人单位基本情况

各设区市	指标名称			
	从业人员期末人数（万人）	营业收入（亿元）	资产总计（亿元）	非企业单位支出（费用）（亿元）
福州市	26.6	1281.62	1260.78	37.23
平潭综合实验区	0.51	4.22	6.98	0.99
厦门市	18.25	949.08	1023.82	30.60
莆田市	7.65	689.56	360.71	5.31
三明市	3.52	194.87	165.69	9.66
泉州市	30.32	1440.13	787.88	21.05
漳州市	8.55	423.48	384.44	7.45

* 因数据四舍五入的缘故，各位百分比加总存在一定误差。

续表

各设区市	指标名称			
	从业人员期末人数（万人）	营业收入（亿元）	资产总计（亿元）	非企业单位支出（费用）（亿元）
南平市	5.08	188.91	181.38	9.99
龙岩市	3.59	146.95	181.53	15.37
宁德市	3.40	102.97	112.54	7.33
总计	107.47	5421.79	4465.75	144.98

增长情况

单位：%

各设区市	指标名称			
	从业人员期末人数	营业收入	资产总计	非企业单位支出（费用）
福州市	15.8	21.9	3.9	29.3
平潭综合实验区	12.3	6.5	5.1	29.3
厦门市	16.2	20.7	6.1	34.7
莆田市	5.5	6.9	7.0	11.1
三明市	11.3	11.3	2.4	42.5
泉州市	10.9	17.7	4.9	33.0
漳州市	9.8	5.1	8.9	24.8

续表

各设区市	指标名称			
	从业人员期末人数	营业收入	资产总计	非企业单位支出(费用)
南平市	5.7	2.9	6.2	33.7
龙岩市	11.9	4.7	1.3	16.2
宁德市	11.2	1.2	2.3	26.3
总计	12.3	15.0	5.1	29.3

全省文化产业法人单位营业收入增长情况

单位:亿元、%

分行业	年　　度		
	2016	2017	增长
规模以上制造业	2583.90	2738.80	6.0
限上批零业	461.14	581.15	26.0
规模以上服务业	390.72	533.73	36.6
规下制造业	485.51	514.64	6.0
限下批零业	274.59	346.05	26.0
规下服务业	514.77	703.19	36.6
总计	4710.63	5417.56	15.0

各设区市文化产业增加值情况

单位:亿元

地区	年度					
	2012	2013	2014	2015	2016	2017
福州市	154.85	182.14	207.05	230.12	260.20	291.86
平潭综合实验区	1.31	1.54	1.74	1.98	2.16	2.38
厦门市	136.92	144.91	152.16	175.23	197.44	218.38
莆田市	95.62	114.38	123.42	146.25	163.58	167.69
三明市	29.64	36.49	42.62	47.94	51.70	52.95
泉州市	178.14	209.39	246.06	276.67	301.44	341.28
漳州市	51.80	62.15	72.83	86.19	98.66	112.03
南平市	32.10	38.67	45.68	51.01	55.11	57.29
龙岩市	17.74	20.42	23.53	28.83	31.82	35.04
宁德市	19.48	23.40	26.34	28.71	30.33	30.95
总计	717.60	833.49	941.43	1072.93	1192.44	1309.85

各设区市文化产业增加值情况

单位：%

地区	年度				
	2013	2014	2015	2016	2017
福州市	17.6	13.7	11.1	13.1	12.2
平潭综合实验区	17.6	13.0	13.5	9.4	10.2
厦门市	5.8	5.0	15.2	12.7	10.6
莆田市	19.6	7.9	18.5	11.9	2.5
三明市	23.1	16.8	12.5	7.9	2.4
泉州市	17.5	17.5	12.4	9.0	13.2
漳州市	20.0	17.2	18.3	14.5	13.6
南平市	20.5	18.1	11.7	8.0	4.0
龙岩市	15.1	15.2	22.5	10.4	10.1
宁德市	20.1	12.5	9.0	5.7	2.0
总计	16.1	12.9	14.0	11.1	9.8

各设区市文化产业增加值占比情况

单位：%

地区	年度					
	2012	2013	2014	2015	2016	2017
福州市	3.7	3.9	4.0	4.1	4.1	4.1
平潭综合实验区	1.0	1.0	1.0	1.0	1.1	1.1
厦门市	4.9	4.8	4.6	5.1	5.1	5.0
莆田市	8.0	8.5	8.2	8.8	8.9	8.3
三明市	2.2	2.5	2.6	2.8	2.8	2.5
泉州市	3.8	4.0	4.3	4.5	4.5	4.5
漳州市	2.5	2.8	2.9	3.1	3.1	3.2
南平市	3.2	3.5	3.7	3.8	3.8	3.5
龙岩市	1.3	1.4	1.5	1.7	1.7	1.6
宁德市	1.8	1.9	1.9	1.9	1.9	1.8
总计	3.6	3.8	3.9	4.1	4.1	4.1

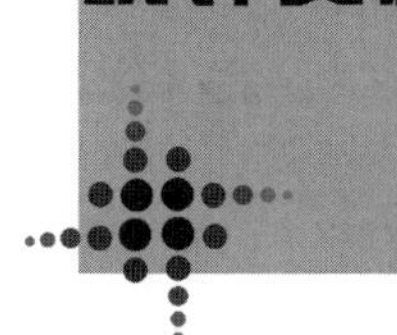

2017年厦门市文化产业发展状况调查分析报告

◎ 厦门市文发办

2017年是实施“十三五”承上启下的重要一年，是推动文化改革创新发展的重要一年。厦门市深入实施“531”发展战略，加快文化资源整合，加大文化产业结构调整力度，重点发展五大领域和四大产业集群，同时不断挖掘城市文化底蕴，发挥独特的对台区位优势，着力推动文化与科技、旅游等产业的融合发展。文化创意和设计服务、数字内容与新媒体、艺术品展示交易、演艺娱乐和文化旅游等产业发展迅速，已成为拉动文化产业发展的重要动力，全市文化产业呈现快速发展态势。

一、文化产业总体发展情况*

2017年，全市共有文化产业法人单位11341家，实现营业收入949.09亿元，较上年增长22.4%；实现营业利润39.90亿元，同比增长14.8%；拥有资产总计为1023.82亿元，从业人员18.25万人，同比分别增长4.3%和10.4%。全市文化产业增加值为218.38

---

* 因数据四舍五入的缘故，各位百分比加总存在一定误差。

亿元，同比增长10.6%；占全市GDP的比重为5.0%；对全市经济增长贡献率为3.7%，文化产业逐步成为厦门市支柱性产业，是经济增长的新引擎。（注：增长速度、贡献率均以现行价格计算）

文化产业中规（限）上企业432家，同比增长10.8%；实现营业收入710.00亿元，其中主营业务收入705.00亿元，同比分别增长20.0%和20.4%；实现营业利润36.40亿元，同比增长32.2%；资产总计为668.04亿元，从业人员7.08万人，同比分别增长5.9%和17.0%。规（限）上企业营业收入占全市文化产业营业收入的比重达74.8%，在全市文化产业发展中保持主体地位。

规（限）下企业10909家，共实现营业收入239.08亿元，同比分别增长10.5%和30.1%；资产总计为355.78亿元，从业人员为11.17万人，同比分别增长1.3%和6.5%。

表1 2017年厦门市文化产业发展情况

指标名称	2016年	2017年	同比增长(%)
法人单位(个)	10262	11341	10.5
其中：规(限)上企业	390	432	10.8
规(限)下企业	9872	10909	10.5
营业收入(亿元)	775.26	949.08	22.4
其中：规(限)上企业	591.56	710.00	20.0
规(限)下企业	183.70	239.08	30.1
资产总计(亿元)	981.94	1023.82	4.3
其中：规(限)上企业	630.83	668.04	5.9
规(限)下企业	351.11	355.78	1.3
从业人员(万人)	16.54	18.25	10.4
其中：规(限)上企业	6.05	7.08	17.0
规(限)下企业	10.49	11.17	6.5
文化产业增加值(亿元)	197.44	218.38	10.6

续表

指标名称	2016年	2017年	同比增长(%)
占GDP的比重(%)	5.2	5.0	下降0.2个百分点

九大行业中，内容创作生产业实现营业收入185.16亿元，同比增长67.2%，增速居九大行业首位；实现营业利润19.74亿元，同比增长124.0%；资产总计222.25亿元，同比增长21.0%；共吸纳就业人员31134人，同比增长20.2%；在营业收入、营业利润、资产规模和从业人数四个方面上对全市文化产业的贡献率分别为42.8%、212.6%、92.0%和30.6%，已是拉动全市文化产业发展的重要行业。

表2 2017年厦门市文化产业行业发展情况

行业	营业收入(亿元)	同比(%)	营业利润(亿元)	同比(%)	资产总计(亿元)	同比(%)	从业人数(万人)	同比(%)
新闻信息服务	45.97	−14.9	4.43	−69.9	68.16	−11.7	1.06	−18.5
内容创作生产	185.16	67.2	19.74	124.0	222.25	21.0	3.11	20.2
创意设计服务	78.04	27.8	2.82	778.3	113.39	6.4	3.92	6.5
文化传播渠道	82.93	21.4	0.05	−7.4	75.73	−4.4	1.37	−5.2
文化投资运营	0.39	—	0.14	—	6.19	—	0.01	—
文化娱乐休闲服务	9.49	16.2	0.07	−28.3	46.75	6.7	0.59	4.9

续表

行业	营业收入（亿元）	同比（%）	营业利润（亿元）	同比（%）	资产总计（亿元）	同比（%）	从业人数（万人）	同比（%）
文化辅助生产和中介服务	153.76	17.8	6.70	42.6	238.21	−4.7	4.42	21.7
文化装备生产	86.03	33.2	5.14	36.1	67.41	17.6	1.74	26.3
文化消费终端生产	307.32	10.6	0.81	−64.6	185.72	0.9	2.03	4.0
合计	949.09	22.4	39.90	14.8	1023.82	4.3	18.25	10.4

二、文化产业分行业运行情况

(一)数字内容服务业表现强势

2017年,全市数字内容服务业企业共实现营业收入145.67亿元,同比增长73.9%,对全市文化产业的营业收入贡献率达35.6%;实现营业利润19.66亿元,同比增长102.9%,对全市文化产业的营业利润贡献率达194.0%;表现强势。据统计,2017年厦门市游戏出口达1.54亿美元,暴增739.3%,一跃成为厦门市文化出口领军力量,并成为离岸服务外包的重要产业,占2016年厦门离岸服务外包执行额的8.7%。

(二)广播电视电影业规模快速增长

厦门市自然条件优越,人文底蕴深厚,是国内公认的“天然摄影棚”。依托优良的基础条件，厦门着力打造影视产业基地，引进大娱艺星暨华策大娱艺人孵化中心，通过举办国际影视节、影视交流论坛等，推动影视产业规模迅速增长。2017年全市广播电视电影产业实现营业收入37.83亿元，同比增长48.0%。其中，规(限)上广播电视电影产业实现营业收入28.93亿元，占全市广播电视电影产业营业收入比重为76.5%，下降12.6个百分点；规(限)下广播电视电影产业实现营业收入8.9亿元，同比增长220.8%，增长快速，逐渐成为行业发展的重要动力。

(三)文艺创作表演业高速发展

厦门以“一岛、一带、四心、多点”的总体格局，大力推进公共文化服务设施建设，积极实施《中共厦门市委宣传部文艺人才重点项目资助办法》等扶持发展优惠政策，加快培育文艺人才，促进文艺创作表演产业快速发展。2017年全市文艺创作表演产业实现营业收入7.17亿元，同比增长92.9%，实现高速发展。其中，规(限)上文艺创作表演业实现营业收入4.54亿元，同比增长112.6%，营业收入对文艺创作表演业的贡献率为69.7%，规(限)上文化企业拉动了行业发展。

(四)创意设计服务业效益提升

厦门深化产业园区建设，通过建设文化产业园区、搭建公共服务平台，有力促进了文化产业的聚集发展。近年来，动漫网游、数字内容与新媒体等文化与科技融合发展的新兴文化企业实现聚集发展，培育成长包括4399、趣游、中国移动手机动漫基地、美图公司等一批具有全国影响力的文化与科技融合发展平台型企业；经过多年的培育和发展，联发集团投资建设的联发文创口岸与联发华美空间、海峡建筑设计文创园等已成为独具特色的“文创圈”；翔安区成立了澳头文化产业园等。各区频频“接力”，一批文化产业园区开始成长并创造效益，全市文化创意设计产业保持稳健增长，营业利润显著提高。2017 年全市文化创意与设计产业实现营业收入 78.04 亿元，同比增长 27.8%；实现营业利润 2.82 亿元，同比增长 777.9%。

(五)工艺美术品产业平稳运行

在“一带一路”发展倡议和《21 世纪海上丝绸之路核心区文化发展专项规划》引领下，厦门以其独特的地理区位优势，成为境外、海外艺术品回流的重要聚集地，推动了工艺美术品产业的发展。2016 年厦门市工艺美术品协会成立，掣肘厦门工艺美术发展多年的瓶颈得以突破，一批工艺美术界的能人巧匠通过“抱团”的方式，向企业集群化发展。2017 年全市工艺美术品产业营业收入达 96.77亿元，其中工艺美术品销售业的营业收入为 72.99 亿元，同比均增长 23.3%。

(六)会展业保持稳中有升态势

在“美丽厦门”发展战略规划下，厦门着力打造旅游会展千亿产业链，金砖会议的顺利召开更是进一步推动了厦门会议展览服务业的发展，会展业已成为厦门市文化产业一张亮眼的名片。据统计 2017 年全市共举办展览项目 205 个，全年会展总面积达 219 万平方米，同比增长 1.9%，共吸引了全球 150 多个国家和地区的境外展客商 9.38 万人，境内展客商 38.88 万人，观众总人次达 507.96万人次，展览面积、境内外展客商数和观众总人次等指标再创新高。2017 年会议展览服务业企业共实现营业收入 33.85 亿元，同比增长 15.0%；其中规(限)上会议展览服务业实现营业收入 17.17亿元，同比增长 1.2%；规(限)下会议展览服务业实现营业收入 16.68 亿元，同比增长 33.9%。

三、文化产业发展特征

（一）文化产业保持高速增长

据初步统计，2017年厦门市文化产业增加值突破218.38亿元，同比增长10.6%，增加值增速（现价）高于GDP（现价）增速3个百分点。从近年文化产业发展态势看，厦门市文化产业实现增加值从2015年的175.23亿元增加到2017年的218.38亿元，增量达43.15亿元，增长24.6%，年均现价增速11.6%。

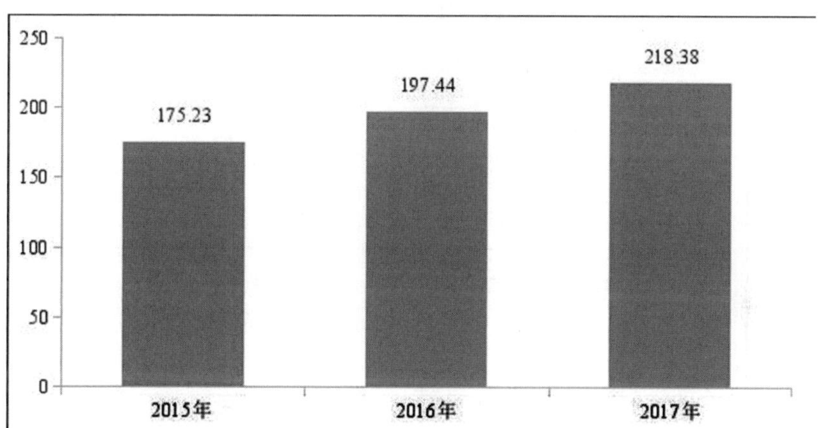

图1　2015—2017年厦门市文化产业增加值（亿元）

（二）行业集中度仍维持高位

根据国家统计局《文化及相关产业分类（2018）》标准，文化产业分为两大领域九个大类行业，从法人单位各大类行业的营业收入占比以及资产总额占比可以看出，厦门市文化产业主要集中在

蓝皮书

文化消费终端生产、内容创作生产、文化辅助生产和中介服务等三大类行业，三者营业收入合计占比达68.1%，三者资产合计占比达63.1%。

厦门市紧密结合自身产业优势和资源优势，把现代传媒业、动漫游戏业、设计创意业、工艺美术业、文化休闲旅游业、文化会展业、广告创意业等行业作为文化创意产业发展的重点领域，这些行业已成为厦门市文化产业发展的重要支柱。

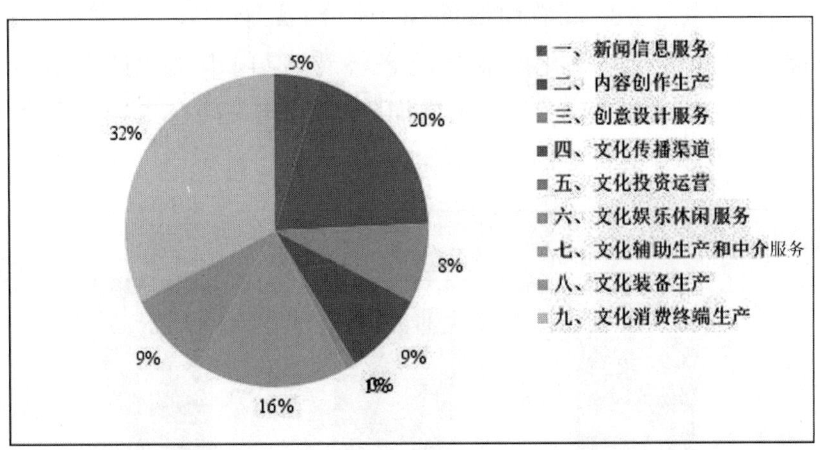

图2 2017年厦门市文化产业分大类行业营业收入占比

(三)企业规模效益较为显著

从平均每个单位创造的增加值看，2017年厦门市文化产业单位平均创造增加值192.56万元，较上年增加0.16万元，同比增长0.1%；这表明厦门市文化产业发展的质量逐年提高，文化企业的规模绩效不断提升。

(四)核心产业保持较快增长

2017年，厦门市核心文化产业营业收入为401.97亿元，其中

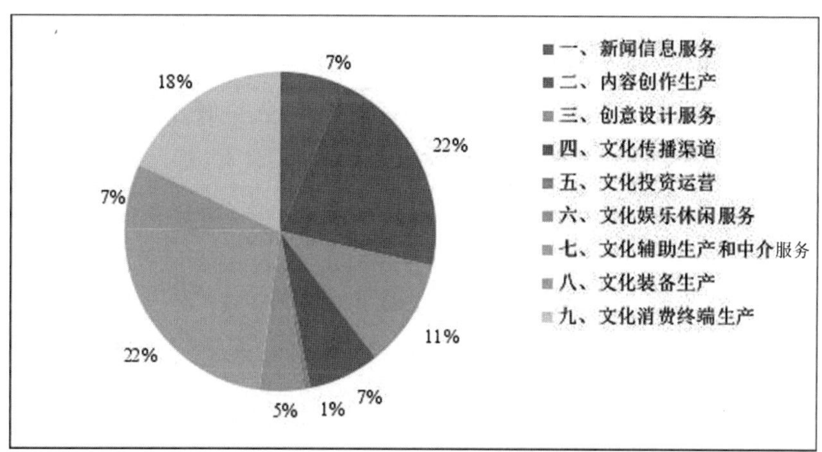

图3 2017年厦门市文化产业分大类行业资产占比

规(限)上企业营业收入251.92亿元,规(限)下企业营业收入150.05亿元,同比分别增长33.0%、30.0%和38.3%;核心文化产业营业收入占全市文化产业营业收入的比重为42.4%,同比增加3.4个百分点。

(五)新兴文化业态聚集发展

厦门市动漫网游、数字内容与新媒体等文化与科技融合型新兴业态的文化企业呈聚集发展态势,形成一批具有全国影响力的文化与科技融合发展的平台型企业,包括手机动漫平台中国移动手机动漫基地、网页游戏平台趣游、全国最大的小游戏平台4399、用户量居行业第一的美图公司等等。同时,已建成一批文化科技产业公共技术服务平台,如动漫作品体验室、集成电路及IC设计中心、厦门云计算中心、国家LED检测中心、国际一流的动作捕捉摄影棚等。

(六)文创园区集聚效应彰显

厦门市提出“文化强市”战略,文创产业发展已驶入快车道。而作为文创产业发展的重要载体,厦门的文化创意产业园区也呈现“遍地开花”的态势,园区集聚发展效应彰显。

海峡两岸龙山文化创意产业园是厦门创建最早的文化产业园区,采取“政府引导、多元投入”的发展模式,通过龙山文创公司对核心园区的改造运营,积极示范引导,成功带动民营资本、社会力量参与改造,已建成多个国有和民营企业运营项目。园区发展目标:一是打造特色创意中心,重点引进工业设计、时尚设计等创意设计项目。二是打造对台文创交流中心,重点集聚台湾优秀文化创意企业、项目和人才,体现“台湾原创(生活创意)”和“高端设计”。园区以时尚产业、工业设计和创意设计为主导业态,产业特色十分鲜明。经过多年培育发展,龙山文创园取得令人瞩目的成效,获得不少殊荣,目前该园区的入驻企业已达 570 多家,园区累计产值达百亿,就业人数 4000 多人;2012 年及 2017 年分别获得“福建省文化产业示范基地”“福建省十大重点文化创意产业园”称号;于 2013 年获得全省唯一的“龙腾奖——第八届中国创意产业年度大家——中国创意产业最佳园区奖”;2015 年被两岸企业家峰会授予“两岸文创产业合作实验示范基地”;2016 年龙山文创园被评为“福建省现代服务业集聚示范区(A 类)”;2016 年荣获由福建省版权局颁发的“福建省版权示范园区”称号;2017 年 1 月获得工信部颁发的首批“纺织服装创意设计试点示范园区(平台)”称号;于 2017 年底获得“市级台湾青年创业就业示范基地”及“福建省台湾青年创业就业示范基地”称号;园区筹建的“厦门市文创和设计专业孵化器”在厦门市科技局的指导和推荐下,代表厦门市获得由国家科技部颁发的“2017 年国家级科技企业孵化器”称号。

华美空间文创园,是 2014 年由中外合资的华美卷烟厂改造成

蓝皮书

的文化创意产业园，以“时尚中心”为定位，目前已吸引109家企业入驻。联发文创口岸，定位“南中国首个海外主题文创园”与联发华美空间和海峡建筑设计文创园等，共同组成了独具特色的“文创圈”。重点引进国内外一批影响力较大、知名度较高的设计大师、名师入驻。

沙坡尾海洋文化创意园，对符合城市文化的资源进行保护性开发，使传统文化得以延续传承，新的文化品牌创新建立，通过制定空间规划导则，维护良性生长环境，构建社区营造中心，促进产业与社区融合发展。目前，沙坡尾艺术西区逐渐成为文艺青年新的聚集区，文化创意人才创业的新基地，文化活动的新地标，文化产品创作生产的新园区。

此外，以火炬高新区为示范基地，迅速带动影视产业园、动漫产业园、创意设计产业园、数字内容和新媒体产业园等一大批重要平台或载体建设；以“石文化”为主题的厦门惠和石文化园，成为全国首家石艺文化行业新三板挂牌企业；以钢雕为主题的快斋文创园区，目前已进驻17家围绕食品产业的创业团队；集美集影视文创园，包括公共展厅区、影视影像中心、艺术家工作室、艺术品交易中心及配套服务区五个功能区域，其影视产业已形成集聚，成为完整的产业链；老院子民俗文化风情园，是投资28亿元打造的文化旅游巨作，包括老院子民俗文化风情园和神游华夏大剧院两部分，被列为厦门市重大项目和福建省文化产业十大重点项目；澳头文化产业园2017年挂牌成立，即将落成的小镇客厅，占地面积达1.1万平方米，建成后将入驻中国美协福建创作中心、美术馆、小镇规划馆等场馆。

四、规(限)上文化产业发展情况

(一)总体发展情况

2017年,全市共有规(限)上文化产业企业432家,较2016年增长10.8%;实现营业收入710.00亿元,其中主营业务收入705.00亿元,同比分别增长20.0%和20.4%;实现营业利润36.40亿元,同比增长30.2%;企业共吸纳就业人员7.08万人,同比增长17.0%;资产总计668.04亿元,同比增长5.9%。全市规(限)上文化产业总体发展良好。

全市规模以上文化制造业、限额以上文化批零业和规模以上文化服务业分别实现营业收入361.13亿元、109.99亿元和238.89亿元,同比分别增长7.9%、30.6%和38.5%,三大类行业比重由2016年的56.6∶14.2∶19.2调整为50.9∶15.5∶33.6,文化批零业和文化服务业比重提高,表明厦门文化产业结构不断优化。

从分区域看,湖里、海沧、翔安等三个区的文化制造业营业收入占全市规(限)上文化产业营业收入比重分别为51.5%、77.7%、96.7%;思明、集美的文化服务业营业收入占全市规(限)上文化产业营业收入比重分别为74.2%和84.3%;同安的文化批零业营业收入占全市规(限)上文化产业营业收入的比重为59.1%。全市规(限)上文化产业依然呈现出湖里、海沧和翔安以文化制造业为主,思明和集美以文化服务业为主,同安以文化批零业为主的格局。

表3 2017年各区规(限)上文化产业企业营业收入构成情况

单位:%

行业分类	思明区		湖里区		海沧区		集美区		同安区		翔安区	
	2017年	2016年	2017年	2016年	2017年	2016年	2017年	2016年	2017年	2016年	2017年	2016年
制造业	2.3	3.0	51.5	60.7	77.7	87.0	13.2	13.2	36.1	41.1	96.7	99.9
批零业	23.4	25.1	22.5	25.2	13.2	7.2	2.5	3.3	59.1	54.1	0	0
服务业	74.2	71.8	26.0	14.1	9.1	5.8	84.3	83.5	4.9	4.8	3.1	0.1

(二)行业运行特点

1.数字内容服务引领产业发展

2017年,全市共有规(限)上数字内容服务业企业57家,同比增长46.2%;实现营业收入127.67亿元,同比增长71.5%;营业利润为16.50亿元,同比增长141.3%;资产总计108.25亿元,同比增长49.4%;共吸纳就业6906人,同比增长62.8%。

厦门大力推进数字内容与新媒体产业发展,做大做强美图科技、咪咕动漫等全国性平台,着力推动动漫游戏产业的发展,全市数字内容服务业企业规模不断扩大,2017年新增认定18家规(限)上企业,新增认定企业数为全行业首位,营业收入对全市规(限)上文化产业营收贡献率达44.9%,引领产业发展。

2.演艺娱乐产业质效大幅提升

厦门在项目、人才等方面实施扶持政策,有效促进了产业发展,已成功引进神游华夏园、国际灵玲马戏城等国内一流演艺娱乐项目,天视文化等优秀国内演艺集团。2017年厦门演艺娱乐产业规模实现爆发式增长。全市共有规(限)上演艺娱乐产业企业22家,实现营业收入15.12亿元,同比分别增长144.4%和445.1%;营业利润达1.00亿元,同比增长320.0%,成功实现扭亏为盈;共吸纳就业人员5282人,同比增长298.3%;演艺娱乐产业蓬勃发展，前景良好。

3.信息服务终端制造及销售保持支柱产业地位

2017年，全市共有规(限)上信息服务终端制造及销售业企业30家，共实现营业收入257.82亿元，同比分别增长11.1%和15.2%，占全市规(限)上文化产业营业收入比重达36.3%，居全行业首位，始终为全市规(限)上文化产业支柱行业。其中，信息服务终端制造业实现营业收入194.99亿元，同比增长5.6%；信息服务终端销售额实现营业收入62.83亿元，同比增长49.9%。

4.工艺美术品产业稳健增长

在“一带一路新枢纽”和“自贸区—文化保税”等政策支持背景下，厦门作为重要贸易口岸，已成为境外、海外艺术品回流的重要聚集地，吸引了海内外众多艺术品运营机构与收藏家关注，海丝艺术品中心项目启动更是进一步推动了厦门艺术品产业的发展。2017年全市规(限)上工艺美术品产业企业42家共实现营业收入40.01亿元，同比增长10.6%；其中工艺美术品的销售额实现营业收入29.16亿元，同比增长13.1%；产业规模呈稳健增长态势。

5.规(限)上文化产业总体经营效益转好

2017年全市规(限)上文化产业企业亏损面为31.3%，同比下降3.1个百分点；其中，规模以上文化制造业亏损面为27.4%，同比下降8.2个百分点；限额以上文化批零业亏损面为35.8%，同比上升3.7个百分点；规模以上文化服务业亏损面为32.0%，同比下降2.3个百分点。2017年，全市规(限)上文化产业企业共实现营业利润36.40亿元，同比增长30.2%。其中规模以上文化服务业实现营业利润26.40亿元，同比增长44.4%，营收贡献率达96.0%。

6.翔安、思明、湖里产业规模稳居全市前三甲

翔安、思明、湖里分别实现营业收入240.31亿元、165.54亿元和100.72亿元，同比分别增长21.7%、15.4%和32.9%；营业收入

占全市规(限)上文化产业比重,翔安区为33.8%,湖里区为14.2%,同比分别提高0.4个百分点和1.4个百分点;思明区为23.3%,同比下降1个百分点。翔安区、思明区和湖里区规(限)上文化产业营业收入稳居全市前三甲。

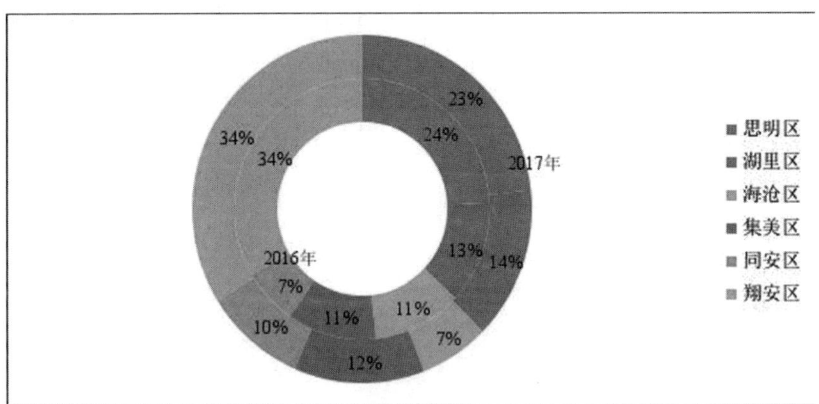

图4 六区规(限)上文化产业企业营收占比情况

五、规(限)下文化产业发展情况[①]

(一)总体发展情况

本次调查统计,填报的规(限)下企业为4506家。分行业类型看,包括文化制造业企业576家,实现营业收入26.90亿元,同比增长3.5%,占规(限)下文化产业营业收入比重为27.6%,同比减少2.5个百分点;资产总计为36.02亿元,从业人员为10666人,同比分别增长1.8%和1.2%。文化批零业企业723家,实现营业收

① 数据来源为本次调查统计的4506家规(限)下文化企业经营情况。

入21.78亿元，同比增长7.8%，占规(限)下文化产业营业收入比重为22.3%，同比减少1.1个百分点；资产总计为22.12亿元，从业人员为4825人，同比分别增长8.0%和下降1.4%。文化服务业企业3207家，实现营业收入48.81亿元，同比增长22.0%，占规(限)下文化产业营业收入比重为50.1%，同比提高3.7个百分点；资产总计为85.12亿元，从业人员为29145人，同比分别增长6.83%和10.6%。无论是营业收入，还是总资产及就业人数，文化服务业企业都占据文化行业的主导地位。

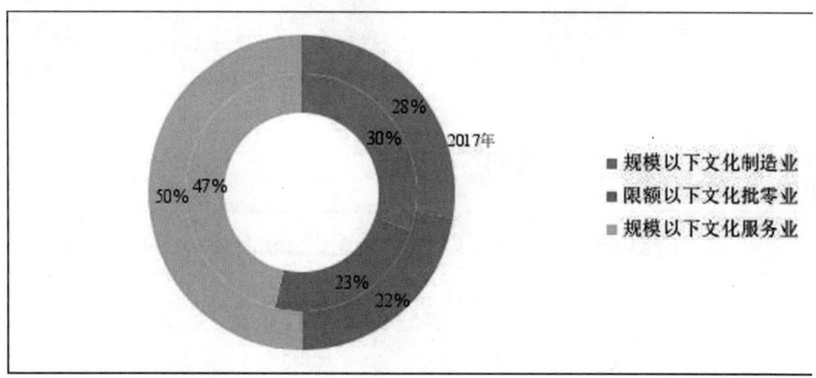

图5 2016—2017年厦门市三大行业占全市营业收入比重

(二)行业运行特点

1.内容创作生产业表现亮眼

内容创作生产业填报企业有450家，共实现营业收入14.66亿元，同比增长52.7%，增速居九大文化行业首位；实现营业利润1.19亿元，同比增长40.7%。其中，游戏产业发展表现亮眼。厦门围绕电子竞技、二次元、新潮电子等元素，打造“酷玩+数字文创”商圈，不断支持和引导动漫游戏产业良性发展，行业发展迅速。数字内容服务企业135家，共实现营业收入7.80亿元，同比增长64.1%。其中2017年营业收入达千万级别的规(限)下企业共有

13家，其中厦门点触信息科技有限公司实现营业收入2.73亿元，同比增长358.8%，并已在新三板挂牌上市；花火（厦门）文化传播有限公司实现营业收入5184.80万元，同比增长54.8%；厦门市旷盛文化传播有限公司实现营业收入5132.77万元，同比增长205.8%；厦门淘金互动网络有限公司实现营业收入4226.45万元，同比增长174.1%；上述4家企业对内容创作生产业营业收入增长的贡献率达57.9%。

工艺美术品的制造业企业122家，实现营业收入4.28亿元，同比增长21.3%；重点企业厦门竞高电镀有限公司实现营业收入2298.50万元，同比增长43.4%；厦门优丽造花有限公司实现营业收入1843.50万元，同比增长73.8%；厦门市金华立工艺品有限公司实现营业收入1818.50万元，同比增长65.5%；厦门市金立源工艺品有限公司实现营业收入1787.63万元，同比增长20.6%；上述4家企业对内容创作生产业营业收入增长的贡献率为4.9%。

表4　内容创作生产业营业收入情况

行业分类	2017年营业收入（万元）	同比（%）
出版服务	993.93	11.2
创作表演服务	8931.98	42.0
工艺美术品制造	42842.02	21.3
广播影视节目制作	7237.60	1184.7
内容保存服务	4234.38	73.4
数字内容服务	77951.48	64.1
艺术陶瓷制造	4368.40	48.2
合计	146559.79	52.7

2.创意设计产业持续强势发展

创意设计服务业填报企业1585家，共实现营业收入23.55亿元，营业利润0.61亿元，同比分别增长23.1%和239.7%。其对规

(限)下文化产业营业收入和营业利润增长的贡献率分别达39.1%和1257.8%。

广告服务业平稳增长。广告服务业企业974家,共实现营业收入10.94亿元,同比增长10.8%;重点企业厦门市边界品牌顾问有限公司实现营业收入2621.00万元,同比增长104.1%;厦门万事如意广告有限公司实现营业收入1961.11万元,同比增长27.8%;厦门市微动文化传播有限公司实现营业收入1690.50万元,同比增长4716.2%;厦门市旗进广告有限公司实现营业收入1254.80万元,同比增长117.7%;厦门语飞广告有限公司实现营业收入1243.20万元,同比增长332.3%等。上述5家企业对创意设计服务业营业收入增长的贡献率为9.7%。

设计服务业企业611家,共实现营业收入12.61亿元,同比增长36.2%。重点企业厦门十点文化传播有限公司实现营业收入1.56亿元,同比增长437.4%;厦门市园建园林有限公司实现营业收入0.99亿元,同比增长558.5%;厦门凤飞服饰设计有限公司实现营业收入6020.60万元,同比增长35.0%;厦门市绿奥园林景观工程有限公司实现营业收入4444.42万元,同比增长31.1%;厦门筑博工程设计有限公司实现营业收入2955.10万元,同比增长341.5%;上述5家企业对创意设计产业营业收入增长的贡献率为58.9%。

表5 创意设计服务业营业收入情况

行业分类	2017年营业收入(万元)	同比(%)
广告服务	109386.88	10.8
设计服务	126066.32	36.2
合计	235453.20	23.1

3. 文化产品生产的辅助生产业稳定发展

2015年以来,厦门市获批建设自贸区,吸引了国际顶级艺术品拍卖行和展览业落地，带来国际化、多元化的艺术品交易模式，厦门逐步成为一个面向世界范围的艺术品交易中心。会议展览服务、版权服务等文化产品辅助生产行业稳步发展。文化产品生产的辅助生产业企业 1328 家，共实现营业收入 28.92 亿元，同比增长 17.0%。其中，会议展览服务业企业 742 家，实现营业收入 8.69 亿元，同比增长 15.8%；文化辅助用品制造业企业 39 家，实现营业收入 2.25 亿元，同比增长 19.7%；版权服务业企业 32 家，实现营业收入 0.48 亿元，同比增长 15.8%。重点企业厦门文广会展有限公司实现营业收入 5347.70 万元，同比增长 55.5%；光耀天祥（厦门）传媒有限公司实现营业收入 3646.43 万元，同比增长 246.7%；厦门市鑫锐诚工贸有限公司实现营业收入 3054.70 万元，同比增长 62.5%；厦门市斯方达商务咨询有限公司实现营业收入 1791.17 万元，同比增长 55.5%；厦门市鑫利泓纸制品有限公司实现营业收入 1712.98 万元，同比增长 70.2%；上述 5 家企业对文化产品生产的辅助生产业营业收入增长的贡献率为 16.7%。

作为传统文化产业，印刷复制服务企业通过“传统印刷＋现代 IT 技术＋文化艺术”的商业模式向创意集成服务商不断转型，依然保有巨大的发展潜力。印刷复制服务业企业 440 家，实现营业收入 16.73 亿元，同比增长 17.6%；其中，营业收入千万元以上的规（限）下企业共有 51 家，同比增长 24.4%；重点企业厦门旭日阳光彩印有限公司实现营业收入 3953.00 万元，同比增长 974.8%；厦门宗泰工贸有限公司实现营业收入 3091.10 万元，同比增长 24.2%；厦门吉宏纸品有限公司实现营业收入 3052.75 万元，同比增长 74.7%；厦门市福宏工贸有限公司实现营业收入 2855.80 万元，同比增长 26.3%；厦门后古电子商务有限公司实现营业收入 2802.59 万元，同比增长 12648.9%；厦门信联印务有限公司实现营业收入 2571.7 万元，同比增长 70.3%；上述 6 家企业对文化产品的生产和辅助生产业营业收入增长的贡献率为23.6%。

表6　文化辅助生产和中介服务业营业收入情况

行业分类	2017年营业收入(万元)	同比(%)
版权服务	4766.10	15.8
会议展览服务	86879.77	13.8
文化辅助用品制造	22513.95	19.7
文化经纪代理服务	1843.66	−6.2
文化科研培训服务	3722.74	138.7
文化设备(用品)出租服务	2195.10	4.7
印刷复制服务	167257.47	17.6
合计	289178.79	17.0

4. 文化传播渠道业保持平稳增长

文化传播渠道业填报企业有463家，共实现营业收入15.59亿元，同比增长11.5%。其中工艺美术品销售业企业408家，实现营业收入14.18亿元，同比增长11.4%，成为行业主导；重点企业厦门力飞工贸有限公司实现营业收入8412.50万元，同比增长26.3%；厦门振坤行商贸有限公司实现营业收入8162.10万元，同比增长15.4%；厦门汉嘉家居国际贸易有限公司实现营业收入4706.70万元，同比增长69.5%；厦门精美华陶瓷有限责任公司实现营业收入4627.36万元；厦门东方创艺工艺品有限公司实现营业收入4239.90万元，同比增长20.2%；上述5家企业对文化传播渠道业营业收入增长的贡献率达62.8%。

其中出版物发行服务业企业33家，实现营业收入9496.97万元，同比增长10.8%；重点企业厦门市外图台湾书店有限公司实现营业收入1114.00万元，同比增长28.2%；厦门声泓智能科技有限公司实现营业收入1006.58万元，同比增长246.9%；厦门书香阳光文化传播有限公司实现营业收入990.52万元，同比增长

25.0%;厦门金色年华文化传播有限公司实现营业收入 690.10 万元,同比增长 15.2%;厦门归承文化传播有限公司实现营业收入 516.87 万元,同比增长 52.3%;以上 5 家企业对文化传播渠道业营业收入的增长贡献率为 8.9%。

表 7 文化传播渠道业营业收入情况

行业分类	2017 年营业收入(万元)	同比(%)
出版物发行	94969.7	10.8
工艺美术销售	1417830.9	11.4
广播电视节目传输	0.0	—
广播影视发行放映	35453.0	15.4
艺术表演	7695.0	21.9
艺术品拍卖及代理	2591.1	15.2
合计	1558539.7	11.5

(三)分区运行情况

2017 年,思明区规(限)下文化产业填报企业 2585 家,共实现营业收入 49.90 亿元,占全市规(限)下文化产业的比重达 51.2%,同比提高 4.4 个百分点;湖里区规(限)下文化产业填报企业 952 家,实现营业收入 24.93 亿元,占比为 25.6%,同比下降 5.5 个百分点;海沧区规(限)下文化产业填报企业 222 家,实现营业收入 5.90 亿元,占比为 6.0%,同比提高 0.1 个百分点;集美区规(限)下文化产业填报企业 338 家,实现营业收入 6.70 亿元,占比为 6.9%,同比提高 0.7 个百分点;同安区规(限)下文化产业填报企业 309 家,实现营业收入 7.83 亿元,占比为 8.0%,同比提高 0.4 个百分点;翔安区规(限)下文化产业填报企业 100 家,实现营业收入 2.24 亿元,占 2.3%,同比持平。思明区规(限)下文化企业经营规模稳居全市第一。

从行业分布看，厦门不断推进工业转型升级，优化产业空间布局，文化产业已形成岛内（思明、湖里）以文化服务业为主，岛外（海沧、集美、同安、翔安）以文化制造业为主的格局。

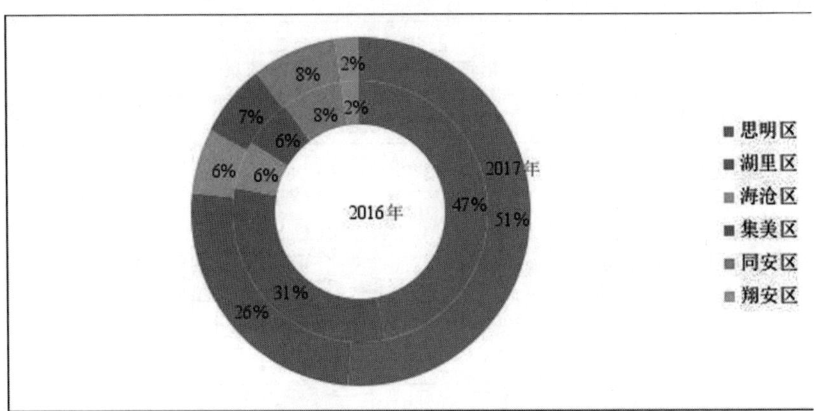

图6　六区规(限)下文化企业营业收入占比情况

表8　2017年各区规(限)下文化企业营业收入构成情况

单位：%

	思明区	湖里区	海沧区	集美区	同安区	翔安区
规模以下文化制造业	8.6	24.9	59.8	74.1	80.8	71.0
限额以下文化批零业	24.9	27.2	23.8	8.2	7.7	1.7
规模以下文化服务业	66.5	48.0	16.4	17.7	11.5	27.3

六、产业发展存在的问题

（一）文化产业发展规模仍然偏小

2017年全市文化产业实现营业收入901.96亿元，较上年增长 16.3%；其中规(限)上文化产业实现营业收入同比增长 20.0%，高出全国平均水平 9.2 个百分点，但相比于深圳、杭州等主要城市，厦门市文化产业总体规模偏小，特别是大型龙头企业较少，2017 年全市规(限)上文化产业企业产值超过 10 亿的企业只有 8 家，其中产值超过百亿的仅有 1 家，以动漫游戏产业与终端设备制造业为主。此外，缺乏在全国具有影响力的文化品牌。文化品牌评测技术文化部重点实验室、中国人民大学创意产业技术研究院发布的“2017 年中国文化企业品牌价值 TOP50”榜单上，厦门本土文化产业企业无一入选。

(二)新闻信息服务业发展较缓慢

2017 年全市新闻信息服务业实现营业收入 44.03 亿元，同比下降 18.4%；营业利润为 4.43 亿元，同比下降 69.9%；从业人数为 1.07 万人，同比下降 18.4%；其中 36 家规(限)上新闻信息服务业企业实现营业收入 36.96 亿元，同比下降 6.8%；营业利润为 5.01 亿元，同比下降 33.0%；共吸纳就业 5257 人，同比下降 30.8%，成为九大行业中唯一出现全面下滑的行业。作为新闻信息服务业支柱行业的互联网信息服务业遭遇发展瓶颈，是影响新闻信息服务业发展的重要因素，2017 年规(限)上互联网信息服务业营业收入 30.95 亿元，同比下降 7.8%；营业利润 4.98 亿元，同比下降 32.0%；从业人员 3683 人，同比下降 34.8%。

(三)规(限)下文化企业经营效益较低

规(限)下文化企业规模较小，管理水平较低，受行业波动与高涨的房租、人工成本影响较大，同时融资困难、资金匮乏等因素进一步影响了企业的经营效益。2017 年 4506 家规(限)下文化产业企业实现营业利润 1.44 亿元，同比下降 5.5%，且普遍存在亏损，亏损面达 54.1%。

（四）产业园区配套设施尚待完善

岛外文化产业园区基础设施及周边配套设施有待进一步完善。一是交通不太便利，公交线路少导致工作人员上下班不方便。二是缺乏完善的生活配套设施，特别是新建园区，导致工作人员工作生活不便利。三是园区扶持政策宣传力度还应继续加大，多数入驻企业对扶持政策不了解或不知道怎样才能享受相关的扶持政策。

（五）文化智力型人才仍供不应求

创意是文化产业发展的核心，突出创意、加快创意最关键的还是要靠人才。目前厦门市文化智力型人才供需不平衡，数字出版、数字印刷、动漫游戏、数字影视等新兴创意文化产业对高新技术人才需求大，但市场上此类人才稀缺，供不应求；且受制于高涨的房价与相对偏低的薪资水平等因素，厦门对文化人才的吸引力不强，4506家规（限）下文化企业人均月工资仅为3759.99元，低于市平均水平40.2%；也低于深圳、杭州等其他城市，低于杭州文化体育娱乐业月工资水平44.2%[①]，低于深圳文化、体育和娱乐业月工资水平27.9%[②]。随着文化产业的发展，深度挖掘和市场化运作优质文化资源，需要大量的既有文化专长又懂经营推广的复合型人才，需求缺口影响了厦门文化产业的发展。

---

① 2017年杭州市文化、体育和娱乐业年平均劳动报酬为80860元，数据来源杭州市人力社保局。

② 2017年深圳市文化、体育和娱乐业月平均劳动报酬为5212元，数据来源深圳市人力社保局。

(六)投融资渠道还需加快拓展

近年来,资金匮乏已经成为束缚厦门文化产业发展的瓶颈之一。厦门市文化资源丰富,但市场化程度较低,主要是因为文化要素的专业化程度高,导致其流通属性较差,难以转化为可交易的金融资本,同时受行业风险高、费用支出和收入不透明、跨行业延伸困难等因素影响,社会大众和金融机构不敢轻易投资文化产业,最终导致文化产业走进了投融资困境。

七、发展建议

(一)着力完善文化产业政策导向

厦门市政府有关部门和行业组织应采取有力措施,制定相关政策推动文化产业健康发展。首先,对于独具厦门特色的文化产业单位,予以实行"一企一策"的优惠政策,扶持其快速发展,培植出具有厦门特色的文化产业单位。其次,要充分发挥民营资本市场敏感性强、效率高、见效快的特点,采取有力措施,促进民营企业发展壮大。再次,多举办民间文化论坛、交流等活动,组织知名专家深入研讨,推动传统文化产业和现代文化产业的融合。最后,督促政策有效落实,对于切实可行、有利于文化产业发展的政策,不但口头讲,更要政策贯通,尤其要行动快、重落实,切实为文化产业发展营造良好环境。

(二)着力发挥对台、对外区位优势

立足厦门自贸区发展建设,发挥厦门对外区位优势,积极呼应国家"一带一路"倡议和福建省"21世纪海上丝绸之路"核心区建

设规划，加强海丝艺术品中心建设，依托文博会、旅博会等文化交流平台，深化"海丝"重要支点作用，强化文化项目引进能力，通过完善配套服务等方式，积极对接海外的高质量、高水准的先进项目，以重点项目为支点，拉动产业发展；提高文化产品推广能力，扩展对外文化交流，积极开拓对外文化市场，促进国内外文化贸易发展。

台湾与厦门一衣带水，厦门应充分发挥对台区位优势、人缘优势、政策优势，制订落实厦台文化产业合作工作方案，重点加强动漫游戏、工艺美术、文化会展、广告和设计创意等文化创意产业领域的深度对接和项目合作。加快海峡两岸龙山文化创意产业园、华美空间文创园、联发文创口岸等文创园区及厦门市文化出口重点企业的发展，筹划组织文化企业赴台推介和招商，促进对台文化交流合作。

(三)着力推动"文化＋旅游"产业深度融合

厦门作为滨海旅游城市，旅游资源丰富，而文化是旅游的灵魂，大力发掘现有文化资源，推动"文化＋旅游"产业深度融合，一是需要做好对生态、文化资源的保护。加大对现有历史文物、非物质文化遗产的保护力度，通过组建历史文物、非物质文化遗产寻访组等方式，建立文物、非物质文化遗产档案库和非物质文化遗产人才数据库。二是提高文化资源的开发转化率。注重对厦门闽南文化、嘉庚文化等文化资源的利用与开发，通过深入调研，创新文旅产品的开发手段，通过节庆会展、艺术表演、影视创作等方式把文化资源融入旅游项目开发的过程中，使其转化为消费者喜爱的优质文旅产品。

(四)着力培育重点企业和园区

加快培育一批具有重大示范效应和产业拉动作用的国家级文

化企业，重点扶持国有文化集团（企业）做大做强，支持集团（企业）跨地区、跨行业、跨所有制兼并重组，打造全国或区域性文化产品与服务品牌；不断壮大文化创意产业龙头企业，扶持培育一批新的龙头企业集团，形成龙头带动、大中小企业紧密合作的文化创意企业群体。加快培育一批国内、省内知名文化产业园区，积极推进华美空间文创园、联发文创口岸、集美集影视文创园、老院子民俗文化风情园、澳头文化产业园等重点园区发展，吸引企业入驻，提升厦门文化创意产业规模化、集约化、专业化水平。

（五）着力建设文化产业人才队伍

文化产业发展的关键在创意，创意的核心是人才。要把人才队伍建设放在文化产业发展的重要位置。建立产业人才信息库，推动各单位完善人才培养、选拔、使用机制，推动在文化产品生产、文化相关产品生产等领域建立人才梯队；大力培养高技能人才、国际化外向型人才和数字出版与传播、动漫游戏等方面紧缺人才；注重引进和培养人才两手抓，尤其要引进有较高声望和重要影响力、有深厚功底和改革创新精神、成绩显著的带头人；加强干部、人才培训，加强与高校、研究机构的人才培养合作，完善人才激励机制，建立人才评价指标体系。

（六）着力改善文化产业投融资环境

一方面，努力营造一流的投资发展环境，规范文化市场，建立健全交易制度和规则；完善社会服务体系、诚信体系；维护文化市场秩序，为企业创造良好的投资经营环境，为文化产业发展打造良好的平台。另一方面，进一步优化融资环境，围绕着文化产业出台相关的定向政策，用足贷款、担保、保险、信托、发债、典当等金融工具和贴息、奖励等政策工具，帮助银行降低文化产业企业融资风险，引导银行扶持文化产业发展，开放明确的金融政策。

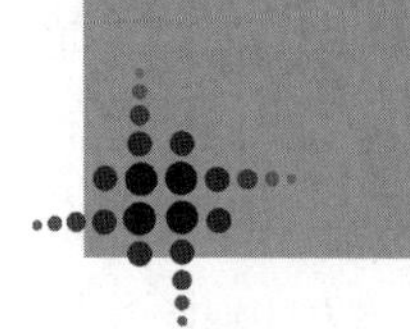

2017年厦门市文化产业景气状况调查分析报告

◎ 厦门市文发办

一、厦门市文化产业景气状况调查基本情况

文化产业景气状况调查是了解文化产业企业经营者对文化产业发展情况判断的重要手段，为全面了解厦门市文化产业发展状况，于2018年，我们应用市统计局在线统计填报系统组织开展厦门市文化产业企业景气状况问卷调查，调查对象为规(限)下文化产业企业经营者，共收集调查问卷4286份，其中新闻信息服务业162份、内容创作生产业429份、创意设计服务业1503份、文化传播渠道业440份、文化娱乐休闲服务业152份、文化辅助生产和中介服务业1267份、文化装备生产业40份、文化消费终端生产业293份。从调查结果来看，文化产业企业经营者认为目前厦门市文化产业的发展仍有提升空间，对未来文化产业发展预期较为乐观。

二、厦门市文化产业景气情况分析

(一)总体发展情况

1. 企业家整体信心指数为104.1[①],总体较为乐观

从调查结果来看,大多数经营者对厦门市文化产业的景气状况给予了较为正面的评价,2017年厦门文化产业企业家信心指数为104.1处在较为乐观的范围,其中即期企业家信心指数为103.7,预期企业家信心指数为104.3,较即期指数高0.6个点,企业经营者对2018年文化产业发展的预期略高于2017年,总体仍保持了较为乐观的态度。

分行业来看,2017年,新闻信息服务业企业经营者的信心指数为九大文化产业中最高,达112.89;即期指数为111.73,预期指数为113.66,高出1.93个百分点,企业经营者对未来发展较为看好。内容创作生产业、创意设计服务业、文化辅助生产和中介服务业、文化装备生产业和文化消费终端生产业等企业家信心指数均超过100;而文化传播渠道业和文化娱乐休闲服务业信心指数均跌破100,文化娱乐休闲服务业综合信心指数仅为85.54,为九大行业[②]最低;说明虽然文化产业整体规模不断发展,但部分行业企

① 企业家信心指数为通过企业景气调查中企业家对企业所在行业形势好坏的判断,综合反映企业家对当前宏观经济形势和发展趋势的乐观程度的指标。企业家信心指数的取值范围均在0～200之间,以100为临界值,当指数大于100时,反映企业家信心是积极的、乐观的,越接近200乐观程度越高;当指数小于100时,反映企业家信心是消极的、悲观的,越接近0悲观程度越深。

② 文化投资运营业2017年未进行问卷调查。

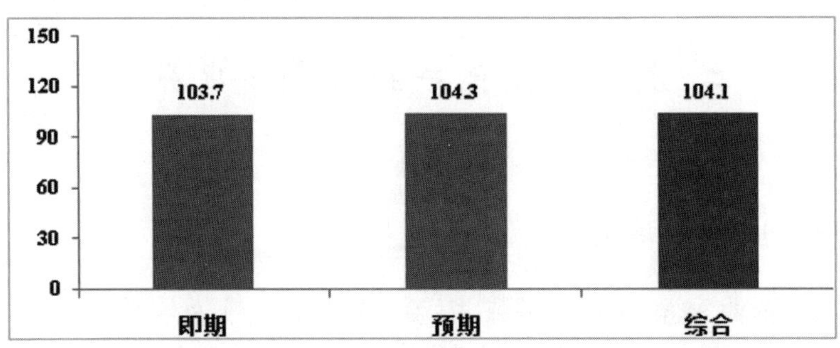

图1 文化产业企业家信心指数状况

业经营者对行业发展仍然较为谨慎。

表1 九大文化产业行业企业家信心指数情况

行业分类	综合指数	即期指数	预期指数
新闻信息服务	112.89	111.73	113.66
内容创作生产	112.10	111.08	112.77
创意设计服务	103.87	103.49	104.13
文化传播渠道	95.32	94.25	96.03
文化娱乐休闲服务	85.54	86.84	84.67
文化辅助生产和中介服务	106.23	106.13	106.31
文化装备生产	101.00	102.50	100.00
文化消费终端生产	102.02	102.42	101.75

2. 企业景气指数为91.7,整体运行低迷

调查结果显示,2017年厦门市文化产业整体企业景气指数为91.7,明显低于企业景气临界值100,企业运行情况较为低迷。其中,反映企业当前景气状态的即期企业景气指数为81.8,反映企业未来景气预判的预期企业景气指数为98.2,较即期企业景气指数高出16.4个点,但仍低于100,说明现行经营面临较大挑战。

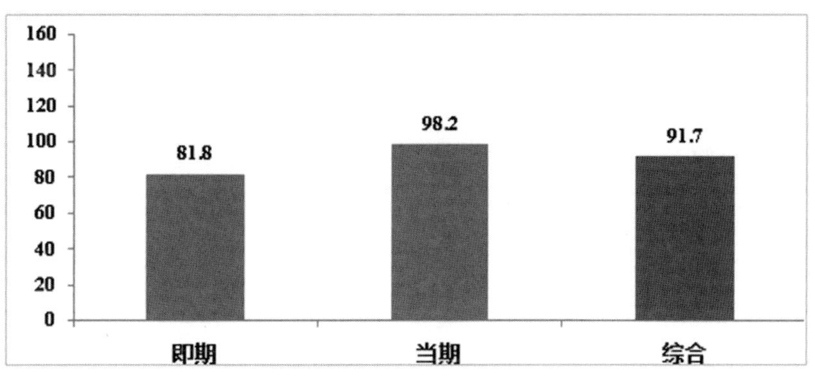

图 2　文化产业企业景气指数状况

调查结果显示，厦门文化产业各行业企业景气情况普遍较差，无一个行业景气指数超过 100，文化装备生产业景气指数 97.54，为九大行业最高，新闻信息服务业、文化娱乐休闲服务业和文化传播渠道业综合指数未超过 90，其中文化传播渠道业最低，仅为 82.52；说明目前文化产业企业经营状况普遍较为低迷，还有较大的提升空间。

表 2　九大文化产业行业企业景气指数情况

行业分类	综合指数	即期指数	预期指数
新闻信息服务	89.75	78.13	97.50
内容创作生产	95.05	85.82	101.21
创意设计服务	92.89	82.32	99.93
文化传播渠道	82.52	72.58	89.15
文化娱乐休闲服务	83.29	75.33	88.59
文化辅助生产和中介服务	93.27	83.65	99.68
文化装备生产	97.54	90.00	102.56
文化消费终端生产	91.85	83.28	97.57

(二)文化产业企业经营情况

1. 近4成企业经营者表示业务情况较差

从企业业务预定情况来看,认为2017年业务预订量高于正常水平的企业经营者仅有2.7%,认为业务预定情况处于正常水平的有60.5%,而有36.8%的企业经营者觉得业务预定情况低于往年正常水平。

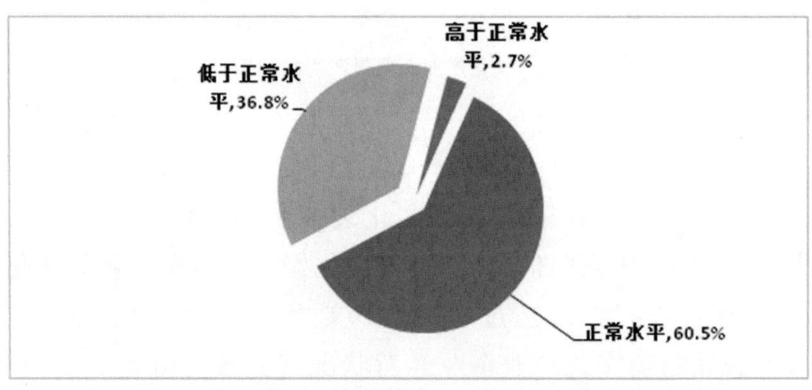

图3 文化产业企业经营者对2017年企业业务预定情况的评价

2. 半数以上企业经营者表示营业收入增加或持平

从企业营业收入情况来看,有65.4%的企业经营者认为2017年营业收入较同期增加或持平;其中,认为营业收入增加的有25.9%。而有34.6%的企业经营者认为营业收入减少。

3.4成以上企业经营者表示人工和物料成本上涨

从企业经营成本上看,企业经营者普遍认为2017年企业经营成本提高,分别有91.6%和94.7%的企业经营者认为自身的人工成本和物料成本较上年"持平"或"上涨",其中认为人工和物料成本上涨的企业经营者分别高达45.7%和46.4%,说明持续不断增长的人工和物料成本给企业经营带来了一定压力。

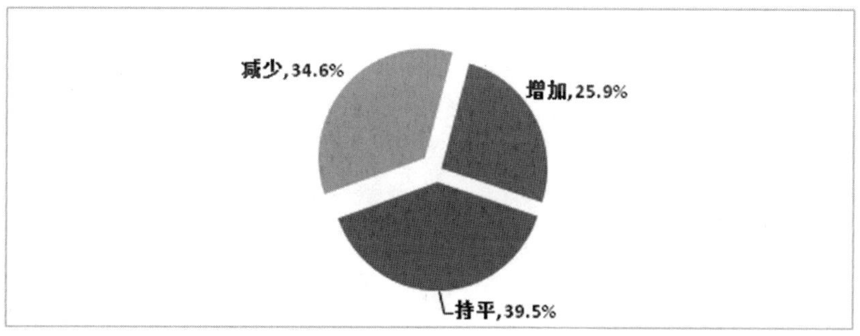

图4 文化产业企业经营者对2017年企业营业收入的评价

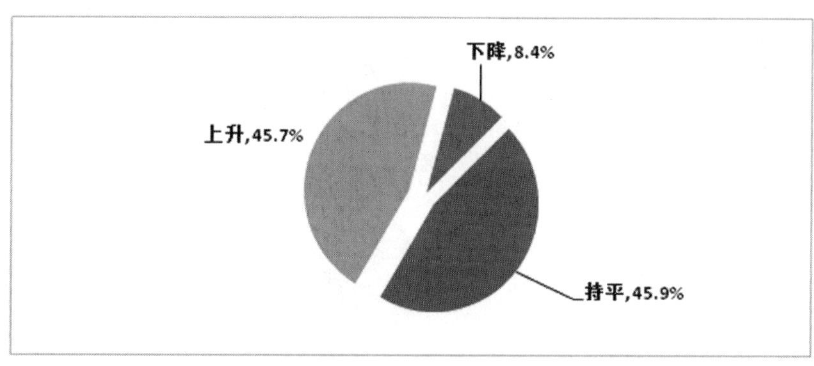

图5 文化产业企业经营者对2017年企业人工成本的评价

4. 超半数企业经营者认为企业盈利处于正常水平

企业盈利变化方面，仅有2.8%的企业经营者认为2017年企业盈利高于正常水平，有53.9%的企业经营者认为企业盈利处于正常水平，而43.4%的企业经营者认为企业盈利低于正常水平，企业对盈利情况评价良好。

5. 近乎所有企业经营者认为企业融资存在困难

企业融资方面，2017年，仅有0.9%的企业经营者认为本企业融资容易，高达99.1%的企业经营者表示企业融资情况“一般”或是“困难”，其中有38.4%的企业经营者觉得本企业融资困难，资

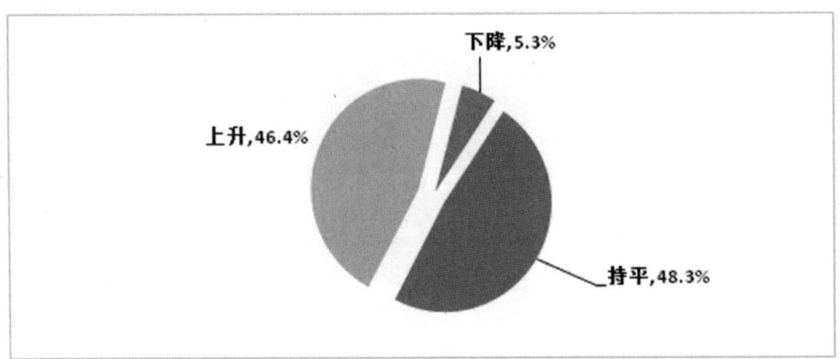

图6　文化产业企业经营者对2017年企业物料成本情况的评价

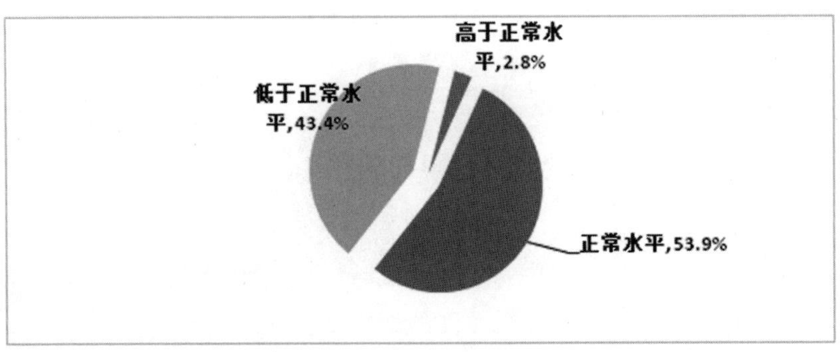

图7　文化产业企业经营者对2017年企业盈利情况的评价

金问题仍是企业经营者普遍存在的问题。

6.6成企业经营者将保持目前的用工水平

企业用工计划情况，2017年，仅有12.9%的企业经营者较上年相比增加了用工计划，20.7%的企业经营者则同比减少了用工计划，而66.3%的企业经营者将保持目前的用工情况，文化产业企业劳动力需求平稳。

7.9成以上企业经营者表示没有计划增加固定资产投资

从固定资产投资计划情况看，高达91.8%的企业经营者在2018年没有计划增加固定资产投资，其中有23.3%的企业经营者

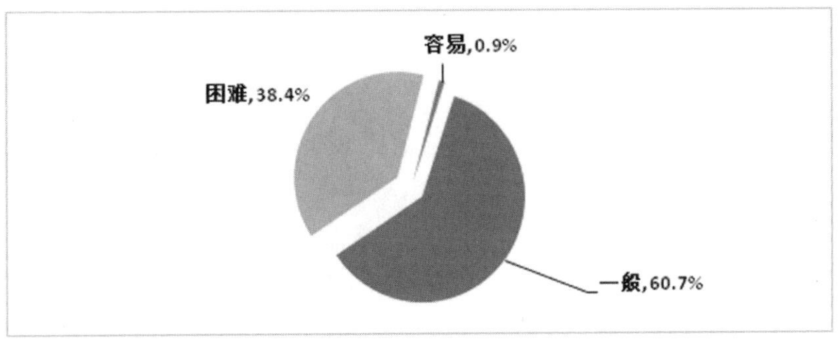

图8 文化产业企业经营者对2017年企业融资状况的评价

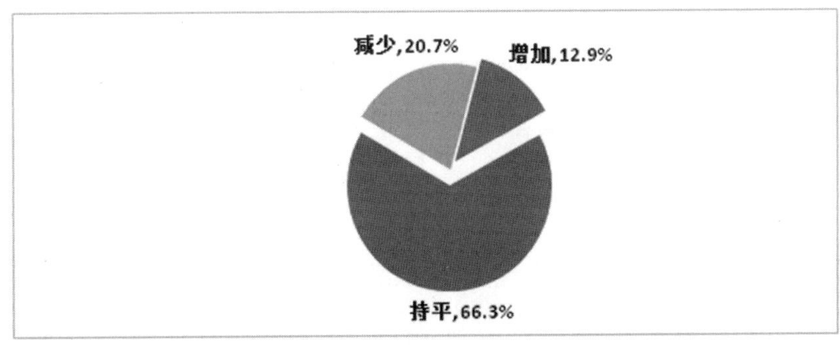

图9 文化产业企业经营者对2018年企业用工计划的预期

将减少固定资产投资,说明企业经营者对未来文化产业的投资还较为谨慎。

三、厦门市文化产业各行业运行情况

(一)新闻信息服务业

调查共收回新闻信息服务业企业调查问卷162份。

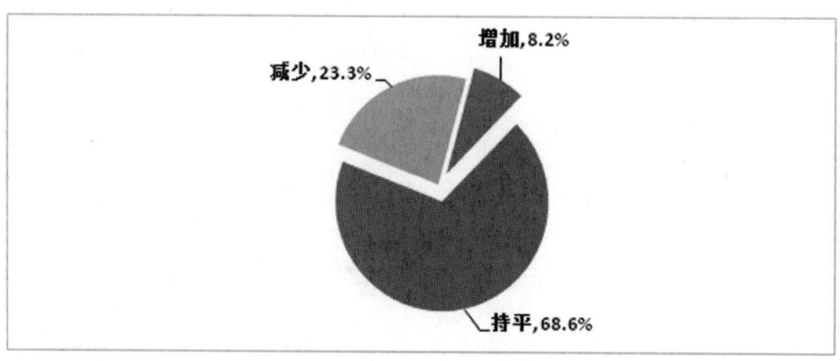

图10　文化产业企业经营者对2018年企业固定资产投资的计划

1. 企业业务预定

没有企业经营者表示2017年业务预定情况高于正常水平,而有39.87%的企业经营者表示企业业务预定情况低于正常水平。

2. 企业经营收益

调查结果显示,有22.2%的企业经营者表示2017年营业收入增加,而32.1%的企业经营者认为企业营业收入较往期减少,有45.7%的企业经营者认为营业收入持平;在企业盈利方面,仅有0.6%的企业经营者表示2017年企业盈利高于正常水平,而有46.2%的企业经营者表示企业盈利低于往年正常水平,有53.2%的企业经营者表示企业盈利持平。

3. 企业经营成本

调查结果显示,人工成本方面,仅有14.3%的企业经营者认为2017年人工成本下降,而有36.0%的企业经营者感受到人工成本上涨,有49.7%的企业经营者表示人工成本持平;物料成本方面,仅有8.8%的企业经营者表示成本下降,而有30.0%的企业经营者认为成本上涨,有61.3%的企业经营者表示成本持平。

4. 企业投融资

调查结果显示,高达88.0%的企业经营者预计2018年将不会增加固定资产投资，其中20.1%的企业经营者计划减少固定资产投资；企业融资方面，仅有0.6%的企业经营者认为2017年企业融资容易，而99.4%的企业经营者表示企业融资情况“一般”或“困难”，其中40.0%的企业经营者认为2017年企业融资困难。

5. 企业用工计划

调查结果显示，85.3%的企业经营者预计2018年将不会增加用工，其中18.5%的企业经营者表示计划减少用工。

(二)内容创作生产业

调查共收回内容创作生产业企业调查问卷429份。

1. 企业业务预定

仅有3.6%的企业经营者表示2017年企业业务预定情况高于正常水平，高达96.4%的企业经营者表示业务预定情况较往年并未增加甚至低于正常水平，其中35.8%的企业经营者认为企业业务预定情况低于正常水平。

2. 企业经营收益

调查结果显示，27.9%的企业经营者表示2017年企业营业收入增加，而32.2%的企业经营者认为企业营业收入较往期减少，有39.9%的企业经营者认为营业收入持平；在企业盈利方面，仅有2.7%的企业经营者表示2017年企业盈利高于正常水平，而41.3%的企业经营者表示企业盈利低于往年正常水平，有52.8%的企业经营者表示企业盈利持平。

3. 企业经营成本

调查结果显示，人工成本方面，仅有7.8%的企业经营者2017年认为人工成本下降，而有46.8%的企业经营者感受到人工成本上涨；物料成本方面，仅有5.3%的企业经营者表示成本下降，高达94.7%的企业经营者认为成本未下降，其中42.0%的企业经营者表示成本上涨。

4. 企业投融资

调查结果显示,仅有9.4%的企业经营者2018年计划增加固定资产投资,而24.8%的企业经营者计划减少固定资产投资;企业融资方面,仅有1.5%的企业经营者认为企业融资容易,而33.7%的企业经营者认为2017年企业融资困难。

5. 企业用工计划

调查结果显示,计划增加用工的企业经营者比率为17.1%,而高达82.9%的企业经营者预计2018年将不会增加用工,其中22.1%的企业经营者计划减少用工。

(三)创意设计服务业

调查共收回广播电视电影服务业企业问卷1503份。

1. 企业业务预定

调查结果显示,仅有2.7%的企业经营者表示2017年企业业务预定情况高于正常水平,高达97.3%的企业经营者表示业务预定较往年并未增加甚至低于正常水平,其中35.0%的企业经营者认为企业业务预定情况低于正常水平。

2. 企业经营收益

调查结果显示,26.3%的企业经营者表示2017年企业营业收入增加,而34.3%的企业经营者认为企业营业收入较往期减少,有39.4%的企业经营者认为营业收入持平;在企业盈利方面,仅有3.1%的企业经营者表示2017年企业盈利高于正常水平,而41.2%的企业经营者表示盈利低于往年正常水平,有55.7%的企业经营者表示盈利持平。

3. 企业经营成本

调查结果显示,人工成本方面,9.7%的企业经营者认为2017年人工成本下降,而44.0%的企业经营者感受到人工成本上涨,有50.6%的企业经营者表示人工成本持平;物料成本方面,仅有

5.9%的企业经营者表示成本下降，高达94.1%的企业经营者认为成本未下降，其中43.4%的企业经营者表示成本上涨。

4. 企业投融资

调查结果显示，仅有7.1%的企业经营者2018年计划增加固定资产投资，而23.6%的企业经营者2018年计划减少固定资产投资。企业融资方面，仅有0.7%的企业经营者认为企业融资容易，而38.4%的企业经营者认为2017年企业融资困难。

5. 企业用工计划

调查结果显示，2018年预计增加用工的企业经营者比率为11.9%，而高达88.1%的企业经营者预计将不会增加用工，其中计划减少用工的企业有21.9%。

（四）文化传播渠道业

调查共收回文化传播渠道业企业问卷440份。

1. 企业业务预定

调查结果显示，仅有2.1%的企业经营者表示2017年企业业务预定较往年增加，而高达44.0%的企业经营者认为企业业务预定情况低于正常水平。

2. 企业经营收益

调查结果显示，19.6%的企业经营者表示2017年企业营业收入增加，而41.0%的企业经营者认为企业营业收入较往期减少，有39.4%的企业经营者认为营业收入持平；在企业盈利方面，仅有2.1%的企业经营者表示2017年企业盈利高于往年正常水平，而过半数的企业经营者表示盈利低于正常水平。

3. 企业经营成本

调查结果显示，人工成本方面，高达91.5%的企业经营者认为2017年人工成本较上年持平或上涨，其中有43.7%的企业经营者表示人工成本上涨；物料成本方面，仅有4.6%的企业经营者表示成本下降，高达95.4%的企业经营者认为成本未下降，其中52.1%企业经营者表示成本上涨。

4. 企业投融资

调查结果显示，在固定资产投资计划上，仅有4.0%的企业经营者计划2018年增加固定资产投资，高达96.0%的企业经营者预计2018年将不会增加固定资产投资。企业融资方面，仅有0.5%的企业经营者认为企业融资容易，而高达39.3%的企业经营者认为2017年企业融资困难。

5. 企业用工计划

调查结果显示，计划增加用工的企业经营者比率为10.4%，而90.6%的企业经营者预计2018年将不增加甚至减少用工。

(五)文化娱乐休闲服务业

调查共收回文化娱乐休闲服务业企业问卷152份。

1. 企业业务预定

调查结果显示，表示2017年企业业务预定较往年增加的企业经营者仅有1.3%，而高达48.7%的企业经营者认为企业业务预定情况低于正常水平。

2. 企业经营收益

调查结果显示，仅有11.9%的企业经营者表示2017年企业营业收入增加，46.4%的企业经营者认为企业营业收入较往期减少，有41.7%的企业经营者认为营业收入持平；在企业盈利方面，仅有2.0%的企业经营者表示2017年企业盈利高于正常水平，高达48.7%的企业经营者表示企业盈利低于往年正常水平。

3. 企业经营成本

调查结果显示，人工成本方面，仅有6.7%的企业经营者表示2017年人工成本下降，高达93.3%的企业经营者认为人工成本较上年持平或上涨，其中有41.3%的企业经营者表示人工成本上涨;物料成本方面,仅有4.6%的企业经营者表示成本下降,高达95.4%的企业经营者认为成本未下降,其中44.1%的企业经营者表示成本上涨。

4. 企业投融资

调查结果显示,仅有9.5%的企业经营者2018年将增加固定资产投资,高达90.5%的企业经营者预计2018年将不会增加固定资产投资,其中29.3%的企业经营者计划减少投资。企业融资方面,仅有2.0%的企业经营者认为2017年企业融资容易,而40.8%的企业经营者认为企业融资困难。

5. 企业用工计划

调查结果显示,11.3%的企业经营者预计2018年将增加用工,而88.7%的企业经营者预计2018年将不会增加用工,其中19.9%的企业经营者计划减少用工。

(六)文化辅助生产和中介服务业

调查共收回文化辅助生产和中介服务业企业问卷1267份。

1. 企业业务预定

调查结果显示,表示2017年企业业务预定较往年增加的企业经营者仅有2.6%,而高达36.1%的企业经营者认为企业业务预定情况低于正常水平。

2. 企业经营收益

调查结果显示,28.8%的企业经营者表示2017年企业营业收入增加,33.0%的企业经营者认为企业营业收入较往期减少,38.1%的企业经营者认为营业收入持平;在企业盈利方面,仅有2.4%的企业经营者表示2017年企业盈利高于正常水平,高达44.0%的企业经营者表示盈利低于往年正常水平。

3. 企业经营成本

调查结果显示,人工成本方面,高达93.0%的企业经营者认为2017年人工成本较上年持平或上涨，其中有49.5％的企业经营者表示人工成本上涨；物料成本方面，仅有4.7％的企业经营者表示成本下降，高达95.3％的企业经营者认为成本未下降，其中50.9％的企业经营者表示成本上涨。

4. 企业投融资

调查结果显示，10.3％的企业经营者计划2018年增加固定资产投资，而89.7％的企业经营者预计2018年将不会增加固定资产投资，其中21.5％的企业经营者计划减少投资。企业融资方面，仅有1.1％的企业经营者认为2017年企业融资容易，39.4％的企业经营者认为企业融资困难。

5. 企业用工计划

调查结果显示，13.7％的企业经营者计划增加用工，而66.6％的企业经营者预计2018年将不会增加用工，其中19.8％的企业经营者计划减少用工。

（七）文化装备生产业

调查共收回文化装备生产业企业问卷40份。

1. 企业业务预定

调查结果显示，表示2017年企业业务预定较往年增加的企业经营者有10.3％，而28.2％的企业经营者认为企业业务预定情况低于正常水平。

2. 企业经营收益

调查结果显示，30.0％的企业经营者表示2017年企业营业收入增加，32.5％的企业经营者认为企业营业收入较往期减少，37.5％的企业经营者认为营业收入持平；在企业盈利方面，仅有7.5％的企业经营者表示2017年企业盈利高于正常水平，高达40.0％的企业经营者表示企业盈利低于往年正常水平。

3. 企业经营成本

调查结果显示，人工成本方面，2017 年高达 95.0%的企业经营者认为人工成本较上年持平或上涨，其中半数企业经营者表示人工成本上涨；物料成本方面，40 家企业经营者均认为成本未下降甚至上涨，其中半数以上企业经营者表示成本上涨。

4. 企业投融资

调查结果显示，仅有 10.5%的企业经营者 2018 年计划增加固定资产投资，高达 89.5%的企业经营者预计 2018 年将不会增加固定资产投资，其中 13.1%的企业经营者计划减少固定资产投资。企业融资方面，40 家企业中没有一家企业经营者认为 2017 年企业融资容易，35.0%的企业经营者认为企业融资困难。

5. 企业用工计划

调查结果显示，仅有 5.3%的企业经营者计划增加用工，81.6%的企业经营者预计 2018 年将不会增加用工，13.2%的企业经营者计划减少用工。

(八)文化消费终端生产业

调查共收回文化消费终端生产业企业问卷 293 份。

1. 企业业务预定

调查结果显示，表示 2017 年企业业务预定较往年增加的企业经营者仅有 3.1%，而高达 33.1%的企业经营者认为企业业务预定情况低于正常水平。

2. 企业经营收益

调查结果显示，26.1%的企业经营者表示 2017 年企业营业收入增加，32.3%的企业经营者认为企业营业收入较往期减少，41.6%的企业经营者认为营业收入持平；在企业盈利方面，仅有 4.5%的企业经营者表示 2017 年企业盈利高于正常水平，高达 40.1%的企业经营者表示企业盈利低于往年正常水平。

3. 企业经营成本

调查结果显示，人工成本方面，仅有7.3%的企业经营者认为2017年人工成本下降，高达92.7%的企业经营者认为人工成本较上年持平或上涨，其中有46.4%的企业经营者表示人工成本上涨；物料成本方面，仅有5.2%的企业经营者表示成本下降，高达94.8%的企业经营者认为成本未下降，其中49.0%的企业经营者表示成本上涨。

4. 企业投融资

调查结果显示，仅有6.2%的企业经营者计划2018年增加固定资产投资，高达93.8%的企业经营者预计2018年将不会增加固定资产投资，其中20.4%的企业经营者计划减少投资。企业融资方面，仅有1.4%的企业经营者认为2017年企业融资容易，37.9%的企业经营者认为企业融资困难。

5. 企业用工计划

调查结果显示，13.5%的企业经营者计划增加用工，68.1%的企业经营者预计2018年将不会增加用工，18.4%的企业经营者计划减少用工。

四、存在的问题

近年来，在国家大力发展文化产业的背景下，厦门市文化产业取得了稳健的发展，但是从文化产业企业经营者反馈的情况来看，厦门市文化产业在发展中仍存在着一些问题，主要表现在以下几个方面：

（一）经营成本上涨影响发展

从调查数据来看，全市近半数的企业经营者感觉到人工和物料成本上涨，其中景气指数最低的文化传播渠道业有过半数以上企业经营者表示物料成本上涨，企业盈利下滑。

人工成本评价上，45.7%的文化产业企业经营者认为2017年人工成本上涨，其中内容创作生产业、文化辅助生产和中介服务业、文化装备生产业和文化消费终端生产业人工成本上涨比率高出平均水平；并有20.7%的企业经营者预计2018年减少用工，高出预计增加用工计划比率7.8个百分点。

（二）企业盈利能力有待提高

调查结果显示，2017年，厦门文化产业企业盈利高于往期正常水平的仅有2.8%，而认为企业盈利低于正常水平的企业经营者则达到43.4%；其中，文化辅助生产和中介服务业、新闻信息服务业、文化娱乐休闲服务业和文化传播渠道业等行业盈利低于正常水平的比率高于全市文化产业平均水平，分别为44.0%、46.2%、48.7%和50.8%。

（三）固定资产投资不容乐观

调查结果显示，近九成的厦门市文化产业企业预计2018年不会增加固定资产投资，甚至有23.3%的企业经营者计划减少固定资产投资。其中，创意设计服务业、内容创作生产业、文化传播渠道业和文化娱乐休闲服务业等四个行业的预计固定资产投资减少比率均高于行业平均水平。

（四）企业融资普遍存在困难

调查显示，2017年文化产业企业融资困难的问题普遍存在，仅有0.9%的企业经营者认为融资较容易，而38.4%的企业经营者认为融资困难；其中，文化传播渠道业、文化辅助生产和中介服务业、新闻信息服务业和文化娱乐休闲服务业的企业融资困难比率超过全市平均水平，分别为39.3%、39.4%、40.0%和40.8%。

厦门文化产业企业规模普遍较小，融资渠道缺乏，融资成本较高等融资困难问题始终存在，影响了企业的经营发展。

五、相关对策建议

（一）加强行业发展引导，促进企业转型发展

加强对相关行业发展引导，通过产业规划和政策扶持等方式，结合行业发展实际，鼓励企业加强自主研发或是通过引进国内外的最新技术，促进生产技术升级，进一步提高企业管理水平，降低物料、人工成本上涨给企业经营带来的经营压力，提升企业盈利能力，促进企业转型发展。

（二）加大政策扶持力度，改善企业融资环境

一是扩展文化创意产业发展专项资金，进一步落实财税政策扶持，助力重大文化创意产业发展；二是推动普惠金融发展，一方面构建高效的政府服务和支持体系，健全风险管理和补偿机制，引导担保机构为中小微型文化产业企业提供担保，提高金融机构的贷款意愿；另一方面引导银行业机构在文化产业领域配置更多金融资源，进一步降低服务收费，改善文化产业企业融资环境。

（三）推进服务配套建设，提升企业经营信心

一是加强文化产业园区公共服务配套建设，引导企业入园发展，形成龙头带动集聚发展效应，促进文化产业发展；二是推进文化产业行业协会建设，进一步发挥各行业协会在产业发展中的沟通、协调和自律作用；双管齐下，提升企业经营信心。

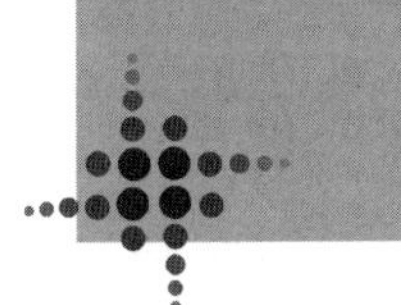

2017年工业设计工作报告

◎ 厦门市工业设计协会

2017年厦门市工业设计产业取得了长足发展，产业初具规模，形成了行业门类比较齐全的工业设计产业体系。

一是推动工业设计中心建设。2017年，组织认定厦门立达信绿色照明集团有限公司、厦门倍杰特科技股份公司、厦门优胜卫厨科技有限公司、林德（中国）叉车有限公司、厦门英仕卫浴有限公司5家市级工业设计中心；推荐厦门立达信绿色照明集团有限公司、厦门大千振宇工业产品设计有限公司、厦门盈趣科技股份有限公司3家企业成功申报省级工业设计中心；推荐建霖、立达信、盈趣科技3家企业成功申报国家级工业设计中心；全年兑现奖励扶持资金200万元。全市现有市级工业设计中心23家、省级13家、国家级7家。

二是营造工业设计发展环境。成功举办“2017年海峡工业设计大奖赛”，本届大奖赛申报的产品、作品达3368件，经过初评、复评和公示，有550件产品、作品入围参加终评展示活动，展馆面积9100多平方米，最终评选出5个“优秀组织奖”、5个“网络人气奖”、30个优秀设计奖、10个金奖。同期还举办第三届“海峡两岸大学生优秀工业设计作品展”、第三届“乐色宣言”海峡两岸大学生混编设计挑战赛及大师精品展、大师讲座、设计新锐沙龙和市民体验等配套活动。指导市工业设计协会成功举办2017年“3D模塑师”工业设计技能竞赛(列入“厦门市第二十三届职工技术比赛”项目),本次技能竞赛以3D打印、虚拟现实技术为载体,倡导思维可现、创意有形的理念,赛事宗旨是大力弘扬工匠精神:精益求精、细致严谨、耐心专注、专业敬业。

三是促进工业设计集聚发展。着力打造湖里海西工业设计文创园、思明龙山工业设计文创园、海沧大千工业设计公共服务平台、集美工业设计公共服务平台,集聚一批工业设计机构。加快培养高素质、高技能的职工队伍,充分发挥职业技术比赛在制造行业高技能人才培养中的积极作用,进一步激发和引导全市广大制造业职工努力学习新技术,不断提高技术技能水平。通过培育工业设计园区、打造公共服务平台,提升政府、社会、工业企业全生态对工业设计的认知及互动,形成工业设计发展的良好氛围。2017年,厦门企业屡获国际大奖,获奖总数已达到50余项;其中,建霖健康家居共获得13项红点、IF和中国红星奖。

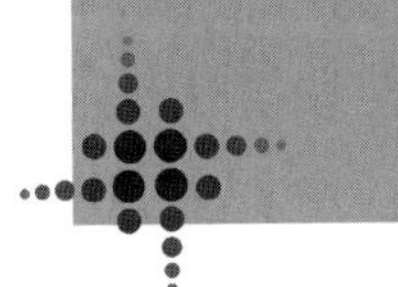

利用“后金砖效应”继续提质增效保持较好发展态势

——2017年厦门会展业工作综述

◎ 厦门市会议展览业协会

2017年，厦门会展业充分利用“后金砖效应”，继续提质增效，保持较好的发展态势。根据统计监测，2017年度厦门共举办展览205场次；总展览面积219万平方米，同比增长1.9%；共举办50人以上外来商业会议8259场次，同比增长12.4%；外来参会总人数约168万人，同比增长3.7%；会展经济效益381.29亿元，增长4.3%。

展览会涉及投资、装备制造、机械、汽车、物联网、动漫等30多个行业领域，会议活动涉及生物科技、电子信息、互联网、电子商务、医疗健康等50多个行业。

2017年是为厦门会展业今后全面提升发展打基础、建机制的关键一年，各项工作取得显著成效。主要表现在：

（一）厦门会晤等各项重大活动圆满完成。金砖国家领导人第九次会晤、2017厦洽会、第九届海峡论坛、2017工博会、石材展、佛事展、茶博会等重大会展活动成功举办。

（二）发展机制建设显著成效。建立和完善会展扶持奖励和政务服务保障机制、联合营销和主体培育联动机制、重大会展项目评估和主体产业融合机制、大数据引领和招商引资促进机制；修改完善《关于促进会议展览业发展的扶持意见》《厦门市会展业发展专项资金管理办法》等扶持政策；出台实施了《厦门市商业性会展活动政务保障服务指南》；启动了会展业立法调研准备工作。

（三）“金砖厦门”营销有声有色。制作全新的会展业 LOGO 标识和 VI 体系，金砖厦门宣传片，中英文宣传画册；组织两条会展业国际推介线路，分赴西班牙、法国、英国以及奥地利、捷克、匈牙利等参加国际大会及会议协会（ICCA）、亚洲会展协会联盟（AFECA）等国际权威会展机构年会等活动；组织参加北京 2017 第十届中国会议产业大会、上海国际奖励旅游及大会博览会的专业会展活动和赴广州、深圳等地开展会展营销专场推介活动。

（四）产业链条发展壮大。积极培育扶持会展主体和会展项目，扶持现有展会做大做强，策划培育一批新的专业展会项目，2017 年新办展会报备 22 个，数量为历年之最，招揽引进一批大型展览和会议。

（五）平台效应发挥功能突显。成功举办“2017 厦门国际会展周”活动，其中包括“2017 海峡会展合作论坛”、“2017 金砖国家暨中外会展合作论坛”、“2017 亚洲高校会展教育合作论坛”、“2017 会展产学系列活动”、中外会展企业对接洽谈会等活动；完善“厦门市会展业公共信息服务平台”（中英文版），全年点击率突破 716 万，其中英文版点击率达 45 万，境外访客 IP 来自 116 个国家和地区，在亚洲地区城市会展网中名列头筹，目前厦门是国内唯一一家建立双语版网站的会展城市；在国内会展城市中率先启动建设会展大数据平台。

（六）发展质量深受业界好评。2017 年，厦门会展业发展质量和水平被业界一致认可，厦门被中国会展经济研究会权威机构评为 2017 中国会展业特别奖——中国最具影响力会展城市。厦门还荣获“2017 中国最佳会奖营销目的地”“2017 中国最具竞争力会展城市”等诸多荣誉；王琼文局长获得“中国会展经济年度人物”荣誉。

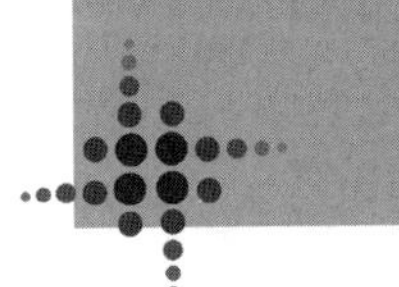

2017—2018年度
国家文化出口重点企业名单
（厦门市）

1. 厦门优利得科技股份有限公司
2. 四三九九网络股份有限公司
3. 厦门游力信息科技有限公司
4. 哥们网科技有限公司
5. 厦门新游网络股份有限公司
6. 厦门点触科技股份有限公司
7. 厦门外图集团有限公司

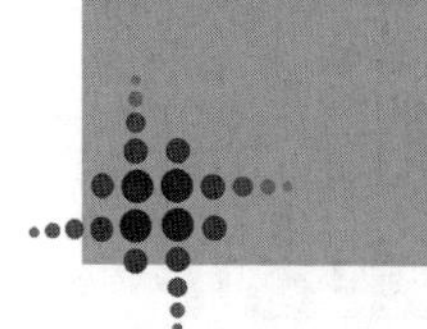

厦门市入选 2016 年福建省有关文化企业名单

2016 年度福建省“文化企业十强”名单（厦门市）

厦门神游华夏大剧院有限公司
厦门吉比特网络技术股份有限公司

2016 年度福建省“文化企业十强”提名企业名单（厦门市）

厦门文广影音有限公司
趣游（厦门）科技有限公司

福建省文化产业重点园区名单（厦门市）

厦门海峡两岸龙山文创园
厦门集美集影视产业园

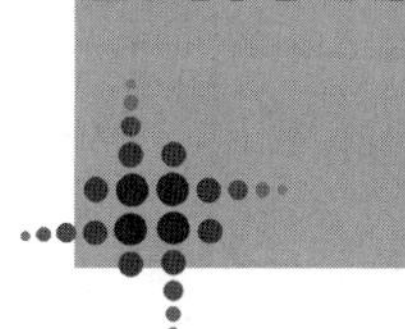

文化出口企业案例：厦门吉比特网络技术股份有限公司

◎ 厦门市文发办

游戏产业是文化娱乐产业的重要部分，是新兴的朝阳产业，近年来发展迅猛，具有附加值高、价值链带动面广、资源消耗少等特点。厦门吉比特网络技术股份有限公司（以下简称“吉比特”）作为厦门游戏产业典型企业，在游戏出口等服务贸易领域积累了较为完善的经验。具体分享如下。

一、游戏产业发展情况和企业简介

（一）厦门的总体情况

1. 游戏产业发展迅速。2017 年，全市动漫游戏产业营收进一步达到 143.9 亿元，同比增长 21.6%。预计 2008 年以来的 9 年时间将增长约 27 倍。

2. 骨干企业不断涌现。厦门现有国家级动漫游戏企业 25 家，市级动漫企业 167 家，上市企业 17 家，年收入超过 1 亿元企业 14 家。

3. 原创作品收获颇丰。2016 年以来，厦门有 7 个游戏作品入选“中国民族网络游戏出版工程”。

4. 动漫盛会汇聚资源。厦门国际动漫节于2008年举行，至今已连续举办7届，吸引了40多个国家和地区的企业和上万部动漫游戏产品参展参赛，现已成为全国著名的动漫游戏行业盛会。动漫节吸引了咪咕动漫等三大通信运营商手机动漫基地相继入驻厦门软件园。

(二)吉比特公司介绍

吉比特是一家专业从事网络游戏创意策划、研发制作及商业化运营的国家级重点软件企业。成立于2004年3月26日，注册资本7173万元，连续多年被认定为“国家规划布局内重点软件企业”“国家火炬计划重点高新技术企业”，位列2017年“中国互联网企业100强”第51位。2017年1月4日在上海证券交易所主板挂牌上市，目前已成功研发出《问道》多款客户端及手机游戏。截至2017年第三季度，公司实现营业收入10.65亿元，同比增长15.76%，净利润5.37亿元。公司自2006年赢利至今合计缴纳各项国家及地方税收已超6亿元人民币。

二、主要经验

(一)大力实施“走出去”战略

1. 海外发行渠道与方式。在游戏出口方面，主要是国内研发的精品游戏授权苹果Appstore、Google等游戏渠道商和境外运营商推广和运营，由此收取运营分成和授权费。

2. 实施产品本地化策略。厦门游戏企业拓展海外市场，主要通过对海外市场和用户的深入了解，针对游戏进行语言翻译、文化、用户行为、消费习惯和政策等本地化改造。如俄罗斯的游戏玩家喜欢具备强竞技性的玩法,而欧美地区的玩家相对偏好策略类、强调配合性的团队战斗玩法,偏重中世纪战争或魔幻题材。

3. 适应目标市场国情。各个国家和地区存在不同水平的信息基础设施挑战和不可忽视的法律法规政策,同时涉及游戏许可、游戏分级和用户隐私等核心领域,要主动适应目标市场国家的具体国情,才能保证游戏出海健康,持久有序发展。

4. 开展国际信息交流。游戏企业要积极参与国际专业展会,积极推销游戏产品,展示企业风采,树立品牌形象。

(二)逐步完善游戏产业发展环境

一是搭建公共技术服务平台和产业载体,打造一流营商环境,实现“筑巢引凤”。二是围绕电子竞技、二次元、新潮电子等元素,打造“酷玩商圈+数字文创”商圈。三是积极打造“厦门国际动漫节”,主办“一带一路”动漫游戏产业发展峰会,吸引世界知名游戏企业、产业协会、机构和专家参与。五是将与境外 Google、Android 等平台合作收取的运营分成费用视为离岸服务外包和游戏出口,按离岸服务外包增值税零税率和企业所得税减按 15%执行税收优惠政策。六是设立规模 5 亿元“二次元”产业投资基金,重点投向漫画、动画、游戏等泛二次元及其相关行业。

三、发展成效

厦门是全国最先出台鼓励动漫游戏产业发展政策的城市之一,迄今为止拨付专项扶持资金超过 8000 万元。2017 年,厦门市游戏出口达到 1.54 亿美元,暴增 739.3%,一跃成为厦门文化出口领军力量和离岸服务外包的重要产业,占当年厦门离岸服务外包执行额的8.7%。

四、存在的问题和建议

(一)存在问题

1. 尚未形成规模效应。厦门虽然拥有吉比特、四三九九和飞鱼科技等中国游戏上市公司百强企业,企业研发能力强,在国内具有一定领先地位,具备较强的国际竞争力,但是从厦门市游戏产业的总体规模看,仍然与北京、上海等大城市存在一定的差距。

2. 资本环境有待提升。厦门游戏产业的资本环境与北上广等一线城市相比具有较大差距,关注游戏产业的活跃资本机构较少,整体资本环境不足,对游戏产业的加快发展产生一定的阻碍,中小游戏企业难以获得合适的资本支持,对游戏企业的初创与发展均产生不利影响。

3. 高端人才较为缺乏。厦门的整体经济规模限制了游戏产业高端人才的流入。厦门市游戏产业人才结构呈现"中间大两头小"的特点,即制作人员多,创意、营销人才等高端人才稀缺。游戏行业需要有创新能力,且能够掌握前沿信息的复合型高端人才,与北上广相比,厦门吸引高端人才较为困难。厦门一些游戏企业除了在本地设立总部之外,还往往在上海、北京等地有开发团队,以弥补人才的缺乏。

(二)对策建议

1. 加大财税支持力度。一是发挥中央和地方外经贸发展资金等专项资金的引导和杠杆作用,突出重点项目扶持力度。二是充分发挥游戏产业投资基金的引导作用,撬动社会资本投入。三是落实对重点鼓励的文化产品出口退(免)税政策和跨境服务零税率或免税政策,试点开展对技术先进型游戏企业发生的符合条件的创意和研发费用执行税收优惠。

2. 营造良好金融生态。一是搭建金融资本与游戏产业对接平台,构建和完善游戏产业投融资体系,支持融资担保机构模式创新。二是建立游戏产业基金,解决游戏企业融资、并购、扩大规模方面的资金问题。三是充分利用多层次资本市场,鼓励金融机构创新金融产品和服务,探索开展无形资产质押和收益权抵(质)押贷款等业务。

3. 鼓励进行境外收购。通过海外资本并购是目前不少国内游戏企业布局海外和扩张的重要途径。要及时对游戏企业境外并购提供政策便利、咨询服务以及财税支持。

4. 加强游戏人才建设。一是落实海外高层次游戏研发人才引进政策,简化外籍高层次游戏人才永久居留证件和人才签证办理程序。二是依托行业协会启动社会化动漫游戏专业职称评审,并开展尖端技术、游戏美术、行业政策等专业培训。三是加大对青年游戏人才的人才公寓、公租房保障力度。四是鼓励在厦高等院校加强游戏专业(学科)的建设和理论研究,鼓励联合组建区域实体性职业教育集团,创建文化创意和游戏产业实训基地。

5. 鼓励开拓“一带一路”市场。目前在我国23个游戏出海热点国家或地区中,有10个为“一带一路”沿线国家,占比达到43%。中国移动游戏进入畅销榜TOP100次数最多的绝大部分都是“一带一路”国家和地区。

6. 梯度培育游戏企业。一是培育一批大型游戏企业集团,重点支持“专、精、特、新”中小游戏企业发展。二是引进一批游戏行业顶级跨国公司地区总部,给予资金奖励、出入境便利等鼓励政策。三是对符合一定条件的小微游戏企业进行税费减免、社保费补贴等优惠政策。

7. 深化游戏公共服务。一是探索建设网络游戏出版申报服务平台，完善游戏动漫技术设备和公共技术平台支撑服务体系建设。二是加强移动终端动漫标准应用推广，鼓励企业积极参与国际标准建设，规划建设若干特色鲜明的动漫游戏特色小镇。三是推动研发、生产、技术、咨询、交易、展示、评估、贸易等各类游戏产业公共服务平台建设。四是探索试行游戏产业服务券等方式，提供专业化定制服务，促进游戏产业公共服务平台资源使用。

8. 完善游戏全产业链。一是探索 VR 等高科技游戏文化装备产业空间布局。二是支持国内外知名游戏企业在厦门设立地区总部和研发中心。三是引进和举办具有国际顶尖水平的游戏文化装备展会和论坛活动。四是鼓励研发可穿戴设备、应用软件及辅助工具，推进智能制造等先进技术成果服务应用于游戏文化创意内容生产。五是探索建设厦门文化装备测评中心，开展相关国家标准试点。

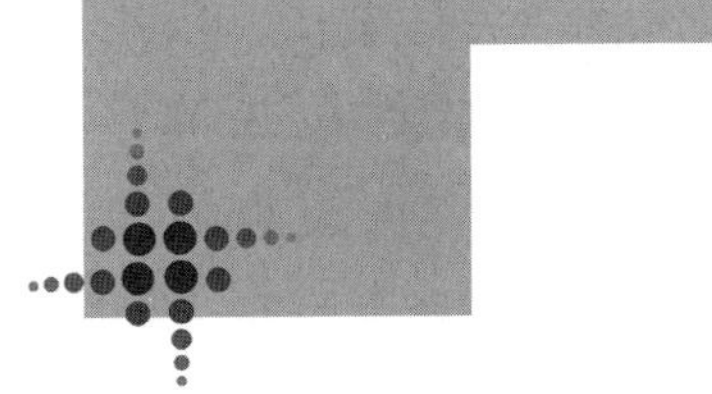

后　记

厦门文化产业已经站在了历史的新起点上。2017 年,作为厦门市六大战略性新兴产业之一的文化产业,一直保持着良好的发展态势,产业规模不断扩大,发展质量有效提升,空间布局更加优化,市场体系不断完善,成为厦门市的支柱性产业,在拉动厦门经济增长,推动经济转型、城市转型和社会转型等方面,发挥着越来越重要的作用。

伴随着厦门市文化改革发展进程,自 2005 年以来,我们已经连续编辑出版了 12 部《厦门文化改革发展蓝皮书》,用以总结经验、发布政策、解剖案例、揭示规律。蓝皮书收入了各个年度厦门市文化改革发展相关重要政策文件、形势分析、调研报告和统计资料等。这套蓝皮书的出版,成为厦门市文化改革发展工作的有机组成部分,它记录了厦门文化改革发展的最新进展,描述了厦门文化改革发展的全貌。为读者从各个方面了解厦门文化改革与发展情况提供较为全面的信息,为专家学者提供研究资料,为市委市政府决策提供服务,得到了省市领导的肯定和省内外兄弟城市同行的广泛好评。

《2018 年厦门文化改革发展蓝皮书》的编撰和出版发行,得到了厦门市委、市政府领导及各区、市直各有关单位、高等院校和文化企业的大力支持。厦门市委常委、宣传部长、市文化改革发展工作领导小组副组长叶重耕同志担任编委会主任,市政府副市长、市文化改革发展工作领导小组副组长国桂荣同志担任编委会副主任。厦门市旷盛文化传播有限公司为本书提供了动漫插图设计，厦门日报社摄影记者郑晓东同志为本书提供了封面照片，厦门大学出版社一如既往地给予了大力支持。在此，编委会谨向所有关心、支持本书的单位和个人，向所有为本书付出辛勤汗水的同志一并表示诚挚的谢意！

编委会

2018年6月